關於 **創意** 的100個故事

100 Stories of **originality**

夏潔◎編著

前　言

　　如今，創意正受到人們普遍關注，談論「創意」的人越來越多，人們不再把創意單純理解為藝術家的靈感突發、精神生活的充實品，而把它當作經濟發展的驅動器，在創意上投資，也就等於在經濟發展上做了投資。

　　日本特別注重創意開發，在社會上先後建立了多個創造性研究會，舉辦了「星期日發明學校」，提倡「一日一創」活動，在此影響下，瓜果書的創意應運而生。

　　瓜果書，是一種「書本裡能長出花花草草、瓜瓜果果的有機書」。這似乎是童話故事裡的情節，卻真實存在，進入尋常人的生活。這種特殊的書籍，結合了工業設計的先進理念和園藝栽培技術的成熟技術，裡面含有膨化劑，高效營養介質以及迷你種子。

　　人們購買了瓜果書後，只要按照種植說明，每天澆水，便能長出各式各樣體積較小的瓜果，如黃瓜、蕃茄、辣椒等等。一本瓜果書可以結出許多果實，深受消費者喜愛。這種書籍推出後，一度成為日本最暢銷的工藝創意產品。

　　創意帶來了經濟效益，促成創意產業的誕生。1998年，英國人第一次提出文化創意產業概念，短短幾年後，創意產業做為一種「新經濟」模式，已經風靡全球，成為吸引消費，拉動經濟的「無煙工廠」，成為現代經濟社會的重要部分。

　　那麼，什麼是創意？創意產業又是怎麼回事？

　　創意，狹義地講，就是我們平常說的「點子」、「主意」或「想法」，好的點子就是「好的創意」──「Good Idea」。廣義地講，創意是一種創造性的

思維活動。創意涵蓋著人類生活的各方面，發明革新是創意，理論構想、認識或者境界的變化也是創意。可以說，創意決定著人類的發展。

創意為何具有如此神奇的能力？

因為它是一種創造性勞動，是打破常規、突破自我，投資未來、創造未來的過程。創造性勞動是所有價值的源泉，微軟公司創始人比爾‧蓋茲說：「創意有如原子裂變，每一盎司的創意都能帶來無以數計的商業奇蹟和商業效益。」創意是一切創新的開始，有了創意才有以後的行動。所以說，富有創意就富有創新，就有發展的動力和能量。

創意需要一定的技巧和方法。上帝曾為人類製造了「高爾丁」死結，無數人試圖解開此結，卻都失敗了。亞歷山大抽出寶劍，一劍將「高爾丁」死結劈為兩半，從此成了亞洲王。在創意研究日趨繁榮的今天，人們根據創意的特色，發明了腦力激盪法、列舉法等種種創意方法，以促使創意產業發展。

創意產業就是以創意為核心的一個國家的創新體系。這一產業範圍廣泛，涉及出版、音樂、廣播電視、廣告、遊戲、動畫、電影、表演、藝術、收藏、時尚設計等多個行業。迪士尼、好萊塢等知名的創意品牌，已經不僅僅是全球的娛樂王國，也是創意產業的驕子。

本書不僅詳細地敘述了創意的起源、發展和作用，更重要的是揭示了創意的內在規律，為我們更好地掌握創意的方法，提供了非常有益的參考和幫助，願讀者朋友人人都能成為科學的創意者，為工作和學習，以及科學的發展，創造更好的經濟和社會效益。

第一篇　什麼是創意？

第二篇　創意的價值

第三篇　創意與創新

第四篇　創意方法

第五篇　創意實踐

第一篇
什麼是創意？

空中浴池
帶來創意概念

創意，狹義地講，就是我們平常說的「點子」、「主意」或「想法」，好的點子就是「好的創意」──「Good Idea」。廣義地講，創意是一種創造性的思維活動。創意人人都有，而且自古就有，發展到後來有些創意成果便開始形成知識產權。

宇野牧人是位日本商人，在大阪南部一處著名的溫泉附近經營一家飯店。溫泉坐落在景色秀麗的青山翠谷間，每年都有大批客人前來觀光旅遊。他們既想泡一泡溫泉，也想乘坐纜車望望山景。可惜的是，由於時間關係，很多人不能一次完成兩項心願，只好帶著遺憾匆匆離去。

宇野牧人每天招待這些前來觀光的客人，每天都會看到不少滿懷遺憾離去的身影，這對他產生了深深的觸動：要是將兩者結合起來，一邊泡溫泉一邊觀山景，肯定會讓客人更加滿意。

可是，要如何做到這一點呢？溫泉在山谷裡，泡在其間怎麼可能看到山色？除非將溫泉挪到纜車裡。這個想法讓他大為激動，他開始積極籌畫，並推出了自己的創意服務：「空中浴池」。他在10個電纜車上安裝溫泉澡池，讓它們在山巒峰陵間不停穿行。這些澡池每個可以容納兩人，客人泡在其間，既可以欣賞四周美景，又享受到美妙的溫泉之浴，真如仙境一般，怡然自得。

「空中浴池」果然引起遊客極大興趣，前來光顧者絡繹不絕。特別到了節假日，簡直人滿為患。

　　宇野牧人推出「空中浴池」，不愧爲一個好創意，在這裡，我們先來了解一下創意的概念，以及它具有的特點和魅力。

　　狹義地講，創意是指有創造性的想法、構思，就是我們平常說的「點子」、「主意」，好的點子就是「好的創意」——「Good Idea」。廣義地講，創意則是一種創造性的思維活動，是一種主觀的精神創造過程。由此分析來看，創意一方面是思索的結果或意見，可以透過一定的形式表現出來，比如音樂、繪畫、舞蹈等，另一方面，創意一般只是整個策劃活動或者整個事件的起始階段，而不是最終的成果。

人類發展至今，生活的各方面都沒有離開過創意。從茹毛飲血的原始人類到今天，離不開「火」的創意；從貧窮落後的遠古社會到日新月異的資訊時代，離不開一系列精妙的創意。創意對社會發展有著舉足輕重的作用，是人類進步的保障，它具有以下特點：

（1）創意人人都有

從古到今，從中到外，每個人都有創意的能力。它是人類獨有的特性，是人與動物的本質區別。在創意面前，人人都是平等的。從這一點說，如何創造自由的空間，讓每個人都有均等的機會表達自己的創意，是十分必要的。英國歷史學家湯因比說：「為潛在的創新力提供良好的機會，這對一個社會來說是生死攸關的事。這一點極為重要……如果社會沒有讓傑出的創新能力發揮出效能，那就是對其成員的失職。」

（2）創意無處不在

創意是人類智力活動中最具創造力的部分，涉及人類生活各方各面，文學藝術、哲學、科學發現發明、經濟、軍事等，所有智力領域都需要創意。創意內容無所不包，除了各種點子、想法、策略、企劃，還涉及到各種新發現、新思想、新設計、新假想、新發明。總而言之，創意是文藝創造、企業CIS、作戰用兵、以及廣告活動、政治藝術等等的「核心」，是決定它們成敗與否的關鍵所在。

（3）創意具有社會性、經濟性

當今社會，創意是智慧產業神奇組合的經濟魔方。創意使人們重新認識科技，賦予它感性和藝術氣質，包含美學的內涵。這一特點要求創造力必須要有社會性，或者經濟性的市場，否則無法形成創意經濟。

（4）創意沒有失敗之說

創意是投資未來、創造未來的過程，它會改變一個人的觀念，會把機遇轉化為價值。但是並非每個創意都會成功，它可能只是下一個創意的前提，從這點來講，創意沒有失敗之說。

有家企業曾經要求自己的1000名員工，每人每天必須想出一個點子，一年下來，可以集合365000個點子。儘管這些點子千奇百怪，很多看起來根本無用，可是對於企業來說，每個點子都是珍貴的，因為它可能帶來意想不到的下一步創意。

（5）創意需要動機

創意動機無奇不有，大致上包括以下四種：1、為利益、利潤進行創造發明。這是比較常見的創意動機，目的性強，是現代企業熱衷創意的第一驅動力。2、好奇心。好奇心是人類的天性，為了將問題探究明白進行的創意，也非常多見。3、懷疑。懷疑是科學進步的動力，也是創意的動機之一。4、興趣。有句話說「曲徑通幽」，這與創意過程十分相似，經過不斷思索、行動，獲得一定收穫，這一充滿趣味和吸引力的過程，正是創意。愛因斯坦說：「興趣是最好的導師」，道理就在這裡。

有了動機，創意就有了生命力。通常情況下，人們會根據不同動機尋找最有效的方法，進而得到想要的創意。比如，以創意為核心的策劃活動，在動機明確的情況下，需要對創意進行擴展、修改、補充和進一步深入構思，才可逐步形成一項完整的方案、一套可操作的系統工程。

創意是發展的原動力！

——[美]阿德里安·霍梅斯

推銷冠軍的創意
不是簡單的點子

創意並非僅僅是「點子」，它要比系統完整得多，它是一條線、一個面，更是一個整體。它具有構思概念、選擇素材、表現手法三方面的要素。

有位推銷員，是某家銷售不易破碎杯碟公司的職員，5年來，他的銷售業績一直高居榜首，遠遠超過其他推銷員。每年年終，公司都會舉辦表彰大會，請業績突出的職員發表演說，談談自己的成功之道。這位推銷員自然是第一位演說人，他每次都對其他推銷夥伴致辭，但對於自己實際推銷的技巧，卻避而不談。

第6年年終，又開始舉辦表彰大會了。這次，同事們和公司上司再一次將他推到首席位置，並誠懇請求他談談自己的推銷祕訣。他終於被打動了，致辭之後，略顯激動地說：「其實也沒什麼，我就是在介紹完公司產品之後，拿出十多件不易破碎的杯碟，用力向地上擲下。客戶親眼目睹杯碟絲毫無損，自然非常相信我們的產品，也就有信心簽下訂單。」

眾人聽罷，一副恍悟神色。第2年，公司的所有推銷員紛紛採納他的技巧，銷售業績節節攀升。奇怪的是，1年下來，推銷冠軍依然是他。這是怎麼回事？又到年終了，大家再次請他談談行銷之道，這次，他笑著說：「我現在已經不再自己擲杯碟了。而是改請客戶自己擲。」

推銷冠軍的故事告訴我們，創意絕不是一個簡單的「點」，而是一條線、一個面，是針對整個事件系統的策略。推銷冠軍之所以屢屢成功，就是因為他

懂得行銷創意，而不是僅僅抓住一、兩個點子。

　　點子是針對某一件事而言的計謀與對策，創意儘管也是對策與計謀，但完整系統得多，很多時候，點子可能只是其中一個閃光點。創意不僅是點子，更是超越其上的系統工程。

　　做爲系統工程，創意中的任何「新想法」都不是突如其來的，而是很長時間累積的結果。所以，創意是邏輯思維的過程，在這一過程中，首先需要構思概念；第二需要選擇素材，尋找適當的方式方法來表達概念；第三還要有表現手法，表現手法不同，會產生不同效果。比如手機拍照是一個新創意，但是手機像素高低不同，照片效果很不一樣。提高像素，效果會隨之提高，這就是改變了表現手法。

可見，創意是一個整體，是一種意境。當今世界已處於全球性經濟科技大潮之中，在此領域，創意做為智力制高點，將發揮著更為重要的作用。比如在企業當中，創意既是「核心」，也是關鍵的第一步。企業策劃時，必須先有好的創意，才能進行下一步策劃，不然，策劃會漏洞百出，甚至與初衷背道而馳。在科學研究中，反常規思索往往是發明第一步，這恰是創意的精粹所在，創意是反常規的、是新創造。

有人說，未來世界之爭不在資源，而在於創意。在智能較量的新時代，最大的礦藏不在地下，而在每個人的頭腦裡。做為科技大國，日本非常重視創意開發，所有的學生必修創意課程，而且他們還專門開辦各種創意、創造學校，東京和大阪等電視臺經常開展「一日一創」活動。這一切說明他們真正的第一，是創意第一！創意，可以領先一步開創新科技、新思想，可以擁有更多知識產權，可以擁有更強大的力量。

美國人民意識到本國的經濟優勢是依賴全體國民的獨創力，而非豐富的天然資源。

——［美］亞歷克斯·奧斯本

賈島苦吟吟出
創意與靈感之別

靈感是天然，創意是人工。靈感不會憑空發生，一般要有創意思考的前提，它來自於創意，又是創意中最為精妙的代表。

賈島是唐朝著名詩人，有一次，他騎著毛驢來到長安朱雀大街。正是深秋時分，風吹葉飄，景色十分迷人。賈島觸景生情，吟出一句詩詞──「落葉滿長安」。可是他一琢磨，這句詩是一個下句，得有個上句才行。於是他一邊騎驢往前走，一邊苦思冥想起來，嘴裡還不停地唸唸有詞。

這時，對面來了京兆尹劉棲楚，他坐在高頭大馬上，前有鳴鑼開道，路人紛紛躲避，氣勢好不威武。偏偏賈島沉思詩句，根本沒有注意到他，直直地闖過來，而且靈感忽至，高聲誦道：「秋風生渭水。」劉棲楚嚇了一跳，以為賈島是瘋子，叫人把他抓了起來。

沒想到，賈島被關一夜，竟然做出《憶江上吳處士》一詩：

閩國揚帆去，蟾蜍虧復圓。
秋風生渭水，落葉滿長安。
此處聚會夕，當時雷雨寒。
蘭橈殊未返，消息海雲端。

經過這次教訓，賈島不但沒有改掉自己的「毛病」，反而更加癡迷於詩

作。沒過多久，他又一次騎驢闖了官道。這次，他正琢磨著一首詩，詩文為：

閒居少鄰並，草徑入荒園。

鳥宿池邊樹，僧推月下門。

過橋分野色，移石動雲根。

暫去還來此，幽期不負言。

這是賈島的新作，可是他對其中一句「僧推月下門」不滿，覺得「推」字不太合適，不如「敲」字好。他嘴裡唸著「推敲」二字，不知不覺騎著驢闖進韓愈的儀仗隊裡。

韓愈既是政治家，也是文學家，他叫來賈島，詢問他為什麼闖進自己的隊伍。賈島將自己的困惑說出來，並用徵求的眼神望著韓愈。韓愈不由笑起來，大聲說：「我看還是用『敲』好，萬一門是關著的，推怎麼能推開呢？還有，晚上去別人家，還是敲門有禮貌呀！」

賈島聽了，高興地連連點頭。

從賈島的故事中，可以明確地看出創意與靈感之間的關係，以及它們的區別。人們常說，文學創作需要靈感，靈感是一種神祕現象，往往有了靈感才能創作出優秀作品。但是，光有靈感不能完成創作，創作是創意活動，是人工的結果。

從心理學上講，靈感是最高級生命活動的最高級精神生命現象；是剎那間獨創性極強的表現。靈感具有突發性、亢奮性、獨創性和短暫性的特點。事先難以預料和控制，突然出現，而且伴有激情，同時這是一種全新的、沒有雷同的、稍縱即逝的感覺。靈感是人腦的機能，是人對客觀現實的反映，與創意可謂休戚相關。但是，靈感不是神祕莫測的，也不是心血來潮，它不會憑空產生，而是人在思維過程中帶有突發性的思維形式，長期累積、艱苦探索的一種必然性和偶然性的統一。

　　靈感一般都有創意思考做為前提。很多作家沒有靈感時會深入思索，或者動筆反覆起草，以引發靈感。「讀書破萬卷，下筆如有神」，說明靈感來自於創意過程。實際上，在創意活動中，每個環節都會產生靈感。反過來，靈感又是創意的代表和精華部分。

　　要想獲得靈感，離不開創意活動；在靈感影響下，創意又能得到昇華。資訊是產生靈感和創意的途徑，不同的資訊會帶來不同的結果。比如關注外界資訊會帶來靈感；偉大的科學家牛頓因蘋果落地，發現了萬有引力，這就是外界資訊帶來的靈感。注重思維資訊也會產生靈感。阿基米德在洗澡時忽然來了靈感，高興地光著身子跑到大街上，這是苦思冥想的結果。苦思冥索的時候，潛意識的大海裡會冒出很多資訊，如果一個資訊可以溝通多種資訊，這就是一種靈感，會形成創造性思維。另外，留意啟迪資訊，以及來自各個方面的自由資訊，都是靈感產生的源泉。詩人白居易就是從音樂中獲得靈感，寫出《琵琶行》，這是典型的從別的藝術意象中尋找啟迪資訊的例子。自由資訊是來自於創意者頭腦中的潛意識，是針對思維資訊而言的，它往往在意識放鬆或者思想麻痺時才出現。眾所周知，偉大詩人李白喜歡飲酒，每醉必有佳作，自稱「斗酒詩百篇」，這就是自由資訊帶來靈感的典型事例。

　　創意和靈感密不可分，又各具特色，它們之間的區別在於：1.時間長短。靈感往往是瞬間的，而創意需要經過一定時間醞釀、思索；2.有無意識。創意是人類大腦有意識的活動，是在一定動機下產生的，靈感只是一種感覺；3.是否理性。創意是人為的、理性的活動，而靈感反之。可見，創意高於靈感，需要一定技術操作性，靈感只是一種偶發的想法，可以說，它來自於創意，是創意中最為精妙的代表。

獨創能力是國家興亡的關鍵所在。

——〔日〕川上正光

魏格納以生命爲代價
展示創意多種分類

創意多種多樣，時時處處都有，具體包括以下幾個方面：實物的發明或革新；解決問題的新對策、新方法；理論構想；認識或者境界的變化；制度革新。

1912年1月6日，在法蘭克福地質學會的會議上，一位年輕人公開提出「大陸曾經是一個整體」的觀點。他叫魏格納，是氣象學方面的新星。

地質學家們當然不歡迎魏格納這個「闖入者」，尤其他毫無根據提出的「大陸漂移學說」，因為這從根本上動搖了地質學根基。於是，各種嘲諷和打擊紛紛朝向魏格納，譏笑他的學說是「智力拼圖遊戲」、「詩人的浪漫想像」。

魏格納接受著來自各方的壓力，堅持自己的觀點，並努力尋找證據。其實早在1620年，著名學者培根也曾經產生過類似念頭，不過他沒有深入研究下去。這次，魏格納沒有退縮，而是勇往直前，以致於丟掉了在德國大學的教職也在所不惜。

可是，十幾年時光過去了，魏格納依然沒有找到充足的證據證明自己的學說。1926年，他參加了一次專門討論大陸漂移學說的會議，會上14名權威專家有半數以上堅決反對他的學說。他沒有爭辯，只是默默感慨：「漂移理論的牛頓還沒有出現。」

幾年後，魏格納帶領科學考察團前往格陵蘭島探險，在他生日那天，他獨自一人去冰河地帶尋找支持自己理論的證據，結果再也沒有回來。

直到30年後，科學家們終於採用最新的科學技術證實了魏格納的正確。至此，大陸漂移學說正式成立。

魏格納提出大陸漂移學說，這一過程說明一個問題：人們往往只會看到新成果、新發明或者新的財富，卻往往忽視創意本身。這是由於前者有形，後者無形，他們不知道「有產生於無」的哲理。在歷史中，在人生中，創意涵蓋著各方面，大體有以下五類表現形式：

1、實物的發明或革新：這是最通俗的創意，比如發明電話、電燈。

2、解決問題的新對策、新方法：這也是常見的創意，比如曹操挾天子以令諸侯，就是一種政治創意。

3、理論構想：哥德巴赫猜想、宇宙大爆炸學說，都屬於理論性創意。

4、認識或者境界的變化：有些人想不開，經過他人勸說放棄自殺的念頭，這也是創意的一種表現。

5、制度革新：這是比較實用的創意，現代企業常常透過這方法改善管理方式，提高工作效率。

以上五類創意體現在人類生活的每個領域，從不同角度觀察，又有不同的分類。

（一）根據發生領域，創意可以分為科技創意、經濟創意、政治創意、社會創意和文化創意。創意不只是發生在經濟領域，也不只是發生在文化領域，而是發生在社會各個領域。只有全面發展創意，才會實現創意的人生和國家。

（二）根據所屬專業，創意分為廣告創意、設計創意、文學創意、藝術創意、行銷創意、管理創意、技術創意、規劃創意等等。每一個專業都是創意的產物，也都在創意中發展。廣告、設計等更是創意重點專業。

（三）根據完善程度，創意分為不完全創意和完全創意。萌芽創意指的是尚未成熟、只具有一定雛形的創意，它可能有用，也可能只是為下一步創意打基礎。不管怎樣，相對於理想的成熟創意，我們不能打擊它、毀滅它，而是給

予尊重、保護，並支援它發展。

（四）根據發展狀況，創意分爲原始創意和衍生創意。前者是第一次出現、意義重大的創意，是創新。後者則是對創新進行消化吸收後，衍生出來的創意。兩者都很重要。

（五）根據產出價值，創意分爲重大創意和一般創意。重大創意不僅規模要大，關鍵會產生較大的價值，這一點受到國家和企業重視；不過，一般創意也很重要，因爲它們也有價值，而且很可能衍生出重大創意。

（六）根據創意是否先天，分爲聰明創意和不聰明創意。前者是天生的、獨創的、毫無軌跡可循的，它不會透過訓練就能獲得，比如科學發明發現；不聰明的創意是指後天獲得的，可以透過訓練培養出來的，比如產品的組合與分割、產品的改良、產品的新用途、產品的定位等。

（七）根據參與程度，創意分爲職業創意和群衆創意。前者指的是由專門組織和人員從事的創意。比如廣告策劃公司進行的創意。後者是相對於前者而言，指由普通大衆提出的創意。群衆智慧是無窮的，只有調動廣大人民積極性，參與到創意中來，才會建設創業型的企業和國家。比如日本鼓勵的很多創意，就是此類。

（八）根據產生條件，創意分爲主動創意和偶然創意。前者是有意識的創意，是經過一定準備的創意，比如各種科研創造；後者是無意識的創意，也可能在有意識創意活動中產生。弗萊明發現青黴素，就是典型的無意識創意。兩種創意雖然存在有無意識之分，但在價值方面沒有區別。

總之，不管創意如何分類，也不管是哪種創意，都是人類的使命，人類生存發展不息，創意創新活動不止。

創意有著某種神祕特質，就像傳奇小說中在海洋中會突然出現許多島嶼般。

——[美]詹姆斯·韋伯·揚

蠟燭照亮的大創意

所謂大創意，即「big idea」，中文表達是「大創意」或「好的創意」。這是最近幾年提出的關於創意概念的新說法，分為尋找大創意、實現大創意兩個過程。

某位富翁有三個兒子，退休之前，他準備在三個兒子當中選一個最有生意頭腦的，將事業交給他來打理。

經過深思熟慮後，富翁將他的三個兒子請到辦公室，對他們說：「我要在你們三人之中，挑選一位思維最有創意的，來繼承我的事業。現在工廠內有三間空倉庫，一天之內，你們用自己的方法把空倉庫填滿，誰花的錢最少，誰就能贏得這次的測驗，誰就能繼承我的事業。」

三個兒子接受測驗，立即離開辦公室，分頭準備行動。大兒子去工具間帶走了鋤頭、鏟子、畚箕；二兒子也準備了鋸子和繩子，但小兒子一溜煙的不見了。

大兒子帶著工具開始忙碌，他滿頭大汗的從山坡上，一畚箕、一畚箕的把砂土挑到空倉庫；二兒子也不閒著，他用繩子拖回一棵棵從樹林裡鋸下的大樹，一下子就把倉庫填了大半空間。

天黑時分，他們把父親請到倉庫，檢查自己的成果。

大兒子得意地說：「砂土便宜，我只用五噸的砂土就把倉庫填滿了。」

父親說：「很好。」

二兒子不甘示弱，忙說：「我用鋸下的大樹把倉庫填滿了，造價更低。」

父親說：「不錯。」

這時，小兒子把父親請進倉庫，裡面只有一支幾塊錢的小蠟燭。就在大家疑惑不解的時候，他點燃了蠟燭，問父親：「爸爸，您看看這倉庫裡，哪裡還有沒被光填滿的地方？」

父親看了，滿意極了，他選擇小兒子繼承自己的事業。

一支小蠟燭，產生意想不到的效果和價值，體現出「大創意」的高妙之處。所謂大創意，即「big idea」，中文表達是「大創意」或「好的創意」。這是最近幾年提出的關於創意分類的其中之一。大創意除了規模大、產生價值高之外，還有哪些特點呢？

首先，尋找大創意是一種心智檢索的過程，是一種藝術家行為。比如在廣告創意中，創意人員在撰寫文案或設計美術作品前，應該先在頭腦中形成廣告的大致模樣，這就像藝術家經過仔細收集資訊、分析問題，尋找關鍵文字或視覺來傳達需要說明的問題一樣。

其次，一般來說，大創意應該具有首創精神，以別開生面的方式將產品和消費者結合起來，爲創意表現注入生命活力。有一年瑞典舉辦世乒賽，閉幕式上，瑞典的總開支不足一萬美元，表演的節目不過十幾個人，其中沒有一個是專業演員，都是組委會的工作人員，她們穿著自己的衣服就上了臺。結果，她們用傳統的瑞典木屐跳民族舞，效果極佳。這就是「大創意」的典型事例。

還有，大創意需要一定時機才能實現。瑞典有個典故，叫「第二隻老鼠得到乳酪」。因爲第一隻衝上去的老鼠被捕鼠器打死了，而第三隻去時乳酪已沒有。尋找到了大創意之後，應該抓住時機實現大創意。比如在廣告創意中，只有透過文字、圖像、音響等符號，將資訊塑造完整的傳播形態，才能打動受眾的心靈與感情，這就是實現大創意的過程。

最後，做事的最高境界在於「智慧」得到「最大」展示，而不是看排場和花費有多大。比如愛情面前，999朵玫瑰和1朵玫瑰的價值也許相同。所以，創意之大，並非權勢、財富、投入之大，不是比誰家的房子豪華、誰家的車子大，諸如此類的「大」與創意無關，只會阻礙創意產生。眞正的大創意，是將藝術化深入到底的行爲，有人這樣描述廣告中的大創意：「如果說文案是廣告的文字語言，藝術就是廣告的身體語言。」

現在，大創意是一種趨勢，指導創意人員藝術、合理地運用各種素材，彼此關聯、互相加強，充分體現創意的魅力。

萬里之行，始於夢想；唯有對於夢想的堅信，才能造就藝術家。而藝術家正是我們這個時代所需要的企業家的榜樣。

——歐尼斯特・霍爾（Earnest Hall）

一張紙尿片
打開廣告創意的大門

綜合來看，廣告創意就是以消費者心理為基礎，透過一系列創造性思維活動，表達一定的廣告目的，促使消費者購買的思想行為。

她27歲時，想應徵一家國際排行50強的4A公司的廣告創意員。可是她沒有任何行業經驗，當朋友們聽了她的打算後，無不認為她在癡人說夢。

但她沒有退縮，而是經過一番思索，寄出了自己的求職信。這不是一封普通的求職信，而是一件包裹。她向所有她中意的公司各投遞一件，並且直達公司總經理。

可想而知，一件包裹在成堆的千篇一律的信封中，無疑鶴立雞群，一下抓住了所有的好奇視線。當打開包裹時，裡面的東西更是讓人跌破眼鏡——只有一張薄薄的紙尿片，正面寫著：「在這個行業裡，我只是個嬰兒。」背面留了她的聯繫方式。

這封特殊的「求職信」為她敲開了工作的大門，幾乎所有收到這張紙尿片的廣告公司老闆，都在第一時間打了邀請面試的電話給她。無一例外，他們問她的第一個問題就是：「為什麼你要選擇一張紙尿片？」她的回答像她寄出的「包裹求職信」一樣富有創意，她說，「我知道我不符合要求，因為我沒有任何經驗，但我像這紙尿片一樣，願意學習，吸收性能特別強；而且，沒有經驗並不代表我是白紙一張，我希望你們能透過這個細節看到我在創意上的能力。」

她成功了，她不但成為創意人員，最後還成為了創意副總監。

「創意是廣告的靈魂」，廣告離不開創意，這是人所共知的。什麼是廣告創意？它具有哪些特色呢？

目前，廣告界一般從動態和靜態兩方面去理解創意。從前者的角度去理解，創意指的是一種創造性的思維活動，這種活動的主體是廣告創作者，客體是廣告活動本身。從後者角度去看，創意是創作者思維的結果，是一個個具體的「點子」。綜合來看，廣告創意就是以消費者心理為基礎，透過一系列創造性思維活動，表達一定的廣告目的，促使消費者購買的思想行為。

廣告創意並非漫無邊際地「瞎想」，而是有一定要求和特色，這些要求可以歸納為四點：一，以廣告主題為核心；二，首創性；三，實效性；四，通俗性。

首先，廣告主題是廣告創意的出發點和基礎，只有把握主題，才能清晰明瞭地表達主題；相反，如果不以主題為核心，或者偏離主題，那麼，再有創意的廣告也不能準確生動地傳播資訊。這就像南轅北轍，廣告往往會干擾資訊的傳播。同時，廣告主題還是創意發揮的最基本題材，在此基礎上，獨特的創意才能發揮作用。這樣，我們就能理解盛錫福牌匾為何幾次削減字詞，最後只留下名稱了。這才是突出廣告主題，以其為核心進行宣傳。

其次，創意必須有自己獨

特的一面，這樣才能產生強烈效果。因此，首創性就成為創意的另一個重要特點。一般廣告創意，都是將以往毫不相干的兩件或更多的物體或觀念進行組合，產生新的東西或觀念，這就是一種首創。當然，首創雖然重要，但並不等於脫離廣告主題，或者譁眾取寵，創造一些希奇古怪、卻毫無意義，甚至危害到他人或社會的東西。

再有，不管廣告創意如何獨特，都要為一定的目的服務，這個目的大多是商業目的，也就是銷售目標。這體現了廣告創意的實效性特點。廣告大師克勞迪·霍普金斯說：「廣告的唯一目的就是實現銷售。」任何廣告創意，如果不能帶來一定效益，不能實施操作，都不是一個好創意。

最後，必須明確的一點是，廣告創意要透過大眾傳播才可以進行，就是說，為了創意能夠付諸實施，它必須要有通俗性。如果脫離大眾，不為大眾理解，怎麼可能被他們接受？因此，採用簡潔明瞭的詞語、方便實用的傳播媒體，將有利於創意實施。

看來，廣告創意絕不是一般意義上的模仿、重複、循規蹈矩，大多數人都能想到的絕不是好的創意，實際上根本就談不上創意。亞歷山大第一次用劍劈開怪結是一個創意，我們再次用劍劈開就不是創意，而我們如果用火燒掉怪結，肯定會是一個好的創意。

想像是發明、發現等一切創造性活動的源泉。

——亞里斯多德

從爲女兒餵藥
到發明調味劑的創意過程

產生創意的基本方針有兩點：創意完全是把事物原來的許多舊要素做新的組合。必須具有把事物舊要素予以新的組合的能力。

1992年，美國商人肯尼·克拉姆夫婦最小的女兒出生了。不幸的是，這個孩子是個早產兒，腦部癱瘓，出現間歇性肌肉痙攣發作的症狀。為了治病，她不得不每天服用四次苯巴比妥藥水，藥量不夠病情就會持續發作。克拉姆夫婦每天餵女兒吃藥，可是女兒太小了，苯巴比妥藥水很苦，她每次服用時，不是嘔吐就是把藥噴出來，很難服夠藥量。為此，他們基本上每週都在急診室度過。

克拉姆非常疼愛自己的女兒，每次給她餵完藥，總要盡量抱著她玩耍，並給她吃糖和水果。漸漸地，克拉姆有了一個發現，女兒每次吃藥後都會哭泣，可是一看到香蕉，含淚的小眼睛裡就會閃爍光芒。

這時，克拉姆內心頗感酸楚，他想：如果苯巴比妥藥水的味道也像香蕉該有多好，女兒就不用受這麼多罪了。

沒想到，這個念頭冒出來後，克拉姆立刻興奮起來，他認為自己這個想法完全可行。從此，他一有時間就回到父親的藥店，嘗試著調製一種既不沖淡藥量、又不影響藥效、卻能掩蓋藥物本身味道的調味劑。

經過無數次試驗，克拉姆成功了，他研製出一種香蕉口味的調味劑！他把這種調味劑添加到苯巴比妥藥水裡，餵女兒服藥，女兒第一次十分痛快地服下藥水。此後10年，女兒再也沒有因為藥量不足而住院。

　　克拉姆從香蕉味調味劑入手，陸續研發改進其他液體、丸狀、粉狀處方藥味的調味劑配方，進而創辦福雷沃克斯公司，專門生產掩蓋藥品味道的調味劑。

　　克拉姆的故事，比較完整地體現出創意的過程。對於創意的產生，世界公認的創意大師詹姆斯‧韋伯‧揚（James Webb Young）有過詳盡的論述。他認為創意也是有規律可尋的，產生創意的基本方針有兩點：一、創意完全是把事物原來的許多舊要素做新的組合。二、必須具有把事物舊要素予以新的組合的能力。

　　一般來講，創意思維需要經歷一定過程，國學大師王國維曾經提出過「三境界」學說，從「昨夜西風凋碧樹，獨上高樓，望盡天涯路」，到「衣帶漸寬終不悔，為伊消得人憔悴」，再到「驀然回首，那人卻在燈火闌珊處」。這一學說被廣泛地運用在很多需要創新的工作領域，不論是學習還是研究，是做行動計畫還是設計廣告，因為這與人類創意思維的行進過程是相似的。

　　我們可以分析如下：

　　第一境界，自然是對多種資訊進行高視點、多角度、全方位的觀察（收集）、整理和分析。所有創意都是在原始資訊基礎上產生的。創意的第一步就是收集各種資訊，這些資訊既有特定資訊，也有一般資料，只有對各種資訊具有濃厚興趣，掌握更多資料，才有可能像萬花筒一樣，組成更多圖案，產生更多創意。對於收集的資訊，還要整理分析，帶著一個宏觀的思路去梳

理，進而理解、掌握。

第二境界是對前階段經過分解列舉的各個資訊進行篩選、判斷，進而去偽存真、去蕪存菁的過程。判斷資訊有一定技巧。可以用不同的方式去考慮，也可以透過不同的角度進行分析。在這個過程中，創意者需要放開題目，放鬆自我，轉向刺激潛意識的創作，刺激自己的想像力及情緒。

第三境界則是創意突現的過程。這是在前兩個階段基礎上頓悟的時刻，也是一個需要細化創意的時刻。一個創意的初期萌發，肯定不會很完善，所以還要專業知識予以完善。詹姆斯・韋伯・揚在研究網版印刷照相製版法的問題時，經過長時間苦思冥想，疲勞至極，他就去睡覺了。沒想到，一覺醒來，他看到天花板上出現了整個運作中的照相製版方法及設備影像。創意就這樣「從天而降」。還有一個著名的例子也是創意「突至」的典型。阿基米德為了研究金冠的重量，日思夜想，極度疲勞的情況下，洗澡放鬆自己，水聲一響，他產生了靈感，就發現了浮力的作用。

現代社會，除了「三境界學說」，對於創意過程，還有人提出不同看法，比如美國創造學家阿里克斯・奧斯本（A. F. Osbern）總結整理出行停法；英國劍橋大學的心理學醫學博士愛德華・德・波諾（Edward De Bono）發明「平行思維法」，指出人們在思考時，情感、直覺、情緒、邏輯、希望、創造力等都要參與到思考之中。

再神奇的電腦技術也只是一種手段、一項工具，對廣告業而言，最重要的資源永遠是人腦、是人的創造力。是否有創意，無論任何時候都是決定一個廣告優劣高下的最根本因素。

──[美]阿德里安・霍梅斯

「凍」死的維修員告訴人們
情商對創意的影響力

情商指的是人在情緒、情感、意志、承受挫折等方面的品質。情商的內容包括情緒控制力、自我認識能力、對自己的感召力、自我激勵能力。情商是一種能力，是一種創造，也是一種技巧，情商高的人創意能力強。

有位貨櫃公司冷凍貨櫃的維修員，工作認真，做事負責，很少出現差錯。不過他有個缺點，就是對人生悲觀，常以否定的眼光看待周圍的一切，這讓他鬱鬱寡歡。

有一天，公司員工提早下班了，因為當年的業績創造新高，老闆十分高興，舉辦慶功宴，邀請大夥共同慶祝。員工們很開心，高高興興地前去赴宴。

這時，誰也沒有注意到那位維修員，正在待修的冰櫃中。等到大家全部離去，維修員才發現自己被反鎖在冰櫃中了，他拼命敲打、使勁大喊，可是公司的人都離開了，根本沒人聽得到。

最後，維修員手敲到發腫，喉嚨也喊啞了，但也沒人回應。他頹然坐在冰櫃內，開始胡思亂想，並且越想越害怕，他想，冰櫃的溫度只有攝氏零度，不出去一定會被凍死。既然無人回應，看來公司早就沒人了，自己待在裡面肯定出不去了，只有死路一條。於是，他從口袋裡掏出紙筆，用發抖的手寫下了遺書。

第二天早上，員工們陸續來到公司。當一人打開冰櫃時，赫然發現維修員僵硬地倒在冰櫃內，他趕緊招呼同事們把維修員送往醫院。可惜他已無生命跡象。

　　面對這種結果，所有人都很驚訝，因為那個大冰櫃有足夠的氧氣，而且冰櫃的冰凍開關並沒有啓動，櫃內的溫度也一直維持在攝氏十六度，但維修員竟然給「凍」死了！看來他並非死於冰櫃的溫度，而是死於心中的冰點。他給自己判了死刑，不去積極想辦法，又怎麼能活下去呢？

　　從維修員之死中，我們可以了解到情商對創意的作用和影響。情商，由美國哈佛大學心理學教授丹尼爾‧爾曼於1995年正式提出。他認爲，情商指的是人在情緒、情感、意志、承受挫折等方面的品質。情商的內容包括情緒控制力、自我認識能力、對自己的感召力及自我激勵能力。

　　以往，人們普遍認爲一個人能否在一生中取得成就，智力水準是第一重要的，即智商越高，取得成就的可能性就越大。但丹尼爾‧爾曼指出，情商水準的高低對一個人能否取得成功也有著重大的影響作用，情商的作用大大超過智商加技能之和。

　　情商是如何發揮作用的？與創意有什麼關係？怎麼樣獲得高情商呢？

　　情商是一種能力，是一種創造，也是一種技巧。科學家發現，人類的大腦分爲情感和邏輯兩部分，當一個人做出正常行爲或者進行高級思維活動時，這兩部分同時發揮作用。而一旦控制情緒的部分受損時，人可以清晰地、符合邏輯地推理和思維，但做出的決定都非常低級。由此可以得出結論，當大腦的思維部分與情感部分相分離時，大腦不能正常工作。所以，兩者不可偏

廢，一個人要想進行高級思維活動，做出高級的創意，就必須具備高情商。要是一個人情商過低，不要說創意，就連正常思維、舉動也很難實現。

這是因為情感常常走在理智的前面，其物質基礎主要與腦幹系統相聯繫。這就決定情商主要與非理性因素有關，它影響著認識和實踐活動的動力。它透過影響人的興趣、意志、毅力，加強或弱化認識事物的驅動力。

要想獲得高情商，就要注意培養和訓練。心理學家認為，培養情商應從小開始，如果一個成人情商偏低，也可以從多方面加以訓練。比如可以時不時嘗試另一種完全不同的生活方式，拓寬視野，提高情商；還可以與難以相處的人交往，發現他們的方式，盡量靈活到採用與之相同的方式。有個故事說，有對夫妻感情不和，經常吵架，每次爭吵後兩人都會冷戰好幾天。有一次丈夫在爭吵後的第二天上午就發送了一條訊息，留下5257531一串號碼。妻子看了，立刻給丈夫回覆，留下2121241的號碼。兩人冰釋前嫌，相約共進午餐。原來丈夫留下的「5257531」意思是「吾愛吾妻吾想你」，妻子留下的「2121241」則是「愛你愛你愛死你」的意思。這就是一個勇於做出改變，進而提高情商的例子。

現代社會，不僅個人，各種企業對情商的認識和運用也越來越多，據百事可樂公司和歐萊雅公司等企業的結論，情商運用能力的差異可造成20%至30%的利潤差額。在企業的管理高層中，情商所起的作用要佔85%。管理高層的情商還能夠感染和激勵員工，進而有助於形成積極向上的企業文化。

> 知識，百科全書可以代替，可是考慮出新思想、新方案，卻是任何東西也代替不了的。
>
> ——[日]川上正光

神仙指點的心理素質
控制創意能力

人的行為不僅受利益驅使，還會受到多種心理因素影響。心理素質會決定一個人的狀態，只有達到良好狀態時，人才會產生創新的欲望。

有位先生，臨終前十分不甘心，因為他一生沒有什麼成就，可謂虛度年華，碌碌無為。但他不怨恨自己，而是抱怨一位神仙。原來在他年輕的時候，偶然遇到過一位神仙，這位神仙為他算命，說他將來有機會福祿雙全，很有地位，生活幸福美滿，還有一位漂亮的妻子相伴。

然而，神仙的預測一件都沒有實現，而他最終閉上絕望的雙眼，命歸黃泉。沒想到，當他來到西天時，竟然又遇到那位神仙，他很激動地上前揪住神仙，責問他為什麼沒有兌現自己的諾言。

神仙卻很坦然，一把推開他的雙手回答：「我說過你有機會得到這一切，可是你自己不把握機會，讓它們從你身邊悄然溜走，這怪誰呢？」

「什麼？你說什麼？」那位先生十分迷惑。

神仙看著他，一一指出他曾經遇到過的各種機會：他想到一個好點子，可是因為怕失敗而不敢去嘗試，結果另外一個人採納這個點子並付諸行動，因此大獲利益，成為全國最有錢的人；他經歷過一次大地震，有機會去拯救幾百名被困的人，可是他害怕受傷，又擔心家裡的財物遭受損失，所以找了好多藉口不去救人；他還遇到過一位漂亮的女子，那麼強烈地吸引著他，可是他唯恐遭到拒絕而不敢求愛……

什麼是創意？

那位先生聽著神仙的話，不停地點頭，不停地流淚，他明白了自己為什麼會一無所獲。

故事告訴我們一個道理，每個人的身邊都有很多機會，可是並非每個人都能抓住機會，如果一個人心理素質太差，怕這怕那，只能眼睜睜看著機會溜走，不會創造美好人生。這讓我們看到心理素質的重要性。

心理是人的生理結構，特別是大腦結構的特殊機能，是對客觀現實的反映。心理素質是人的整體素質的組成部分，是人類在長期社會生活中形成的心理活動在個體身上的積澱，是一個人在思想和行為上表現出來的比較穩定的心理傾向、特徵和能動性。包括人的認識能力、情緒和情感品質、意志品質、氣質和性格等個性品質諸方面。

心理素質所反映的是人在某一時期內的心理傾向，和達到的心理發展水準，會決定一個人的狀態，而只有達到良好狀態時，人才會產生創新的欲望，才能產生創意活動，是人進一步發展和從事活動的心理條件和心理保證。2002年，卡尼曼因提出心理經濟學研究成果「前景理論」，榮獲年度諾貝爾經濟獎。這一理論的基本內容是，人的行為不僅受利益驅使，還會受到多種心理因素影響。從此，心理素質再次成為世人矚目的焦點。

怎麼樣培養良好的心理素質，開創美好的人生和事業呢？

一個人的心理素質是在先天素質的基礎上，經過後天的環境與教育的影響而逐步形成的。美國鋼鐵大王安德魯‧卡內基說：「如果一個人不能在他的工作中找出點羅曼蒂克來，這不能怪罪於工作本身，而只能歸罪於做這項工作的人。」人只有自我肯定，保持堅定的信念，才是成功的關鍵。

在現實中，提高心理素質，可以從提高心理承受能力入手。教育學研究表明，大多數冒風險行為形成於兒童時期。如果父母想讓孩子長大後敢冒風險獲取成就，就該讓孩子有機會嘗試風險和失敗。凱薩琳是俄國最偉大的女皇，她說過：「沒有比我更大膽的女人，我的膽大妄為無以復加。」膽量讓她成功，

讓她創造輝煌的人生和偉大的俄國。看來，勇於冒險、不怕失敗，是獲得冒險精神的根本。

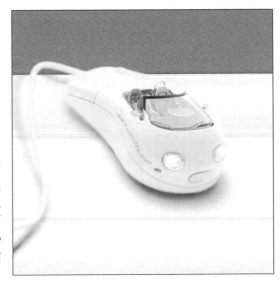

一個皮球拍得愈用力，跳得愈高，人在面對壓力或遭遇挫折時，產生創意愈大。不斷冒險，不斷失敗，會讓孩子平淡地看待風險，提高心理承受能力。如果一個孩子沒有冒險的機會和失敗的經歷，他也就無法坦然面對風險，不會掌握創造活動的關鍵因素。

做為企業，可以像父母培養孩子一樣，培養員工良好心理素質。這就需要企業給員工冒險和失敗的機會，允許他們犯錯。這才是革新的根本。一個缺乏風險的企業，註定不會獲得太大成功。目前不少企業嘗試採取「員工幫助計畫」，這就是EAP，據調查，在《財富》500強中，有80％以上的企業設置EAP，用以解決企業面臨的心理問題。

在我的專業領域和個人生活中，不斷的追尋一次又一次的創意。創意的活動讓我感覺到自己的存在，卻也曾讓我痛苦不堪。歷經三十多年的編舞生涯，我終於明白，只有當我把創意視為生活的一部分，當作一種習慣時，才能真正的擁有創意。

——[美]崔拉·夏普

卓別林智鬥歹徒
體現幽默在創意中的作用

幽默與創意思維之間存在著密切的關係，一個人為了激發出幽默，必然要擺脫理性思考和固有結論的束縛，而這正是創意思維的必要條件。幽默感體現了右半腦許多十分強大的功能：適應環境，綜觀全局，以及將各種不同的觀點結合起來形成新的見解——創新。

卓別林是偉大的諧星，幽默大師。有一次，他回家的路上遇到歹徒，被歹徒用槍指著頭，逼他交出身上所有的錢財。

卓別林手無寸鐵，知道自己抵抗無益，就乖乖地交出錢包，對歹徒說：

「這些錢不是我的，是我們老闆的，現在這些錢被你拿走，我們老闆一定認為我私吞公款。我和你商量一下，拜託您在我的帽子上打兩槍，證明我遭打劫了。」

歹徒並不知道眼前的人就是卓別林，他看到錢包裡一大疊鈔票，心想，有了這筆鉅款，還在乎兩顆子彈錢嗎？不如成全他，於是便對著卓別林的帽子射了兩槍。

沒想到，卓別林繼續懇求：「大哥，您可否在我的衣服、褲子再各補

兩槍，讓我的老闆深信不疑。」

頭腦簡單的劫匪被錢沖昏了頭，通通照做，一下子六發子彈全射光了。

這時，卓別林不再怠慢，一拳揮去，打昏歹徒，取回錢包，笑嘻嘻的走了。

幽默大師智鬥歹徒，為我們上演一幕精彩的喜劇。幽默做為一個美學範疇，指一種令人發笑而有餘味的情操。笑是幽默的外部特徵，沒有笑就不成其為幽默；但笑還不是幽默的本質特徵。從本質上說，幽默感是具有一定深意的東西，通常包含自相矛盾的情況或性質。比如，只有當突然發生不同尋常的狀況或者產生矛盾時，一個幽默的情節才會凸顯出來。所以，幽默是擺脫理性思考和固有結論的一種結果，而這恰是創意思維的必要條件。可見，幽默與創意思維之間存在著密切的關係。

首先，幽默是創意思維的條件。研究發現，幽默感是人類才智的最高表現形式之一，一個人的幽默感越強，他的認知能力也越強。這是由於右半腦在理解和欣賞幽默感上起著重要作用。當右半腦功能強大時，一個人適應環境、縱觀全局的能力提高，幽默感增強。當右半腦受損時，大腦處理複雜問題的能力就會削弱，幽默感降低。

可見，天生的幽默感對於創意思維的影響顯而易見。山田六郎是日本大阪最大餐館的董事長，他是一位具有幽默感的經營者，經常利用幽默為餐館提高知名度，調動員工的積極性。有一次，職員們集體罷工，對此山田採取了出人意料的幽默對應策略：在罷工結束後，他在餐館內貼滿了「歡迎罷工」、「罷工有理」之類的標語。這些幽默的標語自然引人注目，在媒體推波助瀾下，餐館的名聲越發響亮。

其次，幽默是創意思維追求的結果。廣告大師李奧·貝納曾經說：「每一件商品，都有戲劇性的一面。我們的當務之急，就是要替商品發掘出以上的特點，然後令商品戲劇化的成為廣告裡的英雄。」他認為，廣告創意「最重要的

任務是把它（戲劇性）發掘出來加以利用。」在創意的思維形式中，是離不開幽默成分的；幽默產生意想不到的效果，又是創意的追求目的。

第三，幽默感不僅是一種娛樂方式，有技巧地運用幽默感會提高一個人的創意能力，增強他的各方面才能。費比奧‧薩拉（Fabio Sala）在《哈佛商業評論》（Harvard Business Review）說道：「幽默感能減少敵意，消除有偏見的指責，緩解緊張壓力，鼓舞士氣和傳遞複雜的資訊。天生的幽默感和另一種更顯著的管理特性緊密相連：高情商，可以說是它的昇華。」

最後，幽默的不可複製性，體現出創意的特色。目前人們正在進入一個高科技、高概念的時代，在這種背景下，幽默做為一種複雜而特別的人類智慧形式，它是不能被科技複製的，這種特性使它變得越來越有價值。它正在一面促進人類的創意能力，一面不斷地出現在創意中。這種結合，成為傳遞資訊、吸引他人注意力的有效手段。通常情況下，幽默的創意在點明問題本質的同時，會帶給他人餘味無窮的回味餘地，試想一下，這樣的創意誰不歡迎？

創意者特色：智商不一定高，十年以上的努力，獨立、執著、對工作有強烈的動機，懷疑與冒險的性格，憑直覺和本能做事，有時難相處，天生的合作者，好探討、辯論……

——［臺灣］郭泰

來自日本女性的
直覺與創意

直覺是指不以人類意志控制的特殊思維方式,具有迅捷性、直接性、本能意識等特徵,是人類的第六感覺。一位創造學者曾說,只要認真重視或開發,一個家庭婦女每個月的創意構想比一個公司中階經理都還要多。

日本是個重視創新發明的國家,他們的許多新產品為人們帶來很多方便。可是這些新產品背後,卻非高學歷、高科技的研究人員,而是普通的家庭婦女,這是怎麼回事呢?

在日本,經營食品行業十分不容易。有位小老闆苦苦經營著自己的一家小企業,狀況慘澹。但他是位喜歡鑽研的人,不遺餘力地開發各種新產品,儘管效果不佳,他卻樂此不疲。一個偶然的機會,他聽到有人說了件事,觸動很大。

有位5歲的小男孩,不願吃飯,挑食揀吃,為此他媽媽很傷腦筋,卻無計可施。有一次,媽媽說了句:「用魚湯拌飯。」沒想到小男孩終於肯吃了。

小老闆從這件事受到啟發,他想到是否可以開發拌飯食品呢?幾經試驗,他獲得成功,開發了新型的「拌飯食品」,用浸過醬油的魚片、烤過的裙帶菜、肉糜鮮湯,真空包裝後直接用於拌飯,兒童愛得不得了。

媽媽不經意的一句話,帶來一項巨大的產業,與此相似,雙門冰箱的發明也來自於一位家庭婦女的話。

什麼是創意？

　　一天，三洋公司的一位技術員回到家中，苦思冥想如何改進冰箱技術。在公司，他是負責冰箱開發研製任務的技術人員，面對越來越激烈的市場競爭，他需要不斷提高自己公司產品的技術水準。可是該從哪裡下手呢？就眼前情況來看，他不知道該從哪裡入手改進冰箱技術。

　　這時，他的太太正在廚房做飯，不斷地從自己研製的冰箱裡取放物品。他看見了，走過去問道：「太太，你使用冰箱時，發現有什麼不便嗎？」

　　「這個，」太太認真地想了想，說：「您看，我不管取什麼東西，都要打開大門，這樣太浪費電了。」當時，冰箱是單門設計。

　　這句話讓技術員大為激動，他立刻想到，可以發明雙門冰箱取代單門冰箱。雙門冰箱由此誕生了，至今不曾改變。

　　在日本，不僅故事中的兩項創新來自女性，而且很多創新發明都與女性有關。日本特別關照女性在創新方面的天賦，他們推出各種措施，鼓勵女性參與創新，提出各種新點子、新問題，比如帶抽屜的菜板、底部開孔的盆子等，都是女性提出來的。到底是什麼天賦讓女性帶來這麼多創新呢？很簡單，女性直覺。

　　我們常常說：「女人的直覺強於男人。」直覺是指不以人類意志控制的特殊思維方式，具有迅捷性、直接性、本能意識等特徵，是人類的第六感覺。由於女性和男性先天性生理差別，也由於在後天生活中經歷和訓練不同，女性直覺更為敏銳，也更為準確，這就是女性直覺強於男性的原因。對此，一位創造學者曾說，只要認真重視或開發，一個家庭婦女每個月的創意構想比一個公司中階經理都還要多。

　　直覺是一種本能知覺，它能對於突然出現在面前的事物、新現象、新問題及其關係，不經過逐步的分析和推理，做出迅速識別、敏銳而深入洞察，這與邏輯思維有著明顯區別。有位日本商人從婦女雜誌上得知，以往的廚具不能滿

足婦女們的需求了，他召集職工研究，決定率先推出不銹鋼洗刷臺，大獲成功。

　　直覺形式分爲再認性直覺和創造性直覺兩種，前者指思維物件與已有的思維模式相同時，憑藉已有的思維模式進行的知覺思維活動；後者指遇到新的思維物件時，以創造性思維方式快速地做出反應，以頓悟的形式解決問題進行的思維活動。當美國人找到愛迪生，請他解決魚雷速度過慢問題時，愛迪生未做任何調查和計算，立即提出一種意想不到的辦法：做一塊魚雷大的肥皂，由軍艦在海中拖行若干天，由於水的阻力作用，使肥皂變成了流線型，再按肥皂的形狀建造魚雷，從此流線型魚雷誕生了。

　　直覺在創意中的作用顯而易見，但是並不等於直覺可以取代邏輯思維。實際上，一個好創意恰恰是直覺與邏輯思維互相作用的結果。比如藝術家創造作品時，在進行有步驟地分析、綜合過程中，往往會捕捉一些感性形象。前者是邏輯思維，後者就屬於直覺。可見兩者並不矛盾，邏輯思維中常常需要直覺，才可以得到意想不到的靈感；直覺在邏輯思維影響下，也會得到提升。

　　直覺是本能，是一種心理現象，但是在生活工作中，要想訓練直覺，爲創新創意服務，也不是沒有辦法。比如採取鬆弛法，把右手的食指輕輕地放在鼻翼右側，產生一種正在舒服地洗溫水澡的感覺；或仰面躺在碧野上凝視晴空的感覺；以此進行自我鬆弛。這有利於右腦機能的改善，提高創意能力。

一個廣告如果沒有創意就不稱其爲廣告，只有創意，才賦予廣告精神和生命力。

——［美］威廉·伯恩巴克

十塊錢兩張名片
體現出思維與創意的關係

創造性思維具有新穎性、靈活性、藝術性和非擬化的特點,它可以不斷增加人類知識的總量;不斷提高人類的認識能力;可以為實踐活動開闢新的局面;又可以回饋、激勵人們去進一步進行創造性思維。創造性思維是創意活動的根本;創意又是創作者創造性思維的具體體現。

一位業務員造訪某家公司的董事長,當他恭敬地將名片遞給董事長時,董事長不屑一顧,當場就把名片退了回去。業務員並不放棄,又掏出一張名片遞給董事長,並說:「沒關係,我下次再來拜訪,所以還是請董事長先生留下名片。」

董事長生氣了,拿過名片將它撕成兩半,並且傲慢地從口袋裡拿出十塊錢,對業務員大聲吼道:「十塊錢買你一張名片,夠了吧!」

在場人見到這種場面,無不替業務員難過。可是業務員卻很開心,只見他一邊掏出一張名片,一邊說:「十塊錢可以買兩張我的名片,我還欠你一張。」說著,將這張名片再次遞到董事長手裡。

董事長接過名片的瞬間,滿面笑容,轉身對他的員工說:「像這樣有創意的業務員,你們應該好好學習。」說完,他十分客氣地請這位業務員進入自己的辦公室。

業務員以出人意料的方式說服董事長,這體現出獨特的思維在創意過程中的作用。

　　思維是人腦對客觀現實概括的和間接的反應，它反映的是事物的本質和事物間規律性的聯繫。與感性認識相對應，思維反映的是一類事物共同的、本質的屬性和事物間內在的、必然的聯繫，屬於理性認識。

　　思維最基本的過程就是人腦對資訊的處理，包括分析、抽象、綜合、概括、比對等等，主要形式包括概念、判斷和推理。人們在思維的過程中可以表現出各自不同的特點，比如敏捷性、靈活性、深刻性、獨創性和批判性等，其中獨創性是指思維活動的創造精神，也就是創造性思維。愛因斯坦說：「發明在這裡是一件建設性的事，它並不產生什麼本質上新穎的東西，而是創造了一種思維方法。」

　　顧名思義，創造性思維就是一種具有開創意義、進取精神的思維活動，這

種思維活動以感知、記憶、思考、聯想、理解等能力為基礎，是一種具有綜合性、探索性、新穎性、靈活性、藝術性和非擬化的高級心理活動。從創造性思維的特徵來看，它一方面可以不斷提高一個人的認識能力，增加他的知識總量，另一方面又可以為實踐活動開闢新的局面，回饋激勵他去進一步進行創造性思維。

創造性思維充斥在創意的整個過程中，對創意具有非常重要的影響作用。創意實際上是一種創造行為。創意者從創意的一開始，就要準確把握創意的要點，擁有全新的創意觀念，使創意的主體新穎、鮮明、品味高尚、意境深厚，無論在視覺還是感覺上都能夠具備十足的衝擊力。要做到這一點，離不開創造性思維，比如在廣告創意中，廣告創意者在捕捉靈機一動的思想火花時，也要善於擺脫舊的觀念，尋找新穎獨特的視角，進而獲取有價值的點子和構思。這就需要創意者必須具有創造性思維的能力，具有較強的創造力。

綜上所述，創造性思維是創意活動的根本，創意又是創作者創造性思維的具體體現。創造力和其他各種能力都是思考的結果，當常識與創新的結合是以挖掘大腦的傑出能力做為開始時，大腦的潛力就會源源不斷地爆發出來。

我認為人生最大的刺激之一是日新又新，不受制於舊觀念，這樣，才能自由地尋找新創意。

——羅傑·馮依區

大魚吃小魚的
習慣影響創意

長期行為導致的慣性思維，由智慧養成的習慣，能成為第二天性，可見習慣對於創意的影響力。

俗話說「大魚吃小魚」，這是人們根據大自然規律總結的經驗。然而，最近科學家透過一項特別實驗，卻得到了不同的結論。他們把一條大魚和一群小魚放在一個玻璃魚缸中，將兩者用一塊玻璃隔開。一開始，饑餓的大魚不停地游向小魚，準備飽餐，可是牠不停地被玻璃擋住，被撞的鼻青臉腫。數次之後，大魚不再試圖游向小魚了，這時，研究人員拿走了玻璃，可是他們驚奇地發現，玻璃沒了，大魚也不再有吃掉小魚的衝動了。牠眼睜睜地看著小魚快活地游來游去，似乎與己無關，根本不予理睬。

還有一個實驗與此相似，頗為有趣。

法國教育者在對學生進行數學測試時，想到了一個好方法。他們在諸多的數學題中，夾雜了這樣一道題目：一條大船在海上航行，上面有75頭牛、32隻羊，請問船上的船長年齡多大？結果，他們得到了64%學生的回答：43歲。為什麼呢？很簡單啊，75-32=43。

這件事情引起很多人關注，不少教育者表示懷疑，認為沒有學生會愚蠢到這種程度。於是他們想到了另一個測試辦法。

在地理測試時，他們在學生試題中加進去一道新題目：一位探險家，向南走了1英里，然後，折向東走了一段路，再後，又向北走了1英里。結果他回到了原來的出發地，並遇上了一頭大熊。你說，他見到的是頭什麼顏色的熊？

對於這道題目，大多數學生沒有回答，他們說：「這既不像地理題，又不像數學題，而且，從平面幾何中學到的理論來看，探險家只轉了兩次90度，怎麼可能回到原地？！」

可是，學生們錯了，如果綜合思考一下，就會發現探險家兩次就轉回到了原地，說明他所在的地方是地球的一個特殊點。這是什麼點呢？北極。在白雪皚皚的北極，才會遇到一頭熊，這頭熊也只能是白色。

如果拋開習慣，這道題目不僅有答案，而且答案是唯一的。

生活中，我們常常提倡養成良好的習慣，有人說：習慣若不是最好的僕人，就是最差的主人。然而對於思維而言，再好的思維方式，一旦成了習慣，都是可怕的災難！它會讓人喪失創新的機會和能力。

我們說過，靈活性、流暢性和獨創性是創意思維三個最重要的特徵。靈活性反映思維的廣度，流暢性指思維的速度，而獨創性反映了思維的深度。一個人，只有勇於突破傳統思維的束縛，不斷嘗試使用新方法、新手段解決問題，不固守陳規，才能獲得過去不曾有過的新成果，體現出思維的獨創性。由此來看，創意的精髓在於打破常規，打破慣性。

可是長期行為導致的慣性思維，由智慧養成的習慣，能成為第二天性，會固化很多東西，限制人的思維。很多時候，習慣一旦形成，就像模型中硬化的水泥塊，難以打破。這對創意來說，有百弊而無一利，是限

制創意的力量。

　　不過，習慣對人生也有積極的意義，良好的習慣會讓人做事順利，並不被瑣事糾纏，容易成功。曾經以音樂劇《破浪而出》而獲得「東尼獎」的知名編舞家崔拉‧夏普告訴我們，其實，創意一直存在生活的四周，我們缺乏的不是創意的內容，而是保持創意的習慣。對她而言，「創意是一份全職的工作，而且需要良好的工作習慣」。俄國作曲家伊格爾‧史特拉文斯基（Igor Stravin-sky）每天早上走進音樂室，就會坐在鋼琴前彈奏一段巴哈的作品，再開始音樂的創作。石油大王洛克菲勒習慣運用「一頁紙」戰略，再複雜的問題也要在一頁紙上表述。這些習慣讓他們的能力得到完滿地發揮，事業進展順利。

　　從以上兩點分析，習慣之於創意，從不同角度看具有不同效果。究竟該怎麼樣看待習慣與創意，並讓他們進行合理的結合呢？首先需要肯定的是，創意不是無中生有，需要充分的準備與持續的練習，從這點講，就應該讓創意成為日常的例行工作，成為一種習慣。比如記住點子產生的最佳時效，隨時記錄點子、防止遺忘，都是有助於創意的好習慣。另外，必須明確的是，創意的靈魂是創新，「標新立異」是創意的關鍵。突破、跳出傳統觀念和習慣勢力的禁錮，從新的角度認識問題，以新的思路、新的方法創造，才能產生人類前所未有的更好、更美的東西。

創新是創造價值的新想法。

　　　　　　　　　　　　　　　　——高盛公司首席「學習官」理查‧萊昂斯

老鼠首領懂得
語言與思維關係

語言與思維互為表裡，語言是思維的外化，思維是語言的內化。

有個笑話十分流行：

有一群老鼠生活在陰暗的角落裡。有一天晚上，老鼠首領帶著小老鼠們外出覓食，很快就鑽進一家人的廚房。牠們翻來找去，發現垃圾桶裡裝滿了各式各樣的剩飯剩菜。這群老鼠非常高興，就像人類發現了寶藏一樣，圍著垃圾桶準備飽餐一頓。

然而就在這時，忽然傳來一聲貓叫——「喵」。這聲音無疑晴天霹靂，嚇得老鼠們一個個心驚膽顫，顧不得吃喝，狼狽逃竄，慌不擇路。結果兩隻幼小的老鼠缺乏經驗，慌亂之中竟然找不到逃路，一頭鑽到那隻窮追不捨的大花貓的腳下。

眼看著兩隻小老鼠就要成為大花貓的腹中之物，但這時令大夥意想不到的事情發生了：一聲狗吠傳來，「汪汪」的叫聲震天動地，十分兇惡。大花貓聞聽此聲，來不及吞吃小老鼠，慌忙轉身逃走了。

等大花貓走遠了，老鼠首領慢悠悠走出來，對著兩隻驚嚇過度、依然不知所措的小老鼠說：「我早就對你們說，多學一種語言有好處。現在明白了吧？」

這則笑話讓我們在會心一笑的同時，看到老鼠首領具備的智慧。牠的智慧是富有創意的，並體現出語言在創意過程中的地位。

　　語言是思維的表達，受制於思維的內容和形式。通俗地講，一個人腦子裡沒想到的事，嘴上肯定說不出來；腦子裡想到的事，如果用不同的語言表達，又會產生不同的效果。所以，語言是思維的物質外殼。語言與思維互為表裡，語言是思維的外化，思維是語言的內化。

　　日本模糊工程學學者寺野壽郎說：「語言在本質上是模糊的，語言表述物件與語言的關係是一種使無數的物件與有限語言數量相合而強行分類的結果。因此做為一般的語言，其意義內容和意義物件的範圍不得不變得模糊。」在情感性事物面前，高精確度的語言描述、語言交流往往無能為力，而模糊性的自然語言卻能做到這一點。

　　語言的模糊性決定它在創意當中具有重要的作用。宋代大文人蘇東坡曾經寫過一首著名的詩，堪稱廣告創意詩的鼻祖代表。當時，他被貶謫到海南島詹縣，一位做油饊子的老婆婆聽說他很有名氣，就請他為自己的產品宣傳宣傳。蘇東坡品嚐了老婆婆的油饊子後，即興而作，寫道：「纖手搓來玉色勻，碧油煎出嫩黃深。夜來春睡知輕重？壓扁佳人纏臂金。」他透過優美形象的語言，

用比喻的手法寫出了饊子色鮮、酥脆、味美的特點。結果，聽過此詩的人無不爭相購買老婆婆的饊子，她的生意大為興隆。

如今，社會進步促使各種新辭彙不斷產生，這既是思維對語言作用的表現，反過來也證明語言對思維的刺激之功。新辭彙，會帶來新的思維，也會產生新的創意。比如在廣告創意中，語言文字就是廣告傳播最常用的手段之一。現在很多公司和媒體都喜歡使用同音詞或者同義詞來表達一種意思；還有不少喜歡使用語言反義詞吸引別人的注意。有一家餐廳的名字叫做「真難吃美食城」，很多人都覺得好奇，到底有多難吃呢？於是都去試試看，結果餐廳的生意還挺不錯。

然而，創意中語言的運用並非完全依靠語法規則或某些修辭手段，相對來說，創意者的語言修養和靈感對創意語言的影響，更為重要。同樣的商品，使用不同的廣告語言，會有不同的效果。鐵達時錶的廣告語：「不在乎天長地久，只在乎曾經擁有。」它訴諸人的情感，短短一句話包含了愛情真摯、堅定、永恆和愛情所賦予人們的幸福、快樂和憂傷。

可以說，創意語言沒有規律可循，不過，淵博的知識、勤懇地思考，會讓創意者更容易接近語言的最高境界。所以，研究語言，是創意領域不可缺少的一個環節。

「xy理論」：x理論認為員工是不可靠的，不負責任的，以追逐金錢為目的；而與此相對的y理論則認為員工是負責任的成年人，希望對企業做出貢獻。

——[美]道格拉斯‧麥格雷戈

從電腦迷到世界首富
揭示創新能力形成的原理

在相對中庸的傳統環境裡，個性化濃厚的人很難被接受，甚至遭到排擠，這會為創意帶來阻礙。相反，寬鬆的環境會為個性化發展創造條件，利於創意產生。

世界首富比爾·蓋茲從少年時代就迷上電腦，被稱作「電腦迷」。那時，他正在湖濱中學讀書，與比他大3歲的保羅·艾倫成為最好的朋友。他們兩人經常在學校的電腦上玩遊戲。不過，當時的電腦比較簡單，只是一臺pdp8型的小型機。在玩遊戲的過程中，比爾·蓋茲發現可以在一些相連的終端上，透過紙帶打字機玩遊戲，也可以自己編一些小軟體來進行遊戲操作。於是他十分癡迷這件事情，樂此不疲，得心應手。很快，他成為學校中有名的電腦高手，老師們經常請他修理維護電腦。

一天下午，比爾·蓋茲正在電腦上編小軟體，保羅帶著一本《電子學》進來對他說：「有家新成立的公司，叫英代爾，他們推出了一種叫做8008的微處理器晶片。」比爾·蓋茲很感興趣，連忙拿過《電子學》仔細研究，認為這種

晶片非常好，就急忙與保羅一起去購買。

不久，他們弄到了晶片，並組裝出一臺機器，可以分析城市交通監視器上的資訊。這讓兩人大為激動，他們積極夢想著，準備成立一家公司。可是第二年，比爾考進了哈佛大學，這個夢想也只好作罷。

然而，比爾蓋茲的電腦夢並沒有因此結束。讀大學後，他依然經常與保羅會面，探討電腦的事情。而此時的保羅，已是波士頓一家叫「甜井」的電腦公司的編程員。

1975年1月份的《大眾電子學》雜誌封面上刊登了altair8080型電腦的圖片，就像蘋果砸出牛頓的靈感一樣，它一下子點燃了比爾·蓋茲的電腦夢。他和他的好朋友保羅在哈佛阿肯電腦中心沒日沒夜地埋首了8週，為它配上basic語言，開闢了pc軟體業的新路，奠定了軟體標準化生產的基礎。

如今，微軟已成為業內的「帝國」，而這與比爾·蓋茲小時候的「電腦夢」不無關係。

比爾·蓋茲的創新源於夢想，這提出創意能力來源問題。創意能力具有綜合獨特性和結構優化性的特點，富有創意能力的人具有鮮明的個性色彩。

研究認為，創意能力形成的第一原理是遺傳素質。遺傳素質是形成人類創新能力的生理基礎和必要的物質前提。它潛在決定著個體創意能力未來發展的類型、速度和水準。實踐證明，任何一個創意能力強的人，個性都非常強烈；創意是反常規，是凸顯個性，創意的實質就是把兩件毫不相干的事情聯繫到一起。所以，創意能力最能體現一個人的身心素質。

任何一個創意能力強的人，都需要良好的環境才能充分施展自己的創造才能。這提出創意能力形成的第二原理——環境因素。在相對中庸的傳統環境裡，個性化濃厚的人很難被接受，甚至遭到排擠，這會為創意帶來阻礙。相

反，寬鬆的環境會為個性化發展創造條件，利於創意產生。管理大師彼得・杜拉克認為：「誰想在組織中任用沒有缺點的人，這個組織最多是一個平庸的組織。」

除此之外，創意能力形成的第三原理就是個人實踐。實踐是創意能力形成的基本途徑，有一位印度雕刻師，雕刻的大象栩栩如生，渾然天成。很多人都很佩服他，詢問他成功的原因，他告訴人們：「只要把木頭不像大象的部分拿掉，它就是一頭大象了。」這位雕刻師透過不斷地實踐，獲得了創新的能力，突破常人的想像，所以創造出了非凡的藝術品。

如果說上述幾點是創意能力形成的外在因素，那麼創意能力形成的內在因素是什麼呢？答案就是創意思維。創意思維是一個人創意能力形成的關鍵所在。世界著名廣告公司智威湯遜在招募人才時，曾經有這樣一個考題：你怎樣將一份吐司推銷給外星人？結果很多年來，這個題目都沒有很好的答案。直到有一天，有位前來應徵的年輕人看了題目後，略加思索就在考卷上寫了一大堆奇怪的、無人認識的符號。結果這份考卷被認為是最好的答案，因為推銷的對象是外星人，用不著跟他講地球語言！這個年輕人的思維非常靈活，他憑藉著創造性思維獲得成功，有了與眾不同的答案，體現出自己的創意能力，進而得到夢寐以求的工作。

創意是思想的果實，但是只有在適當的管理徹底實行之後才有價值。

——[美]拿破崙・希爾

善用神偷的將軍告訴我們
人類的創造能力體系

人類的創造能力體系，指的是創造智慧能力和創造操作能力兩部分，開發創造力的關鍵在於激發創造性思維。

子發是楚國名將，喜歡結交有一技之長的人，並把他們招攬到麾下。某天，有個其貌不揚，自稱「神偷」的人前來求見，子發待他為上賓，並賜給他房宅。在子發麾下的文臣武將見此，大為不滿，不願與「神偷」為伍。

有一次，齊國進犯楚國，子發奉命率軍迎敵。雙方三次交戰，可是楚軍都無法攻下敵營。子發麾下很多智謀之士、勇悍之將，可他們在強大的齊軍面前，一籌莫展，無計可施。戰鬥陷入膠著狀態。

這時，神偷竟然自願請戰。不少人對他嗤之以鼻，認為他根本沒有辦法退兵。子發卻很信任他，答應了他的請戰。晚上，神偷在夜幕的掩護下，將齊軍主帥的睡帳偷了回來。

子發很高興，第二天，他派使者將睡帳送還給齊軍主帥，並對主帥說：「我們出去打柴的士兵，無意中撿到了您的睡帳，特地趕來奉還。」

齊軍主帥見到睡帳，大為震驚，趕緊加派重兵嚴加巡邏。沒想到當天晚上，神偷又潛入齊營，順利地將齊軍主帥的枕頭偷來了。隔日，子發再次派人送還。

第三天晚上，神偷再入齊營，將齊軍主帥的頭盔盜來了。子發照樣依計派人送還。

這件事在齊軍上下傳開了，大家十分恐懼，主帥對幕僚們說：「如果再不撤退，恐怕子發要派人來取我的人頭了。」於是齊軍不戰而退。

子發能清楚地了解屬下的優點，善加利用，這是一種創造之舉。神偷能夠發揮自己的特長，解決問題，這也是創造行為。子發和神偷兩人體現出人類創造能力體系的兩個部分。

創造是人類特有的能力，是智力的最高形式，這種能力包含獨特性和有價值性兩個基本特徵。黑菲倫（J. W. Haefele）等人認為，創造是提供對整個社會來說獨特而有社會意義的活動，人具備了這種能力才能有創造能力。創造能力和模仿能力是相對的，創造能力是在模仿能力的基礎上發展起來的。人們總是先模仿，然後創造，從模仿到創造。模仿可以說是創造的前提和基礎，創造是模仿的發展，兩者相互聯繫、相互滲透。

在創造能力中，創造思維和創造想像起著十分重要的作用。創造能力是創造性思維的綜合表現。開發創造力的關鍵在於激發創造性思維。例如，橡皮擦流通了差不多一百年，到1558年，住在費城的海曼想到在鉛筆頂端加上橡皮擦，使用起來更方便，於是帶橡皮擦的鉛筆問世。美國心理學家吉樂福特（J. P. Guilford）認為，分散思維表現於外部行為就代表個人的創造能力。實際上，人們在進行創造思維時，整個過程反覆交織著分散思維和集中思維。創新思維的一般規律是：先發散而後集中，最後解決問題。

可見，人類的創造能力具有系統性，包括創造智慧能力和創造操作能力兩部分。

　　前者是創造能力的內在品質，包括超越常態的思考力、朝氣蓬勃的進取力、創造新形象的想像力、概括問題的綜合力、根據需要進行篩選的選擇力，以及辨證地審視問題的批判力。

　　後者指的是創造能力的外在表現，這不是平時所說的學習、工作能力，而是指個人對自我解放的能力。在威斯敏斯特教堂英國聖公會主教的墓碑上寫著：當我年輕自由的時候，我的想像力沒有任何侷限，我夢想改變整個世界。當我成熟漸漸明智的時候，我發現這個世界是不可能改變的，於是我將目光放得短淺了些，那就是只改變我的國家吧。但我的國家似乎也是不可改變的。當我到了遲暮之年，抱著一絲努力的希望，我決定只改變我的家庭，我的親近人──但是，唉！他們根本不接受改變。現在在我臨終之際，我才突然意識到：如果我只改變自己，接著我可以依次改變我的家人，然後在他們的激發和鼓勵下，我也許就能改變我的國家，再接下來，誰又知道哪，也許我連整個世界都能改變。

　　在日常的思維活動中，人們自覺或不自覺地按照自己的觀念、用自己的目光、站在自己的立場上去思考別人乃至整個世界，由此產生了自我中心的思維定勢。只有解放自我，打破慣勢，才能進行創造性思維。

誰佔領了創意的制高點誰就能控制全球！主宰21世紀商業命脈的將是創意！創意！創意！除了創意還是創意！還是創意！

──〔美〕托夫勒

揭開金人之謎的創意多重視角

創意視角內容很多，大體可以分為5組：肯定視角和否定視角；往日視角和來日視角；自我視角和非我視角；求同視角和求異視角；有序視角和無序視角。

古時候，曾經有個小國的人到中國來，進貢了三個一模一樣的小金人，金碧輝煌，把皇帝樂壞了。

就在皇帝和大臣們圍著小金人讚不絕口的時候，小國的人提出一道題目：這三個金人哪個最有價值？皇帝和大臣們想了許多的辦法，請來珠寶匠檢查，稱重量，看做工，都是一模一樣的。怎麼辦？使者等著回去彙報。泱泱華夏大國，連這個小事都不懂，豈不惹人笑話？

最後，有人向皇帝推薦一位賦閒在家的老大臣。這位老臣聽說後，很快想出了點子，拿著三根稻草來到大殿。皇帝看他只是拿著三根稻草，不無擔心地問：「這可以嗎？」

「沒問題。」老大臣胸有成竹地回答。然後他將三根稻草分別插入三個金人的耳朵裡，結果，第一個金人的稻草從另一邊耳朵出來了，第二個金人的稻草從嘴巴裡直接掉出來，而第三個金人，稻草進去後掉進了肚子，什麼響動也沒有。

老大臣轉身對使者說：第三個金人最有價值！

使者默默無語，點頭承認答案正確。

皇帝和其他大臣不解地詢問原因，老大臣說：「老天給我們兩隻耳朵一個嘴巴，就是要我們多聽少說。第三個金人將聽到的話藏在心裡，不言不語，這

不說明它最珍貴嗎？」

　　老大臣與他人不同的視角進行試驗，得出準確答案。

　　還有一個故事說：從前印度有位富裕的農民，為了尋找埋藏寶石的土地，變賣了自己所有的家產，出外探險，然而一無所獲，最終貧困而死。後來，人們在他變賣的土地裡，卻發現了世界上最珍貴的祖母綠寶石。

　　上面兩個故事告訴我們，從不同角度觀察問題，會得到截然不同的答案。這一點放在創意上講，就是創意視角問題。打個比方，在你面前擺著四種物品：一本平裝書、一瓶百事可樂、一條純金項鏈、一臺彩色電視機，讓你從四種物品中找出兩種「屬於同一類」的物品，你會得到多種答案。比如可以將書和電視分在一起，理由是書和電視都是用來看的，可以傳播資訊的物品；也可以將書和可樂放在一起，喝著可樂讀書很愜意。

　　在實踐當中，人們將創意視角進行了分類。從創意的性質上，分為肯定視角和否定視角；從創意物件的時間上，分為過去視角和未來視角；從創意的主題，分為自我視角和他人視角；從創意方法比較來看，分為求同角度和求異角度；從創意操作過程看，又分為有秩序角度和無秩序角度。

　　下面我們一一分析不同視角的概念及其應用情況。

　　肯定視角，是從肯定的角度看待問題，那麼每件事情不管成功與否，都包含著成功的因素在裡面。否定視角與之相反，是指在勝利的時候也要冷靜地看

到事情的否定面。日本企業在這方面做得很好，他們有專職的視察員，所負責的工作就是指出公司的缺點和毛病。

過去視角，是從問題的過去觀察思索，進而把握問題，更好地解決眼下問題；未來角度，則是從問題的未來考慮，預測它的發展方向和道路，進而得到解決當下問題的方法。

自我視角，是從自己的角度觀察問題，不要盲目地顧忌其他；而他人角度要求創意者思維時，盡力擺脫個人的小天地，從外向內觀察、思考問題，發現創意。

求同視角，是創意時盡量找到問題的相同點，以此做爲突破口。如飛機高速飛行時機翼產生強烈振動，有人根據蜻蜓羽翅的減振結構設計了飛機的減振裝置。求異角度則是發現問題的不同之處，做爲創意的出發點，以求突破。日常所說的「出奇制勝」，就是一種求異視角。有一種飲料叫做彈珠汽水，整個汽水瓶的最上面是一個彈珠堵住瓶口，顧客開啓瓶子時不是把塞子拔出來，而是要把瓶口的彈珠壓下去。

有秩序視角，是進行創意思索時，嚴格按照邏輯思維進行，實事求是地將問題論證，透過現象認識本質，進而保證創意順利進行。珍・克勞蒂・凱莉（Jean Claude-Killy）是法國滑雪選手，獲得過奧運金牌，不幸嚴重受傷，無法再像從前一樣練習滑雪動作。可是她依然堅持參加比賽，只不過賽前她憑藉想像，「預習」整個滑雪的過程，以此進行「練習」。無秩序視角是指創意思維時，尤其在初期階段，盡量打破傳統思維模式，無視那些法則、規律、常識等等，從混亂中激發想像空間，以求更好創意效果。

一個偉大的創意就是一個好廣告所要傳達的東西；一個偉大的創意能改變大眾文化；一個偉大創意能轉變我們的語言；一個偉大的創意能開創一項事業或挽救一家企業；一個偉大的創意能徹底改變世界。

——［美］喬治・路易士

小河流跨越創意面前的 三種阻力

在人生創意過程中，會遭遇來自四面八方的阻力，分別是過於自我、直線經驗主義和逆變心理。過於自我的表現是對於自己已經認可的東西就認為是最好的，而對於新的東西則採取排斥的態度。直線經驗主義則是沿著一條直線、一種經驗去找創意；逆變心理就是抗拒改變的心理。

一條小河流從遙遠的高山上流下，經過村莊與森林，最後來到了沙漠。它想：「我已經越過了重重的障礙，肯定能越過這片沙漠！」

可是當它決定越過沙漠的時候，發現河水漸漸消失在泥沙當中，試了一次又一次，總是徒勞無功。小河流灰心了，它覺得自己永遠也到達不了傳說中的大海。

這時，空氣中傳來一個低沉的聲音：「如果微風可以跨越沙漠，那麼河流也可以。」

「是誰？誰在說話？」小河流緊張地問。

「是我，我是沙漠。」低沉的聲音繼續說。

小河流並不服氣，它說：「微風可以飛過沙漠，可是我卻不行，我已經試過很多次了。」

「你可以，」沙漠說，「只要你放棄現在的樣子，讓自己蒸發到微風中，就可以隨風而去。」

「蒸發到微風中？」小河流明白了，卻一時無法接受，它說，「這不等於

是自我毀滅了嗎？」

沙漠說：「不是自我毀滅，是到達大海的唯一途徑。」

最後，小河流鼓起勇氣，投入微風張開的雙臂，消失在微風之中，讓微風帶著它奔向生命中另一個歸宿。

小河流勇於改變自我，進而跨越生命中的障礙，終於實現質的飛躍。在人生創意過程中，會遭遇來自四面八方的阻力，認識這些阻力，是實現創意的重要課題。

1、過於自我

很多人十分自負，對於自己已經認可的東西就認為是最好的，而對於新的東西則採取排斥的態度。常常懷著酸葡萄的心理，不從正面看待自己的優點，也不從正面分析自己的不足。蘋果電腦剛剛發明成功的時候，美國德州儀器無線半導體領域的領先製造商卻非常瞧不起它，稱那根本不能叫做電腦，可是事實證明，蘋果電腦迅速風靡全球。

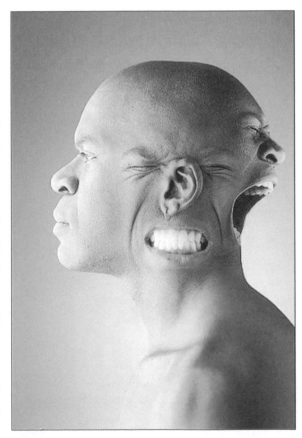

2、直線經驗主義

創意的發生，並非直線前進，而是迂迴進步、不斷

變化的。尋找創意，不應該沿著一條直線、一種經驗去找，應該記住：左右旁顧，方能海闊天空。彼得‧聖吉講過一句話：「很多人，急急忙忙在人生的道路上，去解決所發生的困難和問題，但是偏偏忘記抬起頭，去看看這一條道路到底是不是我該走的道路。」

3、逆變心理

逆變心理就是抗拒改變的心理。「樹大好乘涼」，沒有獨立個性的人往往具有這種心理，他們一旦遇到困難，不是想辦法解決，而是急急忙忙尋找「靠山」。這種人沒有膽量，不敢接受新鮮事物，很難超越困境造成的麻煩。這種心理常常在企業經營發展過程中產生，比如小公司充滿了活力和創意，一旦成為大公司之後，就開始拒絕承擔風險，變得僵化、消極而不能正視市場的變化。美國1900年時的100強企業，到了1990年只剩下了16家。充分說明逆變心理在創意中的影響力。

創意是一份全職的工作，而且需要良好的工作習慣。

——［美］崔拉‧夏普

神父無法突破創意
面臨的三種障礙

能否突破困境，需要毅力，是衡量一個人素質的表現，也是反映一個人是否創意成功的測量標準之一。創意就是跟自我心力爭鬥的過程，用一種堅韌的毅力突破心中脆弱底線的鬥爭。要想進行創意，進行大無畏的探索和追求強過瞻前顧後地左思右想。勇於接受改變，飛躍自我，是持續創意的保障。

在一個村落裡有座小教堂，有位神父一直在此兢兢業業地工作。有一天，當地突降暴雨，洪水爆發，全村都被淹沒了。神父所在的教堂不能倖免，他十分驚慌，跪在地上不停地祈禱，希求上帝前來救自己。

村裡的人沒有忘記神父，首先派人駕著舢板來救他。這時，教堂裡的洪水已經淹到神父的膝蓋了，他卻不肯上舢板，他說：「你們先去救別人吧，上帝會來救我的。」說完，他繼續祈禱不止。

不一會兒，又有人開著快艇來了，要神父趕緊離開這裡。神父依然拒絕了，他說：「我要守住教堂，我要等候上帝前來救我。」

此時，洪水越來越大，把整個教堂淹沒了。神父無處可躲，只好緊緊抓住教堂頂端的十字架，不敢鬆手。

一架直升飛機緩緩地飛過來，飛行員發現了神父，急忙丟下了繩梯，並大聲喊道：「快上來，這是最後的機會了，所有人都撤離了，我們也要把你救出去！」

　　然而，神父沒有伸出手去抓住繩梯，而是異常堅定地說：「上帝會救我的，他與我共生！我不會離開教堂。」說完，他又虔誠地祈禱起來。

　　最終，神父沒有逃脫被淹死的厄運，他死後到了天堂，見到了上帝。神父十分生氣，他不理解自己一生勤謹地侍奉上帝，上帝為何不去救自己，於是對上帝發出質問。上帝一臉茫然，他反問：「沒有救你？我先後三次去救你，你都不肯接受，怎麼會說我沒有救你呢？」

　　「三次救我？」神父疑惑極了。

　　「對啊，」上帝說，「第一次派去舢板，你不要，我想你肯定覺得舢板危險，就派去了快艇，你還不要，就派去了直升機，可是你依然不願離開那裡。我想你一定是特別希望見到我，特別希望與我在一起，所以就滿足了你的願望。」

　　固執的神父深陷困境，不積極想辦法擺脫災難，而是墨守陳規，讓自己失去了存活的機會。這種固執在創意上來講，正是三種阻力之一──逆變心理。能否突破困境，需要毅力，是衡量一個人素質的表現，也是反映一個人是否創意成功的測量標準之一。

　　美國著名文學大師說：「我們心裡的一道牆，永遠比外面的那一道牆，更難以打破。」「心裡的牆」，指的是一個人錯誤的心理和認識誤差，這是創意的巨大障礙。如何打破這些堅壁頑壘，是實現創意產生和過程的關鍵。

　　創意就是跟自我心力爭鬥的過程，用一種堅韌的毅力突破心中脆弱底線的鬥爭。有句話說得好：「害怕知道者，而不是不知者。」要想真正地了解自己，就既不要小看自己，也不要過於抬高自己。保羅‧麥爾是SMI的創始人，SMI是所規模很大的成功激勵學院，誰能想到它的創始人從事第一份事業時的情形：最初保羅賣保險，可是他每每找到顧客，總是躲到牆角，靜靜傾聽同事與顧客交流。這樣一段時間後，公司決定炒他魷魚。保羅很難過，他決定改變自

己的命運，毅然接受訓練。兩年後，他脫胎換骨，終於開創出一番嶄新事業。

要想進行創意，進行大無畏的探索和追求強過瞻前顧後地左思右想。很多時候，我們都對女性成功者投以特殊的關注，這是因為她們義無反顧踏上了更高境地。瑪格麗特‧柴契爾夫人沒有問過同行們，英國是否接受女首相；瑪格麗特‧米德不相信，一位25歲的年輕單身女子不能獨自踏入新幾內亞和薩摩亞島叢林之中。結果，她們都做到了，在無比自信的同時，她們還拒絕了否認自我內在信仰體系的敵人。

勇於接受改變，飛躍自我，是持續創意的保障。有時候，一個成功創意產生後，形成一種依賴心理，不願接受新的改變，也因此不再有新的創意。這不亞於將自己封閉起來，不與他人交流，看起來十分安全，實則形成「孤立無援」之勢，怎麼可能會有創意成功？飛躍自我，這是獲得資訊、支援、友情等等的途徑，也是創意的開始。

總之，認識了創意的阻力，就要尋找突破它們的利器。心理學家羅拉‧梅曾指出：出色的表現需要一定程度的焦慮；事實上焦慮強化了表現。不安全並非缺乏自信，有時候不安全會促發勇往直前的氣勢。從各個方面加以留意，比如勇於承認自己的不足，並改變不足；看到前方，也要想到後方，分清走過來的路線；遇到衝突後，花時間調整心態等等，都是突破阻力的好方法。

21世紀，資本的時代已經過去，創意的時代已經到來。

——［美］托夫勒

沙米爾為何擁有天才創意

人生是一種創意，每個人都有可能成為「創意大師」。要想獲得天才創意，就必須培養創造力，不必一味按照通常的思維模式獲得解答，盡可能開動腦筋，捕捉創意。

沙米爾是猶太商人，前些年他移民到澳大利亞。到了墨爾本，他選擇經營自己的老本行——開了一家食品店。

沙米爾的商店對面已有一家食品店，是從義大利移民來的安東尼開的。看到有人與自己競爭市場，安東尼十分緊張。為了與沙米爾競爭，他苦思冥想，決定降低價格，用這個方法打擊新來乍到的沙米爾。於是，他在自家商店門前立了一塊木板，上面寫著：「火腿，1磅只賣5毛錢。」

沒想到，木板剛剛掛出去，沙米爾也在自家門前立了塊木板，上面寫著：「火腿，1磅4毛錢。」

安東尼見此，氣不打一處來，心想，你敢這麼賣，我比你賣的價格還要低！他立即將木板上的字改成：「火腿，1磅只賣3毛5分錢。」這樣一來，價格已降到了成本以下。看來，他是不惜賠本，也要擠垮沙米爾。

可是，安東尼想不到的是，沙米爾毫不猶豫地把木板上的價錢改寫成：「1磅只賣3毛錢。」

幾天下來，安東尼有點撐不住了，他想，這小子賠錢賣東西，也讓我跟著賠錢，真是該教訓教訓他了。一怒之下，他氣沖沖地跑到沙米爾的店裡，以經商老手的口氣大吼道：「小子，有你這樣賣火腿的嗎？這樣瘋狂降價，知道會是什麼後果嗎？咱倆都得破產！」

「什麼『咱倆』呀！」沙米爾報之一笑，「我看只有你會破產。我的食品店壓根兒就沒有什麼火腿呀。木板上寫的3毛錢1磅，連我都不知道指什麼東西哩！」

沙米爾不愧為創意高手，想出如此精妙的點子，確實，這種天才創意在生活中太少見了，那麼我們分析一下沙米爾是如何做到這一點的呢？

愛因斯坦說：「特殊問題就是不能用問題發生時的思考層次所能解決的問題。」若要解決難題，思考方式是非常重要的。

首先，人類需要了解自己的大腦。邁克爾‧米哈爾科在《思考的玩具》一書中指出，人類有多眠的特徵。這種多眠，在於對腦資源的開發和利用相當有限。研究發現，一般人對大腦的運用還不到5％。世間有無數種浪費的情形，最大的浪費莫過於頭腦處於多眠狀態，發達的思維「停止運動」。人體內蘊藏著思想、情感、活力等種種「財富」，這些是創意的源泉。如果不能開動大腦，也就無法獲得「財富」，無法解決問題。

其次，開動大腦需要一定的方式。每個人都擁有相同的「財富」，可是並非每個人都能得到想要的東西。很多人思來想去、冥思苦想，也沒有很好的點子；而有些人往往突發奇想，尋找到解決問題的最佳途徑，這就是創意技巧問題。愛因斯坦創建相對論後，1930年德國出版了一本批判相對論的書《100位教授出面證明愛因斯坦錯了》，愛因斯坦聞訊後，僅僅聳聳肩道：「100位？幹嘛要這麼多人？只要能證明我真的錯了，哪怕是一個人出面也足夠了。」生活中，不少人在某件事上跟自己「過不去」，多半是因為他們將自己的問題放入一個早已不再適用的假設框架中，或者重複地用一種方法解決新問題，所以沒有什麼效果。

培養創意技巧，需要拓展思維模式，不要一味按照通常的思維模式獲得解答，完全可以從創意的最終結果逆流向上，捕捉創意。著名的沃爾瑪公司，其誕生的原因在於一個小小的「清除庫存」想法；愛迪生從事發明的動力，竟然只是為了賺錢⋯⋯數不清的創造故事告訴我們，天才創意來自於思維開拓。只要善用思維，學會從不同視角看待周圍的問題，你就可以大開眼界，擁有更多機會，獲得改變人生的資源和動力。

最後，提高創造能力，可以自我訓練，從看清問題入手，哪裡錯了？哪裡出問題了？打破沙鍋問到底。進而鎖定目標，知道自己想要的東西。這樣，就有可能強迫自己產生更多想法，從中過濾，發現有用的。

創意有如原子裂變，每一盎司的創意都能帶來無以數計的商業奇蹟和商業效益。
——[美]比爾・蓋茲

第二篇
創意的價值

愛迪生
永遠將創意排在第一位

阿德里安‧霍梅斯強調：「再神奇的電腦技術也只是一種手段、一項工具，對廣告業而言，最重要的資源永遠是人腦、是人的創造力。」

愛迪生從小就對很多事物感到好奇，而且喜歡親自去試驗一下，直到明白了其中的道理為止。長大以後，他根據自己的興趣，一心一意做研究和發明的工作。他在紐澤西州建立了一個實驗室，在那裡發明了電燈、電報機、留聲機、電影機、磁力析礦機、壓碎機等兩千餘種東西。他的發明創造精神，為人類做出了重大的貢獻。

「浪費，最大的浪費莫過於浪費時間了。」愛迪生常對助手說。「人生太短暫了，要多想辦法，用極少的時間辦更多的事情。」

一天，愛迪生在實驗室裡工作，他遞給助手一個沒上燈口的空玻璃燈泡，說：「你量量燈泡的容量。」他又低頭工作了。

過了好半天，他問：「容量多少？」他沒聽見回答，轉頭看見助手拿著軟尺在測量燈泡的周長、斜度，並拿了測得的數字伏在桌上計算。他說：「時間，時間，怎麼用了那麼多的時間呢？」愛迪生走過來，拿起那個空燈泡，向裡面斟滿了水，交給助手，說：「裡面的水倒在量杯裡，立刻告訴我它的容量。」

助手立刻讀出了數字。

愛迪生說：「這是多麼容易的測量方法啊，既準確又節省時間，你怎麼想

不到呢？竟然還去算，那豈不是白白地浪費時間嗎？」

助手的臉紅了。

愛迪生喃喃地說：「人生太短暫了，太短暫了，要節省時間多做事情啊！」

愛迪生將畢生的精力都用在發明上。他未成名前是個窮工人，一次，他的老朋友在街上遇見他，關心地說：「看你身上這件大衣破得不像樣，該換件新的了吧。」

「用得著嗎？在紐約沒人認識我。」愛迪生毫不在乎地回答。

幾年過去了，愛迪生成了大發明家。

有一天，愛迪生又在紐約街頭碰上了那個朋友。「哎呀」，那位朋友驚叫起來，「你怎麼還穿這件破大衣呀？這回，你無論如何要換一件新的了！」

「用得著嗎？這兒已經人人都認識我了。」愛迪生仍然毫不在乎地回答。

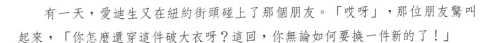

愛迪生告訴我們，在人生中佔第一位的永遠是創意，正是這一點讓他成為發明大王。如今，高科技的發展為生活、工作帶來很多方便，可是創意依然佔據著首要地位。世界著名廣告網路集團羅威集團創作總監阿德里安‧霍梅斯說：「是否有創意，無論任何時候都是決定一個廣告優劣高下的最根本因素。」

不僅廣告創意如此，所有創意都是無法取代，永遠佔據第一位。這是因為創意能夠將「不可能」變為「可能」，能夠激發出新的生命火花，能夠創造出

全新的世界。貝多芬就是在失去聽力之後，創作出生平最偉大的音樂作品。

創意不只是藝術家的專利，創意存在於每個人的心中。在這個世界上，每個人都可以透過不同的角度去解讀人生和世界，這份解讀就是與眾不同的創意。當一個人的心中產生某種想法時，就是創意活動的開始。在德國一家工廠曾經發生過這樣的事情：有一次，他們生產的一種紙嚴重化水，根本無法使用，通常處理這種情況的方法就是將這批紙打漿返工。可是有位工程師產生新的想法，他想既然化水原因是吸水性太強，能否專門用這種紙來吸水呢？在這種想法指導下，他進一步研究，竟然製成了專用吸水紙！

可見，創意在極大程度上改變著人類的生活，讓人們不再單純地為了吃穿而奔波，從這點上說，創意是一種積極的、樂觀的生活態度，在這種態度會激發人類不畏艱難、面向未來、充滿信心、勇於創造。1941年，愛迪生的實驗室被大火燒光了，他沒有因此沮喪，反而喊來自己的妻子，高興地說：「看，多大的火呀，它燒掉了我所有的失敗紀錄。老天將給我全新的實驗結果。」14天後，留聲機發明出來了。

創意帶來的市場價值令人驚嘆。有人統計過國際廣告評選活動中獲獎廣告作品，發現無一例外都是以創意取勝。這再次證明，創意排在第一的位置。對此，阿德里安‧霍梅斯強調：「再神奇的電腦技術也只是一種手段、一項工具，對廣告業而言，最重要的資源永遠是人腦、是人的創造力。」當今，廣告創意無奇不有，但要達到理想的市場效果還需要努力。

總之，創意涵蓋了人類的一切積極思維，是一種智慧拓展，是一種文化底蘊，是傳統的叛逆。不管哪種創意，都是人類發展的動力，離開它，就沒有進步，沒有創新。

> 良好方法能使我們更好地發揮天賦的才能，而笨拙的方法則可能阻礙才能的發揮。
> ──〔法〕貝爾納

創意改變卡內基的人生之路

創造力強弱是考驗人才的真正座標。創造性與自我發展、自我實現、人格的完善有著如此密切的關係，創造性強的人會走向成功，他們具有的素養無與倫比。

卡內基是20世紀著名的人際關係學家，被譽為「成人教育之父」。他透過演講和著作喚起無數人的鬥志，激勵他們取得輝煌的成功。然而誰能想到，具有如此神奇能力的卡內基，小時候卻是個大家公認非常淘氣的壞男孩，那麼，在他成長的道路上，是什麼改變了他的命運呢？

卡內基小時候住在維吉尼亞州鄉下，家境較為貧苦。他9歲的時候，生活中發生了一件大事——他的父親把繼母娶進家門。這天早晨，父親領著繼母第一次見到卡內基，就向她這樣介紹自己的兒子：「親愛的，妳可要注意這個全鎮最壞的男孩，這些年來他讓我頭疼死了，妳要知道說不定明天早晨以前他就拿石頭扔妳，或者做出別的什麼壞事，總之他讓妳防不勝防。」

聽著父親的介紹，小卡內基心裡十分憤怒，他等待著來自繼母的嘲笑或者輕視。可是他錯了，這位來自一個較為富裕家庭的繼母微笑著走過來，溫柔地撫摸著他的小臉蛋，回頭對丈夫說：「不，他不是壞男孩，更不是全鎮最壞的男孩。我看出來了，他很聰明，只是沒有找到傾注熱忱的地方。」

繼母的這番話說得小卡內基心裡一陣溫暖，他覺得自己眼眶潮濕，淚水差點流下來。從此，他和繼母之間建立了友好的關係。不僅如此，繼母的這句神奇語言也改變了卡內基的一生。在她之前，卡內基從沒有得到過表揚和肯定，所有人都認為他是個壞孩子，而繼母的這句話無疑讓卡內基看到了光明，找到了前進的動力。

5年後，卡內基的繼母為他買了一部二手打字機，並對他說：「我相信你有寫作天賦，你一定會成為一位作家。」卡內基接受了打字機，也接受了繼母的建議，並開始向當地的一家報紙投稿。

在卡內基與繼母共同生活的日子裡，他時時刻刻感受著來自繼母的熱忱，看到她如何用熱忱積極改善著他們的家庭。這不但給了卡內基生活的保障，更帶給他無窮動力，激發了他的想像力和創造力。使他日後創造了成功的28項黃金法則，幫助千千萬萬的人走上成功和致富的光明大道。

從頑皮少年到創造巨人，卡內基的成長道路印證了一點：創造性與自我發展、自我實現、人格的完善有著密切的關係，一般來說，創造性強的人會走向成功，他們具有的素養無與倫比。

《哈利波特》系列小說的作者J‧K‧羅琳目前位居世界名人賺錢最快排行榜第9名，據美國的《福布斯》雜誌統計，羅琳平均每分鐘可收入77英鎊。她是如何獲得如此成就呢？要知道，她一度生活困窘，缺吃少穿，甚至嚴冬時都無錢取暖。然而，一部系列小說——《哈利波特》改變了她的命運，使她的人生發生了翻天覆地的變化。這就是創意帶來的巨大影響，是創造性強的人才的突出表現。

創意能力，是人在各個領域，以不同的質和量的水準，產生新的東西（包括思想、觀點和方法）的能力。創意能力不是某種單一的智慧，而是多種心理成分有機構成的統一體。完成創造性活動一般都是各種智慧和個性特徵共同作用的結果，在這一過程中，富有創意的人才一旦進入機遇之門，就不會退縮，

他們飽含熱情和活力，急於探求未知，品嚐成功的喜悅。日本人將力量、財富和智慧形象地類比成古代的寶劍、珍寶和魔鏡。他們認為一個人要想成功，與學歷、門第、種族、教育並無必然聯繫，而創造能力才是他傲視一切的資本。比如企業家要想成功，除了具備企業家的素質，還必須是一位創業家。打破常規、勇於開拓、靈活機智、精力充沛、我行我素、想像力豐富、自我激勵、富於獨創精神，這樣的素養會讓他魅力無限，吸引大批追隨者，發揮感召能力。

富有創意的人才勇於實現自我。對他們而言，危機感和逆境會激發創新的內在動力。矽谷著名風險投資家維諾德・科斯拉某天晚上與google創始人之一拉里・佩奇聊天時感嘆：「把危機浪費掉眞是太可惜了。」科斯拉所指的危機是由汽車廠商對石油的過度依賴和隨之而來的全球暖化引發的。他強調說：「能源界和汽車業許多年來一直缺乏創新精神，因為它們不曾面對眞正的危機，缺乏求變的動力。」

冒險精神是創意的動力，喜歡冒險的人希望生活多姿多彩；他們目標明確，不為瑣事糾纏；他們癡迷自己的事業，被人稱為瘋子、狂人。被達爾文讚譽為「舉世無雙的觀察家」的法國著名昆蟲學家法布林，為了觀察雄椰蠶蛾「求婚」的過程，花了三年時間，當快要取得成果的時候，雌椰蠶蛾「新娘」卻不巧被一隻螳螂吞食了。法布林毫不氣餒，從頭再來，又整整觀察了三年，才取得結果。他的執著精神讓人敬佩，所寫的10卷巨著《昆蟲記》，產生了極大的影響。不會放棄自己的追求，享受追求的過程，使創意人才變得更有生命力。

富有創意的人才善於抓住機會。企業家要在別人沒有察覺的情況下，看到利益和機會，能在別人望而卻步時去探索，走出一條創新之路。

創新，可以從需求的角度而不是從供給的角度給它下定義為：改變消費者從資源中獲得的價值和滿足。

——[美]彼得・杜拉克

關於寓言的寓言啟示
創意思維價值

善於運用創意思維，往往意味著實踐上的成功。這是由於透過創造性思維，不僅可以提示客觀事物的本質和規律性，而且能在此基礎上產生新穎的、獨特的、有社會意義的思維成果，開拓人類知識的新領域。

有位先生，先後從兩位朋友口中聽到了同一件事。事情的經過是這樣：一隻螞蟻正在牆壁上艱難地攀爬。由於牆壁過於光滑，螞蟻爬到一半時就滾落下來。但這隻螞蟻沒有放棄，而是再次挺身向上繼續努力。就這樣，牠一而再、再而三地向上爬，先後跌落下來七次，依然攀爬不止。

第一位朋友為他講完事情的經過後，對他說：「我望著小螞蟻，不禁感慨萬千，你想，一隻小小的螞蟻，竟有如此頑強的精神，真是百折不撓。我聯想到自己剛剛遭遇的失敗，忍不住對自己說：『我不能就此退縮，我要學習那隻螞蟻，振奮起來，勇敢地面對困難和各種失敗。』」

第二位朋友講述完螞蟻的故事後，感慨地對他說：「當我看到螞蟻七次跌落七次重新攀爬時，真的為牠感到難過。你知道嗎？這隻小螞蟻太可憐、太可悲了，因為牠如果看看周圍的環境，改變一下方位，從另一個角度往上爬就容易得多。這好比我們在生活中，有些人總是做事蠻幹，不知道多看看，多想想，不會聰明地處理問題。我們可要從小螞蟻身上學習經驗教訓啊！」

聽了兩位朋友的言論，這位先生十分困惑，他不明白同時觀察一隻螞蟻，兩位朋友為什麼會得出完全不同的見解和判斷，他們到底誰對誰錯呢？為了解答心中疑惑，他前去請教一位智者。

　　沒想到，智者聽完他的話後，當即平靜地回答：「兩人都對。」

　　「怎麼會都對呢？」這位先生更奇怪了，很明顯，兩位朋友對螞蟻的評價一褒一貶，是對立的，不會同時成立，難道是智者不願意做出判斷，分辨是非？

　　智者看出他的疑慮，微笑起來，指著空中説：「太陽和月亮，一個在白天放射光芒，一個在夜晚傾灑光輝，兩者相對相反，可是你説它們誰對誰錯？」

　　這是一則「關於寓言的寓言」，它告訴我們，很多時候，答案也許不重要，思維方法不同，答案就會完全迥異。這體現出創意思維的意義和價值。

　　生活實踐告訴我們，善於運用創意思維的人，總是可以尋找到不同尋常的解決問題之法，進而獲得成功。這種現象說明，創造性思維在提示客觀事物的本質和規律性的同時，會產生一些新穎的、獨特的、具有一定意義的思維成果，這是拓展知識領域的最佳途徑。

　　創造性思維是創造成果產生的必要前提和條件，是個人推動社會前進的必要手段。特別是在知識經濟時代，當今世界日行千里，變化莫測，每一天都會出現許許多多的新鮮事物。這些新事物的出現與人類的創造性活動有著緊密的關係。

　　人之可貴在於能創造性地思維，創造或創造性活動是人在主觀觀念的指導下以全新獨特的方式付之艱苦辛勞的更新活動，並使之產生有一定社會價值和新穎的成果的活動。可以說創造性活動是一種刺激和微妙的活動。

　　創意思維的價值性，提高人們的研究興趣。在日常生活中，有些人為了開

發創意思維能力，提出很多訓練手法，比如「腦筋急轉彎」。有些學校或培訓班，就把它當作訓練思維的材料，認為可以提高創意思維能力。其實，科學研究證明腦筋急轉彎與思維、創新、開動腦筋沒有關係，不過是一種娛樂手段而已。還有人認為，在學習和生活中，人們自然可以掌握創意思維的方法，不需要特別培養。

針對人們完全不同的做法，不由讓人想起一位學者的話：

擅長創意思維的人，總感到自己擅長創意思維；

缺乏創意思維的人，總感到自己缺乏創意思維。

當今社會，人們對於創意思維的理解和研究，還存在著很多不足，主要有兩點：

1、對創意的理解過於狹隘

不知從何時起，人們對於創意的理解固定到了物質上。這也許是創意的實用性帶來的後果。人們醉心於科技發明、技術革新，追求一枚螺絲釘具有多少種用途。這樣一來，創意思維變得狹隘了，創意者成了工匠，創造學說成了圖紙，人類對精神領域的創造視而不見，諸如觀念的轉變、理論的構想、文學的創造等，少有人關注，進而帶來巨大損失，使創意難登科學殿堂。

2、創造方法過於單一、瑣碎

創意思維表現為多種創造技法，如同其他技術一樣，也有一定侷限性。由於人們對創造能力的畏懼心理，很多人迷信已有的技法，墨守陳規，反而阻礙了創造潛力發揮。所以，真正的創造應該摒棄舊有的一切，從零做起。

上述兩點分析了創意思維的侷限性，不管怎樣，在創造性思維越來越受重視的今天，關於它的培養訓練也必將更顯重要。

不創新，就死亡。

——［美］艾柯卡

從「歡笑俱樂部」
到創意的快樂歸屬

顯而易見，在這個物質異常豐富的時代，笑聲能夠帶來物質之外的更多東西，有助於人們增強和完善工作，並能進一步激發人們的創造性、生產率和團隊合作精神。

在印度帕拉博得漢綜合體育場有家「歡笑俱樂部」。說起這家俱樂部的來歷，頗有些趣味。

印度西北部的旁遮普有個小村莊，村子裡生活著一對普通夫婦，他們沒有受過什麼教育，但是對子女們卻寄予厚望，希望他們能夠攻讀大學，有所成就。而且他們特別希望自己的兒子——卡塔瑞爾成為醫生。

卡塔瑞爾聰明好學，果真實現了父母的願望，上了醫學院，並在畢業後成為一名內科醫生。他一邊為病人治病，一邊開始參與編輯一本健康雜誌《我的醫生》。在這個過程中，善於觀察思索的他發現一個現象：那些喜歡歡笑的病人們，身體康復總是更快一些。很多時候，這些病人的病情更為嚴重，可是他們卻比那些病情較輕、但是終日鬱鬱寡歡的病人好得更快。這一發現讓卡塔瑞爾極感興趣，他透過對多個病例的研究，撰寫了一篇題為〈歡笑：最好的藥〉的文章。文章發表後，吸引很多人的興趣，不少人向他諮詢這方面的問題。

一天凌晨，卡塔瑞爾從睡夢中醒來，腦海裡依然縈繞著關於「歡笑」的問題，忽然間，他產生一個新奇的想法：「笑既然這麼有用，為什麼不創辦一個歡笑俱樂部呢？給更多人帶來健康。」

這讓他興奮不已，無法繼續安睡。於是他匆匆起床，跑到附近公園，向正

在晨練的人們徵詢意見。可是,當人們聽到他說要建立一家「歡笑俱樂部」,大家圍在一起開懷大笑時,還是有不少人表示懷疑。那天早晨,只有四個人支持卡塔瑞爾,願意與他一起在歡笑俱樂部裡開懷大笑。

卡塔瑞爾與這四位新朋友開始了「歡笑」行動。他們每天輪流講笑話,好讓大家能夠開心地大笑。一連十天,他們從不間斷,歡笑不止,不過這時問題出現了:每個人的笑話都講完了,沒有了笑話,還能「歡笑」嗎?

卡塔瑞爾陷入困惑,他開始認識到,自己創建俱樂部的目的是讓大家「笑」,而不一定必須透過笑話。可是怎麼樣做到這一點呢?他決定進行歡笑訓練。為此,他想了很多辦法,並與做瑜珈老師的妻子麥得惠多次探討。終於,他找到了解決問題的方法。他認為,把瑜伽的呼吸訓練和歡笑結合起來,可以創建歡笑瑜伽。

從此,一場真正的「歡笑運動」誕生了。卡塔瑞爾帶領他的會員們每天一大早就開始訓練活動。這項訓練包括兩部分,首先大家進行「合十禮歡笑」,將手掌合在一起,以傳統的印度禮節方式虔誠地放聲大笑;接著,他們進行「正確的笑聲」訓練,由卡塔瑞爾帶頭,他一邊繞圈走著,一邊重複地大聲說:「我不知道我為什麼笑。呵呵,哈哈哈……呵呵,哈哈哈。」其他人跟著他做。他們一邊拍手,一邊齊聲大喊大笑,這樣一遍遍重複著。

卡塔瑞爾說:「在歡笑俱樂部,讓我們發笑的並不是身體之外的東西,而是我們的內心。」

對於卡塔瑞爾來說,「如果你正在歡笑,你就不能思考。」他創辦的「歡笑俱樂部」將四種有益於身心健康的元素——瑜伽、歡笑、有氧運動

和社會關係結合起來，進而創意無限。

科學研究發現，歡笑有很多功效，它能減少壓力荷爾蒙的產生，促進免疫系統功能，進而釋放人們的情緒，具有增氧健身的作用。不僅如此，歡笑還具有社會功能。很多事實表明，喜歡開懷大笑的人人際關係良好。笑聲是一種非語言的交流方式，它能傳遞人們的情感，是對健康有益的事物。

笑聲會減輕人們的壓力，使人更具有創造性，生產效率更高。這一點引起很多公司注意，像格蘭素（Glaxo）、沃爾沃（Volvo），他們不僅認識到此，還身體力行地組織了歡笑俱樂部，來開發員工們的創意潛能。

顯而易見，在這個物質異常豐富的時代，笑聲能夠帶來物質之外的更多東西，有助於人們增強和完善工作，並能進一步激發人們的創造性、生產率和團隊合作精神。不少「情趣」商品就是在這種創意指導思想下發明出來的。比如有種巧克力，就是塗在對方身上舔著吃的。這聽起來匪夷所思，可是由於它帶來的歡樂效果，市場反應很好。

很多人將創意看得很高，把它當作一個金點子、一個好主意，是不可高攀的智力活動。特別是在專業領域，有些人甚至望而生畏，認為創意是靈感的凸顯和智慧的超常發揮，是不可控的。

其實，創意並非如此遙不可及，實際上，創意就是一種快樂的遊戲。漫畫家曼科夫說：「大多數卡通或者有趣的創意都很怪誕。」日本發行了一款名為「右腦天堂」的遊戲，它可能是歷史上「最能刺激開發大腦」的移動遊戲。這是創意來自遊戲，遊戲又能激發創意的典型案例。

由量而產生的質——創意愈多，則解決問題的可能性愈能增加。

——[美]亞歷斯・奧斯本

高價購買死馬的創意
聰明還是不聰明？

我們生活中大部分的創意並不是「發明」，而是「有效的模仿」、「改良性的主意」或者「拼湊式的創造」，這一類不聰明的創意有時候可以透過讀書、研究而得到預期的結果。

燕昭王為了富國強兵，一心招攬人才。可是大家認為他不過是好大喜功，不是真的求賢若渴，前來應徵者寥寥無幾。燕昭王尋覓不到治國安邦的英才，十分苦悶。有一次，他見到一位叫郭槐的人，向他談起此事，並詢問原因。

郭槐聽了燕昭王的話，想了想給他講起故事來：

有一位國君願意出千兩黃金買千里馬，然而過了三年時間，始終沒有買到，又過了三年，好不容易發現了一匹千里馬，當國君派大臣帶著千兩黃金去購買千里馬的時候，馬已經死了。

派去的大臣是個頭腦聰明的人，他當下用五百兩黃金買下那匹死去的千里馬，並帶回來交給國君。

國君見到死馬，很生氣地說：「我要的是活馬，你怎麼花這麼多錢買一匹死馬回來呢？！」

大臣不慌不忙地回答：「陛下，您捨得花五百兩黃金買死馬，更何況活馬呢？這件事肯定會引起天下人議論，也會讓天下人都知道，陛下您真的喜歡千里馬。這樣一來，會有很多人為您推薦千里馬，到時候，您就不愁沒有真正的千里寶馬了。」

　　果然，沒過幾天，就有人送來了三匹千里馬。

　　故事講完，郭槐語重心長地對燕昭王說：「陛下，您要招攬人才，不妨從招納我郭槐開始，像我這種才疏學淺的人都能被國君重用，那些比我本事大的人，必然會聞風而至，千里迢迢趕來為您效命。」

　　燕昭王覺得有道理，採納了郭槐的建議，拜郭槐為師。各國有才能的人聞聽此事，果然蜂擁而至，竟引發了「士爭湊燕」的局面。弱小的燕國一下子人才濟濟，不多久，便從內亂外禍、滿目瘡痍的國家發展成富裕興旺的強國。

　　燕昭王從郭槐講的故事中得到啟發，效仿高價購買死馬的國君，終於招攬到了天下英才，這件事情讓人聯想到聰明和不聰明的創意分類。前面說過，聰明的創意是天生的、獨創的、毫無軌跡可循的，它不會透過訓練就能獲得，比如科學發明發現；不聰明的創意是後天獲得的，可以透過訓練培養出來的，比如產品的組合與分割、產品的改良、產品的新用途、產品的定位等。聰明的創意自然價值無限，具有不可比擬的影響力。可是，在實踐當中，大多數創意都屬於後者，是不聰明的，都是在他人或者他物的影響下才產生，這類創意照樣很了不起。比如日本人把別人發明的汽車縮小了，把汽車的空間變小，因此更省油。日本精神是兩個字——改良，這就是日本今天科技進步的精髓。

　　1986年3月日本華歌爾公司推出的鎳鈦合金圈胸罩就是一個典型案例。當時，市面上

都是不銹鋼圈胸罩，可是這種胸罩存在不少缺點，針對此，華歌爾公司用鎳鈦合金取代不銹鋼圈，推出了鎳鈦合金圈胸罩。鎳鈦合金是一種形狀記憶合金，改善了不銹鋼的缺點，上市後受到女性的歡迎。當年賣出了80萬件，成為年度全日本最暢銷的產品之一。

鎳鈦合金圈胸罩不過是對鋼圈胸罩的改良，而非發明，卻取得如此成功，很好地說明了不聰明創意具有的價值。管理大師彼得‧杜拉克說：「創造性模仿者並沒發明產品，他只是將始創產品變得更完美。或許使始創產品又具備一些額外的功能，或許始創產品的市場區隔欠妥，之後進行調整以滿足另一市場。」在經濟社會，產品改良的創意屢見不鮮。改良就是把舊產品縮小放大、改變形狀或改變功能，所有的產品，除了第一代是新發明外，以後都是經由「改良」逐步完成的。

所有的創意，都可能是下一步創意的開始。靜電影印機是美國發明家卡爾森於20世紀40年代發明的。開始，他的「人工複寫」試驗多次遭到失敗，後來他檢索專利文獻，發現已有人研究過，大都採用化學原理，他決定不走他人的老路，而是改用把化學原理置換成光電效應原理的研究，把光電效應與靜電學原理結合起來，選準了切入點，終於獲得成功。

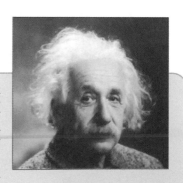

發明在這裡是一件建設性的事，它並不產生什麼本質上新穎的東西，而是創造了一種思維方法，以這種方法得到了邏輯上連貫的體系真正有價值的因素是直覺！

——［德‧猶太後裔］愛因斯坦

阿基米德捅破高科技窗戶紙

有位總裁說：「其實高技術就是一層窗戶紙，捅破了之後跟種蘿蔔大白菜沒什麼兩樣！」再聰明的創意，如果不去發現和應用，也不會為自己帶來什麼財富！

關於阿基米德，有一個故事流傳很廣：這就是他接受赫農王交代的一項任務，檢驗金王冠裡是否摻進了銀子。

當時，赫農王手下有名能工巧匠，擅長製作各種金器。赫農王就交給他一定數量的金子，讓他為自己打製了一頂純金王冠。王冠做好後，赫農王聽人舉報，說金匠在裡面摻進了銀子。為了驗證此事，他讓人稱量王冠，結果重量與當初交給金匠的純金一樣。怎麼樣才能既不破壞王冠，又能檢驗真假呢？

赫農王和大臣們無計可施，只好招來阿基米德，讓他想辦法解決問題。

阿基米德接受任務後，也是百思不得其解。他想出很多辦法，卻都失敗了，為此他晝思夜想，寢食難安，搞得十分疲憊。這天，他去澡堂洗澡，一邊坐進澡盆，一邊注視著水往外溢，同時感到身體被輕輕托起。剎那間，他忽然有了靈感，跳出澡盆，連衣服都顧不得穿就直向王宮奔去，一路大聲喊著「尤里卡、尤里卡」。「尤里卡」的意思是「我知道了」。

原來，阿基米德從澡盆中溢出水一事聯想到了檢驗金王冠的方法。他把金王冠和同等重量的金子分別放入水中，透過觀察排出水量的多少，確定了金王冠的真假。後來，阿基米德在這件事的基礎上發現了浮力定律，該定律又被命名為阿基米德定律。

除了發現浮力定律，阿基米德一生還有很多貢獻。他不僅是個理論家，也是個實踐家，注重將自己的科學理論用於實踐，有一個故事講述了他說服赫農

王相信槓桿原理的經過。

　　赫農王為埃及國王製造了一條大船，體積巨大，相當重，以致於無法挪動，擱淺在海岸上。當時，阿基米德恰好潛心研究並發現了槓桿原理，他說：「給我一個支點，我就能移動地球。」

　　赫農王對此半信半疑，對他說：「你只有將那些理論變成活生生的例子，才能夠使人信服。移動地球恐怕不可能了，這樣吧，你只要幫我拖動海岸上的那條大船，我就相信你的理論。」

　　阿基米德滿口答應，很快設計了一套複雜的槓桿滑輪系統。這天，他請赫農王來到海岸邊，交給他一根繩索頭，對他說：「陛下，您輕輕拉動繩索，大船就會移動。」

　　赫農王接過連著大船的繩索頭，輕輕一拽，果然，大船慢慢地挪動，最後竟然下到海裡。這一奇觀震驚了所有人，赫農王驚喜不已，連連稱讚阿基米德。後來，他還命人貼出告示，上面寫著：「今後，無論阿基米德說什麼，都要相信他。」

　　阿基米德善於將科學理論運用到實踐中，體現出創意的價值所在。對於人類來講，能夠主動地認識我們生活的自然環境並加以改造，進而有所創造發明，這是本質特徵。比如遠古時代，正是有了打製石器、人工取火，才開始了人類物質文明和社會生活的歷史。所以，勞動手段和工藝是創造的結果，是人類不斷認識外部世界的力量。沒有石器的磨製、冶銅煉鐵，沒有製陶曬磚、養蠶織絲這些創意發明，就不會有社會的進步。

　　在高科技日新月異的今天，如何透過科技獲得更多價值，已是很多人和企業日思夜想的問題。有位總裁說過一句話：「其實高技術就是一層窗戶紙，捅破了之後跟種蘿蔔大白菜沒什麼兩樣！」捅破這層窗戶紙，需要的就是創意。

　　事實很明顯，離開創意應用，再高端的科技也不會帶來什麼財富。知名攝影師理查‧艾佛頓（Richard Avedon）說：「我在拍攝前必定會做好萬全的準備與計畫，先決定好自己要使用哪一種相機、底片、腳架、背景，而且一定會事先與拍攝的對象會面討論。不過，所有的計畫也就到此為止，進入攝影棚之後，一切就交給創意與直覺。」

　　從這位攝影師的經驗來看，對於一項事業而言，科技工具好比建造房子時搭建的架子，是非常重要的輔助工具，屬於工作的準備程序。可是它們並非工作的核心，只有不斷運用創意，才能將抽象的想法轉化為實際的行動。也就是說，創意不是來自於高新科技，而是捅破高新科技這層窗戶紙的利器。微軟、英代爾、可口可樂，無不以擁有的技術為世人崇拜，也以高科技籠罩在神祕的光環中，他們如何得到這一切，無不是創意的結果。

　　創意是智力的潛力挖掘與判斷過程，也是需要去實現既定的目標與作品的過程，比如在現代企業管理中，創意的工作目的是CF，對創意的管理過程應該遵循理解策略、尋找路徑、激盪深入、提煉成型的過程。

　　寶潔公司就是這方面的一個典範。它是美國最傳統的公司之一，過去，他們一直採取封閉式創新過程，不與外界交流，可是最近十年，他們的創新模式發生了改變，他們開始與研究機構、大學、供應商以及顧客廣泛合作，結果他們從來自外部的創意中開發出的新產品比例大為提高。這一提高創新水準的做法，使他們的銷售額從2001年到2006年間，以持續6%的速度增長。

　　寶潔公司的經驗說明，理解是第一步，在這個工作過程裡，避免深入，嘗試廣度，會盡可能獲取更多資料；然後尋找合適的路徑，鎖定主題、創意方法以及執行元素；最後，透過集中分散各種意見，提煉成型。這樣一來，創意就能夠透過管理達到「捅破高科技窗戶紙」的效果了。

創新應當是企業家的主要特徵，企業家不是投機商，也不是只知道賺錢、存錢的守財奴，而應該是一個大膽創新勇於冒險，善於開拓的創造型人才。

——［奧地利］熊彼得

都市裡的攀岩創意
將利潤最大化

一般來說，經營創意以市場調研為基礎。只有詳細而周密的市場調研，企業才能更精確地認清市場狀況，進而制訂出適合本企業具體情況的核心策略。

日本太陽工業公司以生產銷售帳篷聞名全國，是業內最大的廠商。由於銷量增加，公司準備在東京建造一座新的銷售大廈。這個計畫提出後，公司的董事長能村先生立即意識到：東京地皮昂貴，要想建造一座大廈，肯定要投入鉅額資金。而且維持一座銷售大廈經營，也會開支不凡。

為此，能村先生左思右想，遲遲不肯下決心建造大廈，總想著能夠尋找到一個新方法：既可以滿足銷售所需，又能節約開支。萬事就怕有心人，很快，他從身邊越來越多的年輕人喜歡攀岩運動中受到啟發，他想，將大廈的外部建成懸崖模樣，一定會滿足年輕人的愛好。這樣就可以透過攀岩運動支付建造大廈的高額費用了。

這一想法讓他十分激動，急忙召集有關專家研討論證。最終，他們建造了一座十層高的銷售大廈，將外牆修建成了花草樹木茂密、怪石嶙峋、峭壁突兀、意趣盎然的懸崖絕壁，做為攀岩運動的練習場地。

都市懸崖推出後，立即引起轟動效應，前來一試身手的年輕人絡繹不絕。一般大眾對此也很感興趣，他們紛紛趕來一睹從前在深山峻嶺才能看到的風景，每日來此觀光的市民不計其數。

能村先生的計畫實現了。能幹的他抓住時機，在大廈隔壁開辦了專營登山

用品的商店。結果，該店生意火爆，一舉佔據了登山用品市場的榜首地位。

　　「都市懸崖」帶來鉅額利潤，很好地體現了創意在經營當中的作用和意義。在競爭日愈激烈的現代企業中，創意對經營的發展起著決定性的作用，它是企業在經營發展中眾多策略的「綱」，有了創意這個綱，企業的整體策略便有了重心。成功的策略就是以「綱」為主的整合行銷。高盛公司的首席「學習官」理查‧萊昂斯認為創意是「創造價值的新想法」。

　　創意來自於生活，來自於創意者對生活不同角度的細微觀察。成功的創意者善於發現異常，善於從不同的角度、觀點來觀察和發現。日本女生保養品最貴的面膜之一叫做SKⅡ。SKⅡ來自於日本的一種傳統技術，有人在釀酒的時候發現釀酒的那些女性，即使是老太婆，臉上的皮膚都非常光滑。原來她們在釀酒的時候，經常把酒糟抹在臉上，所以皮膚變得很光滑。SKⅡ的製造者就把釀

酒剩下不要的酒糟帶回去研究，生產出面膜，再以很高的價格出售。

　　不同思維的人，有著不同的觀點和人生。俗話說「三個臭皮匠，勝過一個諸葛亮」，聽取不同意見，會產生思維碰撞，產生不同的點子。這對於發現創意起著很大的推動作用。

　　在經營中，創意活動要找準賣點、市場切入點，以迎合市場及消費者，進而選準創意核心。一般來說，經營創意以市場調研為基礎。只有詳細而周密的市場調研，企業才能更精確地認清市場狀況，進而制訂出適合本企業具體情況的核心策略。有了詳細的市場調查後，還要進行科學而有效的分析，只有善於從資料中發現問題，從細微處洞察市場走向，才能充分發揮市場調查的重要性。最後，及時實施是保證核心創意更貼近市場、走向成功必不可少的保障。有一個貓與老鼠的故事說明了這個問題。老鼠怕貓是古而有之的事。老鼠們深深擔心被貓吃掉，大家一起開會時便商量怎麼樣才能不被貓發現？於是有老鼠提議給貓掛個鈴鐺，大家都說是個好主意。可是，這個鈴鐺由誰來掛呢？由此可見，當理論無法實現時，再好的創意也不過是廢紙一堆。

> 人一旦失去自信，獨創力便將窒礙不前，因此要經常獎勵他人所提出來的創意。不管提出來的創意是否有價值，光是提出創意的那份勇氣，便值得讚揚。
>
> ──[美]亞歷斯‧奧斯本

31個空藥盒帶來的經濟效益

不是每個點子都會成為鈔票，要想讓創意為效益服務，就要注意以下幾點：
清楚各項資源情況，提高邊際效益，從顧客需求入手，做好財務規劃。

日本千葉縣有一家石井藥房，老闆十分喜歡想點子創造效益。他注意到，做為藥店來說，要想招攬回頭客不容易。因為人們生病了才會想到上藥店去買藥，病好了也就自然地把藥店忘了。怎麼樣能夠招攬到回頭客呢？他想出一個主意。

他命人在辦公室的牆壁上釘了31個空藥盒，每一個盒子上都標上了日期。石井藥房的工作人員根據每天來藥店買藥的顧客留下的病歷卡，獲得了每一個顧客的生日。因為病歷卡上都寫有患者的出生年月日。然後，工作人員按月、日順序詳細整理、記錄下來，並為每一個顧客都準備了一張賀卡，在上面寫著：「您的健康是我們最大的心願。如果你完全康復了，請告訴我們一聲；如果您不幸仍需要用藥，也請告訴我們一聲，我們將竭誠為您服務。」如此充滿溫情與親切問候語的賀卡，分別按當月不同的日期投入辦公室牆壁上的31個相對的空藥盒內，然後按日期在顧客生日的前一天寄出。

如此一來，顧客就會在生日的當天收到一張讓人感動的賀卡。當然，他們收到的不僅是感動和關懷，還會很滿意地記住這家藥店的大名——石井藥房。這樣，如果他們還沒有痊癒，或者下次生病時，自然而然就會記起它，並把它做為首選的藥房。這種宣傳效果非常好，一下子提高了藥房的經濟效益。

石井藥房的經營策劃非常高妙，這一策劃的核心自然是創意。創意帶來了經濟效益，這是創意最常見的價值表現形式之一。

創意是經濟發展的一個驅動器，如果說我們能在創意上投資，也就是我們

在經濟發展上做了投資，到底怎麼樣讓創意帶來經濟效益呢？答案是將創意思想和商業思維相聯繫。

對於一個人來說，他能夠成為人才、奇才、天才，是因為他具有創造力；對一家企業來說，創意策劃、創造性思維是一切創造活動的直接動力和源泉。有想法、有創意、有點子的人很多，但真正實現經濟效益的人卻很少。不是每個點子都會成為鈔票，要想讓創意為效益服務，就要注意以下幾點：

1、清楚各項資源情況

資源指的是能力、資金、人脈、技術等。如果資源具獨佔性，則可以提升成功率。因此，逐一檢視各個具有發展潛力的機會點，推論滿足機會所必須擁有的各項能力，進而篩選腦海中所浮現的創意。這可以幫助尋找到最適合的創意，有利於創意發揮最大用處。

2、提高邊際效益

邊際效益包括兩方面內容，一是銷售通路，一是經營團隊。選擇銷售通路，除了考慮商圈與顧客特性之外，還要考慮到公司策略的需求。良好的經營團隊是促使事業成功重要的因素，好的經營團隊可以增加公司成功的機率。

3、從顧客需求入手

顧客是創意價值的實踐者，深入了解目標顧客需要的價值，並且嚴守對顧客的承諾，透過產品或服務，來創造顧客想要的價值。

4、做好財務規劃

財務是公司經營的血液，一旦財務不暢，公司就會陷入癱瘓。所以，財務管理是實現創意的必要保障。必須做好財務管理的妥善規劃，盡量減低發生財務危機的機率，確保公司可以正常營運，並產生利潤。

> 現在世界已處於全球性的經濟、科技大戰之中，大戰的制高點就是「創意」——看誰在高技術、高創新領域有「制創權」，開創權、是帶頭羊。誰擁有更多的「知識產權」，誰在國際上說話就有分量。因此現在全球大戰其實就是一場創意爭霸「戰」！
> ——[中]陳放

哥倫布透過豎雞蛋
告訴人們創意的核心價值

管理就像一座漂浮在大海裡的冰山，露出水面的部分佔1/3，隱在水中部分佔2/3。在水中的部分，屬於無形的東西，其中創意又是它的核心內容。一般來講，越有價值的東西，在全局中所佔的物質分量越少。

哥倫布發現了新大陸，回到西班牙後，受到空前歡迎和吹捧，人們視他為英雄。西班牙國王和王后也十分推崇他，封他為海軍上將，並常常邀請他到王宮赴宴。

有一次，哥倫布再次受邀參加一個大型宴會。會場上聚集了來自各國的貴族豪門，他們觥籌交錯間，看到了姍姍來遲的哥倫布。有人不免皺起眉頭，低聲說：「哼，瞧他那樣子，有什麼了不起。」「對啊。」其他人附和著，「不就是發現了一塊陸地嗎？誰坐船出海，都會到達那裡的。這是上帝的創造，發現又算得了什麼！」

有些貴族早就嫉妒哥倫布的榮耀，十分瞧不起他。現在聽到有人議論，不由煽風點火，推波助瀾，議論和嘲笑聲充斥了整個會場。

這時，有些支持哥倫布的人擔心地注視著他，心中為他難過。可是哥倫布沒有爭辯，也沒有退縮，他沉默地聽他們說著，忽然從一個餐盤裡拿起個雞蛋，站在會場中心說：「女士們，先生們，請問誰能把這個雞蛋豎起來？」

聽他這麼一問，大家都很好奇，紛紛停下議論，拿過雞蛋進行試驗。第一個人拿起雞蛋，小心翼翼地扶正了，可是他一鬆手，雞蛋立刻歪倒了。他幾次努力，都沒有成功，只好把雞蛋交給下一個人。然而，下一個人也沒有豎起

來，這樣你傳給我，我傳給他，幾乎所有人都試遍了，卻都沒有成功。最後，雞蛋又回到哥倫布的手上。

會場內靜悄悄的，所有人都將目光聚集在哥倫布手裡的雞蛋上，等待著看他如何將雞蛋豎起來。

哥倫布一直微笑著，他將雞蛋的一頭輕輕地一敲，蛋殼破了一點，然後讓這破了的一頭朝下，雞蛋穩穩豎立在桌子上。

見此場景，那些瞧不起哥倫布的人一片喧嘩，他們大聲叫嚷著：「這算什麼？誰不會啊，將雞蛋敲破了，它自然能夠豎起來。」

哥倫布不慌不忙地說：「是啊，這是沒什麼，是很簡單，誰都可以做到。可是，你們剛才為什麼誰都沒有想到，誰都沒有成功呢？」

那些人聽了這話，頓時啞口無言，從此再也不敢小看哥倫布了。

人們往往只看到事情的表面，而不去深入探究問題的根源，哥倫布透過豎雞蛋告訴人們，創意是成功的關鍵因素，這一點無可否認。對於企業來說，創意的核心價值也是不容質疑的。

在企業中，管理是非常關鍵的因素，它就像浮在大海裡的冰山，雖然露出水面的不多，但是深藏海底的部分卻是根基，會主宰一個企業的命運。在這個深藏不露的成分中，創意起著核心作用。只有持續不斷地創意，才可能激發潛在需求，進行創新突破。放眼在世界保持領先地位的企業，他們無一例外都是創意高手，透過創意獲得成功。

眾所周知，可口可樂配方是業界最大的祕密，無數人夢想著解開這個配方的祕密。可是無一人成功。時至今日，可口可樂配方依然安全地躺在公司的保險櫃裡。對於一種飲料來講，可口可樂與其他飲料的絕大部分一樣，也是水。然而，只佔不到1%的配料卻成為競爭的關鍵。上百年來，可口可樂正是靠它保持著飲料界的領先地位。如今，可口可樂早已不是一種簡單的產品，它包含著厚重的文化內涵。

一般來講，越有價值的東西，在全局中所佔的物質分量越少。在現代經濟時代，一個企業的市場地位、品牌效應，已不再取決於資金的多少、科技的高低，而是取決於各種資源的利用效率，取決於它的創意能力。持續的企業創意，就像一個「點子庫」、「創意庫」，一旦擁有它，企業就可以進行多方位資源整合，最大程度地降低成本，獲取利潤。所以說，在一個企業中，創意能否做為核心內容得到發揮，是衡量企業水準的標準之一。

一個廣告如果沒有創意就不成其為廣告，只有創意，才賦予廣告以精神和生命力。

——威廉·伯恩巴克

基辛格最有效的創意含金量

討論創意的價值，一般可以從3個方面加以觀察：獨創性、影響力、持久性和靈活性。

基辛格堪稱20世紀的談判大師，尤其擅長雙邊談判。有一則政治幽默故事表現了他出神入化的談判技巧與調和各方關係的能力。這則故事內容如下：

有一次，基辛格遇到一位貧窮的農民，為了試試自己的折中之術，他主動提議為他的兒子做媒。老農不明就裡，連忙表示自己不干涉兒子的婚事。

基辛格並不多言，只是簡短地提醒他：「那位姑娘可是歐洲最有名望的銀行家的女兒……」話音未落，老農就改變了主意，他表示同意基辛格的主張。

説服老農後，基辛格去拜見銀行家，對他説自己為他物色了一位好女婿。銀行家很詫異，推辭説女兒太年輕了，還沒有考慮婚事。

基辛格不緊不慢地説：「可是那位年輕人是世界銀行的副行長。」

銀行家吃驚之餘，也默認了基辛格的提議。

於是，基辛格來到世界銀行行長的辦公室，向他推薦一位副行長。世界銀行行長擺擺手，説他們不需要副行長。

「是嗎？」基辛格很平靜地説：「可是你知道嗎？這位年輕人是歐洲最有名望的銀行家的女婿。」

世界銀行行長一聽，高興地同意了基辛格的推薦。由此，基辛格促成了一椿美滿婚姻，貧窮農民的兒子魚躍龍門，成了金融寡頭的乘龍快婿；另外，他還為世界銀行物色一位合適的副行長，真是功德圓滿。

　　基辛格的創意可謂效果卓然，像這樣具有價值的創意也許不多見。特別在商業領域，每個創意都有太多的變數與風險，並不一定帶來直接財富。如何判斷創意的含金量，是一門學問。

　　我們在前面說過，任何創意都有自身價值所在，很多一無是處的創意很可能是下一個有用創意的開始。因此我們現在討論的創意價值含金量，是拋開創意本質進行的衡量，是從創意的商業價值角度進行的，一般來說，可以從3個方面加以觀察：

1、獨創性

　　獨創性是較為客觀的標準之一。創造學術大師麥斯婁曾經說過：「就創意來說，一個由平凡的家庭主婦獨創的食譜，以職業水準所烘焙出來的蛋糕，要比一幅由天才畫家胡亂塗鴉、鬼畫符出來的畫，要有價值得多。」這種觀點體現出創意的獨創性特點，由於前者的創造是獨一無二的，比較而言，後者的創作只是簡單地模仿或者應付了事。兩者的價值誰高誰低，就此可以判斷。

　　事實上，人們在判斷什麼是創造成果時，首先是用獨創性來衡量的。缺乏新穎性和獨創性的勞動成果，如重複性的勞動產物，不會被視為創造成果。當日本人看到美國的阿波羅太空船登上月球時，不僅感慨萬千，因為阿波羅工程中的每一項技術，日本人都擁有。可是因為他們沒有美國人的登月創意，只能眼睜睜看著美國人最早踏上月球。

　　獨創性來之不易，一個人是否具有創意能力，與智商、地位、名氣沒有直接關係；創意涵蓋著從發明創造、流程修正到模式轉換等種種方面，獨特的創造才會有突出的表現，才有更高的價值。我們知道，即使才華橫溢的貝多芬，

也不是憑空創作多首撼動人心的作品。除了流傳百世的音樂作品外，他留給後世最珍貴的資產就是無數的筆記本，他將所有的想法記錄在筆記本中，其中既包括不成熟的原始構想、原始構想的修改經過，也有最後完成的想法。

2、影響力

判斷創意的價值高低，還要從創意對大眾的影響程度加以考察。創意是透過問題的表面現象，揭露問題實質的過程，這一過程中，只有廣泛聯繫、思考，才能預見研究的進程和結果。當年，哥倫布一改大家都向東開始航行的習慣，向西航行，結果最先發現了新大陸。這種影響力無與倫比。

必須明確的一點是，為了創意能夠付諸實施，它必須要有通俗性。如果脫離大眾，不為大眾理解，怎麼可能被他們接受？因此，影響深遠的創意，價值自然大；反之，價值就小。

3、持久性和靈活性

創意的價值，還受到持久性影響。有些人費盡心思發明創造，可是歷經數年的創造成果，很快就失去了生命力。這樣的創意怎麼會有過高的價值？

然而，持久創意並不一定最有價值，相反，由於思維的靈活性，思維活動能依據客觀情況的變化而變化，這時具有靈活性特點的創意就價值激增。比如鉛筆，加上橡皮擦，可以成為「橡皮鉛筆」；加上一個機械裝置，可以成為「自動鉛筆」；用紙將鉛芯捲起來，又成了「紙鉛筆」。如此種種變化，體現出鉛筆創意的靈活性，它的生命力也就無窮無盡地演化下去。這說明創意是不斷完善的過程，從這個意義上講，判斷一個創意價值的含金量，也需要從變化的角度加以考察。

> 一個人是否具有創新能力，是「一流人才和三流人才之間的分水嶺」。
> ——美國哈佛大學校長蒲賽

兩個「偷懶」的發明故事 說明創意是解決問題的法寶

創造性思維是一種開創性的探索未知事物的高級複雜的思維，是一種有自己的特點、具有創見性的思維。它貴在創新，或者在思路的選擇上、或者在思考的技巧上、或者在思維的結論上，具有前無古人的獨到之處，包括在前人、常人的基礎上產生的新見解、新發現、新突破。這一切說明，創造性思維目的性明確，就是為了解決問題。

斯托特發明鐘控鍋爐的故事說來有趣。

當時，他正在明尼蘇達州讀書，為了免交房租，替房東照管鍋爐。這個工作並不難，每天清晨四點，鬧鐘一響，只要他跑到地下室去打開爐門，關上風門，然後把火燒旺，使房子暖和起來，工作就完成了。

可是，這件簡單工作背後隱含著很大的辛苦。因為每天清晨四點起床，實在是太早了，而且氣候寒冷，冒著嚴寒去地下室也是個挑戰。所以，斯托特工作幾天後，就不停地想，怎樣既不耽誤開爐門關風門，又能讓自己睡個好覺呢？

為了能夠躺在被窩裡「偷懶」，他想出一個好主意，他用一根長繩拴住爐門，把繩頭從窗子拉進臥室，每天清晨鬧鐘一響，他躺在被窩裡拉一拉繩子就行了。

這個辦法順利地實施了幾個星期，斯托特十分得意。然而一天早上，繩子拉斷了，他不得不又跑去地下室繼續吃苦頭。這次事件給了斯托特教訓，他覺得必須改進自己的方法，才能永久性地避免受苦。

創意的價值

　　經過再三思索，他決定直接把鬧鐘放進地下室，做一個類似老鼠夾子的機關，讓發條鈕支一根木棍，木棍的一端繫著一根連接爐門和風門的繩子。這樣，鬧鐘一響，發條鈕就轉動，木棍倒下，牽動爐門打開。

　　試驗成功了，斯托特再也不用早起去地下室了，並將自己發明的這套裝置叫做「鐘控鍋爐」，在全國推廣。後來，「鐘控鍋爐」在世界得到了廣泛的應用。

　　還有一個廣為人知、應用廣泛的發明創意，也是「偷懶」的結果。這就是「不需要看守」的鐵絲柵欄，它的發明者名叫約瑟夫。

　　約瑟夫小時候很喜歡讀書，但是家裡很窮，小學畢業後就輟學了，幫人家放羊賺取生活費。在放羊時，由於他經常讀書忘記看顧羊群，惹了不少麻煩。羊群撞倒柵欄跑到莊稼地裡，踐踏損壞，為此，老闆沒少訓斥他，要他再也不要讀那些無用的書了。

　　可是約瑟夫不肯放棄讀書，於是他想，怎麼樣找出一個既能防止羊群衝倒柵欄，又不耽誤看書的辦法呢？經過細心的觀察，他終於有了一個新發現，羊在衝出柵欄時，從來不敢碰有刺的薔薇做成的圍牆。由此他得出結論，如果將柵欄四周全部栽種上薔薇，不就可以阻止羊群跑出去嗎？不過，柵欄面積很大，周長幾十公尺，要想完全用薔薇覆蓋住，實在太困難了。

　　又是一段苦思，約瑟夫有了辦法，他找來長長的鐵絲，把它們剪成針刺狀，交叉撐在一起，纏到了柵欄上。結果效果很好，起到了薔薇圍牆的作用。就這樣，約瑟夫做成了「不需要看守」的鐵絲柵欄。

　　故事中，兩位主人公從一般人到發明家，其中什麼起到決定性作用？創意。是創意讓他們想到解決問題的方法，並完成自己的發明。

　　使用自己的腦力解決問題，是創意的根本要求。美國的珍妮特‧沃斯在

《學習的革命》一書中提出了12步解決問題法，指出尋求創意的途徑和方法。創意為什麼可以解決問題？在現實生活中，又該怎麼樣利用創意解決問題呢？

首先，創造性思維的特點決定，它是一種開創性的探索未知事物的高級複雜的思維，這種思維貴在創新。不管是從思路的選擇上，還是思考的技巧上，或者思維的結合上，它最根本的特色就是具有前所未有、與眾不同的獨到之處。從這一點看，創造性思維的目的明確，就是為了解決尚未解決的問題。

其次，透過創造性思維解決問題，是創意的結果表現形式。一項創意能夠轉化為實踐活動，需要經過漫長的探索和鑽研，在這個過程中，自然也會包含著很多挫折。不漏油圓珠筆的發明，就是透過創意解決問題的典型案例。長久以來，人們一直為圓珠筆漏油問題困擾，認為這是由於圓珠筆鋼珠磨損造成的。很多人為了解決這一難題，不斷地強化鋼珠硬度和耐磨性，可是效果甚微。有位日本人從與人不同的角度出發，想出了一條切實可行的措施。他透過大量試驗，統計出圓珠筆寫了多少字後開始漏油，進而採用在管中定量灌油的方式，終於解決了此難題。

生活中，人人具有創意潛能，人人都能夠創造，關鍵在於如何發揮和發掘這種潛能。通常，人們考慮問題，都有一條正確的思路以有利於尋找、發現、分析、解決問題。然而，固定思路往往不能解決問題，按常規的邏輯思維活動外，突破思維定勢思考問題，從新的思路去尋找，才是解決問題的方法。

創新有時需要離開常走的大道，潛入森林，你就肯定會發現前所未見的東西。
——[美]貝爾

跳槽跳出創意來源的
理論之一——變形理論

創意有時候只是用不同的眼光看一個舊東西，只是視角改變了，東西就成了新的。我們的日常生活中充滿了這一類改變觀念的創意。另外，改變用途可以創造更多新的可能和發現。

A和B是要好的朋友，有一次，A由於沒有完成任務，遭到公司經理嚴厲批評。A十分生氣，對B說：「我要離開那家公司。我恨那家公司！」

B聽了，建議道：「我舉雙手贊成你報復！！破公司一定要給它點顏色看看。不過你現在離開，還不是最好的時機。」

A不解，問：「為什麼？」

B說：「如果你現在走，公司的損失並不大。你應該趁著在公司的機會，拼命去為自己拉一些客戶，成為公司獨當一面的人物，然後帶著這些客戶突然離開公司，公司才會受到重大損失。」

A正在氣頭上，覺得B說的很有道理，於是他接受了這個建議，開始努力工作。事遂所願，半年多的努力工作後，他有了許多忠實客戶，業績節節攀升。

有一天，A又遇見了B，B問A：「現在是時機了，要跳槽趕快行動哦！」沒想到，A淡然笑道：「老闆跟我長談過，準備升我做總經理助理，我暫時沒有離開的打算了。」

想法變了，問題自然也會轉變。這是創意的來源之一，屬於變形理論中的觀念改變。創意有時候只是用不同的眼光看一個舊東西，只是視角改變了，東

西就成了新的。

　　有時僅僅是認知上的改變，就可以產生力量無窮的創意。香港有線電視（TVB）的老闆邱復生先生說：「電視節目製作公司的責任不過是提供節目，但是，不一定要自己生產節目才能提供。」為此，他曾經專門做錄影帶租賃店的招租工作。當公司簽約的店達到1000多家的時候，邱復生發現絕大部分錄影帶的用戶都與他的公司有某種程度的關係。邱復生說：「我發現我不是一個錄影節目的供應商，我是一個沒有頻道的電視臺。」

　　除了觀念改變外，變形理論還有一種表現形式：改變用途。改變用途可以創造更多新的可能和發現。我們的日常生活中充滿了這一類的創意，比如黏東西時，手邊如果沒有漿糊，我們就會順手拿一粒米飯抹上去；吃飯的時候，如果鍋碗瓢盆太燙，一時找不到墊木，很自然拿一疊廢紙充

數……諸如此類的創意隨處可見，隨時解決我們遇到的任何問題。

　　在創意活動中，改變用途更是常見的方法。一般來說，改變用途可以分為改變人的用途、改變物的用途、改變知識的用途三類。比如，鞋子雖然不能用來做裝酒的容器，但是我們可以把杯子做成鞋子形狀的裝酒容器。

將來，先進國家生產的產品價值只有很少一部分是從藍領工人的勞動及從資本物中得來，而主要是從設想和創新中得到的。

——［美］吉福德

「不用划」的船揭示創意來源的理論之二──魔島理論

魔島理論來自於古代水手的傳說。據說,在古代航海時代,當船隻駛入一片汪洋大海時,水中會突然冒出一片環狀的海島;還有更神奇的是,水手在入睡前,海上還是一片汪洋,第二天一覺醒來,卻發現周圍出現了一座小島,水手們將之稱為「魔島」。魔島現象說明了創意產生的過程。在實踐中,不少創意都是經過長年累月地沉澱後,忽然間浮現眼前,「靈感」乍現。

1905年8月的一天,天氣炎熱。奧利‧埃文魯德興致頗高,一大早划船帶著一位女子到密西根湖的小島上野餐。

中午時分,炎炎烈日下,女子有些熱得受不了了。埃文魯德很會體貼人,急忙划著小船去岸邊買冰淇淋。這座小島距離湖岸4公里,路途不算近,所以埃文魯德奮力地划船回來時,冰淇淋已經融化了。他十分不好意思,女子卻笑笑說:「沒什麼,要是小船划得再快些就好了。」

對啊,埃文魯德心裡一動,船划快了冰淇淋自然不會融化,可是怎麼樣才能做到這一點呢?依靠臂力划船,速度不會提高太快,他忽然想到既然汽車可以用發動機,為什麼不能用發動機代替雙槳呢?

埃文魯德投入到自己的研製工作中,不久竟然製成了一種能掛在船尾的馬達。這種馬達一端伸入水下,一端連著螺旋槳,可以左右轉動,很容易控制航向,所以,一經推出後,效果極佳,很受歡迎。

埃文德魯從溶化的冰淇淋中受到啟發,發明了「不用划」的船,這體現出

創意來源中的魔島理論。

魔島理論來自於古代水手的傳說。據說，在古代航海時代，當船隻駛入一片汪洋大海時，水中會突然冒出一片環狀的海島；還有更神奇的是，水手在入睡前，海上還是一片汪洋，第二天一覺醒來，卻發現周圍出現了一座小島，水手們將之稱為「魔島」。魔島現象說明了創意產生的過程。在實踐中，不少創意都是經過長年累月地沉澱後，忽然間浮現眼前，「靈感」乍現。

按摩襪的發明就是一個很好的案例。有個人洗腳後，穿襪子的時候忽然想到，要是襪子能夠幫人按摩腳底，豈不是更好？根據這一想法，他發明一種底部有18個凸點可以按摩穴道的襪子。

靈感一來，創意誕生，這是魔島理論的基本特色。著名廣告家韋伯·揚就曾經指出，創意的產生或孕育就是「魔島浮現」。在他個人創意生涯中，多次實踐著這一理論。

靈感怎麼會突然而至呢？這往往是長期思索的結果。愛因斯坦在做白日夢，夢見自己以一道光在太空旅行，結果提出了相對論。我們常常說「浮想聯翩」，這是很多奇思妙想的起始點。動用自己的感官帶來知覺，這種本能會產生很多奇特的效果。

要想捕捉靈感，尋求創意，也有一定的規律可循。不少人發現在大腦放鬆時，會進入最適宜的創造狀態。於是，他們會聽一些輕鬆的音樂，或者散步，讓潛意識發揮作用，進而等待創意出現。

當然，魔島理論並非所有創意的來源方式，很多時候，它只是適用於「聰明的創意」，也就是我們通常說的「發明」；而一些「模仿」、「改良」等創意，並不適用這一理論，它們另有來源。

> 基於聰明的設想出現的創新數量極大，哪怕成功的百分比較小，仍然成為開闢新行業、提供新職業、給經濟增添新的活動面的巨大源泉。
>
> ——[美]彼得·杜拉克

四帖藥方顯示創意來源的 理論之三——組合理論

一個新想法往往是老的要素的新組合，嘗試各式各樣的組合，這樣既簡單又有效，是很多發明創造的解決方法。簡單地說，組合就是兩者合二為一，比如合金，將兩種金屬組合後是什麼樣子？不僅物品可以組合，方法、主意、建議都可以組合。

有位先生，經過多年奮鬥，終於事業有成，卻陷入一種莫名其妙的空虛之中，日子久了他不得不去看心理醫生，以求解脫。

心理醫生聽完他的傾訴，為他開了一個處方，對他說：「你明天獨自去海邊，除了我的藥方，什麼都不要帶。分別在上午9點、12點、下午3點、5點各服用一帖藥，你的病情一定會好轉。」

他聽了醫生的話，第二天果然來到了廣袤無際的大海邊。9點鐘，他打開了第一帖藥，卻驚奇地發現裡面什麼都沒有，紙上寫著兩個字：聆聽。他想，看來醫生是讓我照此行事，於是坐下來靜靜地聆聽風聲、浪聲。多年來，他從沒有如此靜心地聆聽過，他感覺自己的身心就像被洗滌一般，頃刻間輕鬆明澈起來。

12點，他打開第二個處方，上面寫著「回憶」兩字。於是腦海中浮現出從小以來的種種狀況，既有少年時的天真無邪，也有青年時的艱苦創業，一幕幕場景讓他感覺到了各種親情、友情，在他內心深處不由重新燃燒起生命的熱情。

到下午3點鐘，他打開第三個處方，上面也有兩個字：反省。這兩個字同

樣讓他浮想聯翩，他想到只顧賺錢，失去了工作的樂趣；他想到為了自身的利益，曾經對很多人做出了傷害……這讓他心情激越，感情起伏，久久難以平靜。

黃昏時分，打開最後一個處方的時間到了，先生看到上面有一行字：把煩惱寫在沙上。他明白了，果真在沙灘上寫下「煩惱」兩字，這時，一道海浪沖過，瞬間沖沒了他的「煩惱」，只留下一片平坦。

眼見此情此景，這位先生的心情頓時好轉，心病一掃而光。

四帖看似毫不關聯的藥方，治好了中年人的心病，這體現出創意來源理論中的組合理論。組合理論，簡單地說，就是兩者合二為一，比如合金，將兩種金屬組合，結果會是什麼樣子的？不僅物品可以組合，方法、主意、建議都可以組合，進而出現新的事物。事實上，絕大多數新事物都是舊元素的新組合，這種組合往往既簡單又有效，是發明創造中解決問題的好方法。

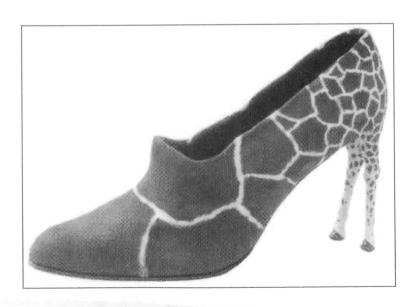

　　兩個已經被人熟知的觀念，或者產品，合併在一起的時候就可能會成為全新的觀念、產品。進行組合創造，大體分為兩種類型：

　　1、兩種完全沒有關係的事物組合在一起，形成一種全新的、有用的新事物

　　電子錶和音樂賀卡就是這種組合的典型代表。手錶和筆本是毫不相關的兩件物品，將它們組合在一起後，成為嶄新的電子筆；音樂與賀卡看起來也沒有什麼關聯，可是組合變成了音樂賀卡。這兩種產品都是臺灣的發明，曾經為臺灣創造大量外匯。

　　2、將相關的東西進行重新組合

　　這種類型與第一種類型相反，進行組合的事物往往具有相關性。比如雜誌書就是一個典型的創造。日本人注意到雜誌出版發行的時效性短，而書籍保留的時間長，於是將兩者結合，發明了Mook，即雜誌書。這個新發明既能滿足書的完整性、長久性，又能保證雜誌的時尚性，可謂一舉兩得。

為了產生創新思想，你必須具備：必要的知識；不怕失誤、不怕犯錯誤的態度；專心致志和深邃的洞察力。

　　　　　　　　　　　　　　　　　　　　　　　　——[美]斯威尼

塞麥爾維斯積極探索創意來源的理論之四——求新理論

求新理論，指的是每個問題都有很多答案，如何創造性地解決問題，就必須開闢新的道路、尋找新的突破點、發現新的聯繫。所有好的發明者、革新者、創造者，對於新知識都有永不滿足的愛好，永不停下求索的腳步，才會走出自我的狹小空間。

在維也納廣場，有一座產科醫生塞麥爾維斯先生的雕像，他被人們稱作「母親們的救星」。關於這段故事，說起來感人至深。

塞麥爾維斯生活在19世紀中期，當時人們還沒有發現細菌，更不知道致病菌是怎麼回事。在這種情況下，醫生們無法正確認識產婦們生下孩子後為何會得產褥熱，更不知道怎麼去預防治療。

有一段時間，塞麥爾維斯負責的病房裡有206位產婦，因產褥熱死了36人，而且其他產婦也有不少人出現了患病症狀。塞麥爾維斯十分焦急，帶領助手們竭盡全力予以救治，然而沒有任何效果。這讓他覺得非常對不起病人，不停地自責，認為這是自己的責任。

前來實習的助手們不以為然，說：「我們已經盡了最大努力，用了所有方法，怎麼能怨我們呢？看來這是她們的命運如此吧。」

塞麥爾維斯斬釘截鐵地否定了助手的話，說道：「這不能歸咎於命運，應該有辦法解決這一難題。」

從此，他開始著手進行調查研究，尋求預防治療產褥熱的新方法。皇天不

負苦心人，他發現了很多奇怪的現象，比如當醫學院學生不來醫院實習時，產褥熱發病率會降低；當有些產婦在就醫途中分娩，進院後不需要醫生檢查時，也往往不會得產褥熱。難道產褥熱與醫生有關？

這一全新的想法使塞麥爾維斯非常震驚，恰在此時，他的一位好友在解剖產褥熱患者屍體時，不幸割破自己的手指，也患上類似產褥熱的病症，不治而亡。從這一事件中，塞麥爾維斯受到更深刻的啟發，他進一步堅定了產褥熱是某種毒物傳染的結果。於是在產科病房中施行消毒措施，果然取得了神奇的效果，產褥熱死亡率大大下降。

後來，巴斯德發現了細菌，證實了塞麥爾維斯的正確。

塞麥爾維斯從全新的角度觀察、考慮問題，進而得到全新的、有用的答案。這是創意中求新理論的作用。求新理論，指的是每個問題都有很多答案，如何創造性地解決問題，就必須開闢新的道路、尋找新的突破點、發現新的關聯。

創造的目的性告訴我們，發明家的創造，就是為了首創前所未有的事物，既包括各種有形物品，也包括各種方法、手段等。透過這些新事物，可以改善、提高人類改造自然的能力，生活得更加美好。所以，創造必須打破原有模式，從新的角度入手。

求新，需要走出自己的領域。美國教育家尼爾·普斯特曼（Neil Postman）在《教學：做為一種起破壞作用的活動》中所說：「孩子可能進入學校時像問號，但離開時像句號。」說明了知識對於創新的約束力。一位優秀的發明者、革新者、創造者不能侷限於已有的知識，而要對新知識有永不滿足的追求和愛好，才會走出自我的狹小空間。

我們以廣告創意為例，看看求新理論從哪些方面入手進行創新發明的？

廣告創意中求新理論有兩方面內容：一是語言求新。在廣告中語言是意義的載體，也是概念的載體，意義重大。一則廣告如果沒有創新的語言，很難實現目的；而一則流傳廣泛，影響深遠的廣告，往往靠其深入人心的語言魅力。

二是感覺求新。人類的感知能力強烈，除了語言外，其他符號，如顏色、線條、聲音都可能是創意的來源。日本人就非常懂得感性創造。1984年，有家名叫「羅曼蒂克」的公司推出一種心形巧克力，這種巧克力的特點在於打開後，裡面寫著一些感人的話，像「請允許我熱吻一次」、「你讓我的人生充滿意義」等，這些別緻的創新贏得消費者喜愛。

> 對商人而言，「有從自由構想和行動中創造新的價值和知識能力」越來越顯重要。
> ——[日]水喜習平

千兩黃金培養創意的三要素

創意是環境、動機與方法三要素相互作用的產物。社會有義務提供自由的環境,這是創意需要的溫床。創意動機無奇不有,激發和保護動機,會促發創意產生。創意的方法具有專業性,也具有一般性。

有一天,閻王發現前來報到的魂魄中出現了問題:有個年輕人,二十幾歲就活活餓死了,可是生命簿上明明寫著他可以活到六十多歲,而且很有財運,這是怎麼回事,難道有人陷害了他?

閻王執法嚴明,決定調查此事,他想了想,首先叫來財神,結果得知財神因為那人具有文學天賦,就把錢財交給了文曲星。閻王一聽,又找來文曲星,問他怎麼回事。文曲星見到那人,說了事情的原委,原來那人很有武功底子,比起文學才華強出許多倍。所以文曲星想,他一定會學武,並有所成就,就把錢財交給了武曲星。

結果,武曲星接到錢財後,卻發現自己不知道如何讓那人拿到錢財,因為那人太懶惰了。無奈之下,他只好把錢財交給了土地公。這時,土地公來到閻王前,嘆口氣說:「哎呀,王爺千歲,那人實在太懶了,我為了讓他得到錢財,在他家地裡埋了黃金,只要他動動鋤頭,就可以挖到黃金,可是他從來沒有幹過活,所以就被餓死了。」

真相大白,閻王不再理論,說了聲「活該」,就將錢財充公,並將那人的魂魄打入地獄之中。

成功是:「百分之一的靈感,百分之九十九的血汗。」對於人生而言,勤奮的作用遠遠大於天賦。儘管這是眾所周知的道理,在現實生活中,還是有很

多具有良好天賦的人終生碌碌無爲，毫無創意可言。這是怎麼回事？

創意不僅是創造者投入腦力活動的成果，而是腦力活動與體力活動、物化活動結合的成果。人人都有創造性的才智和智慧，都有創造的機會，但並非人人都能做出創造成果。這中間存在著很多因素，其中最重要的有以下三點：

1、環境因素

沒有一個自由思維、自由表達、自由討論的環境，創意就會被壓抑，就會失去滋生的機會。俄國就是一個例子，在當今世界，他們的科技可謂先進，然而生產力卻低下。原因何在？因爲他們缺乏組織和制度的創新能力，使高科技難以轉化爲高生產率。

創意是一匹駿馬，喜歡自由奔放，它不願意終日栓在馬廄裡，被人看管。事實上，看管是創意的敵人，在缺乏平等的氣氛裡，創意會鬱鬱而終。只有寬鬆的環境，容忍的態度，創意才會自由自在地翱翔。

多數情況下，創意是在一次次錯誤之後才有碩果的。愛因斯坦到普林斯頓大學工作，當他來到辦公室時，工作人員問他需要什麼用具。他除了要求常規辦公桌椅外，還特別強調要一個大的廢紙簍。工作人員不解：「爲什麼要大的？」「好讓我把所有的錯誤都扔進去。」愛因斯坦回答。失敗乃成功之母，如果不能允許錯誤發生，不能原諒犯錯誤的人，誰能保證一次得到想要的創意？

一個社會、一家公司、一個人，要想進步和發展，就必須培養創新精神，不要讓創意枯竭。很多人，很多時候，因爲害怕錯誤而

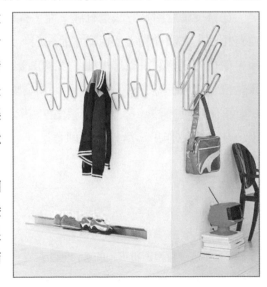

不敢創意，這是最大的損失。創意與環境密不可分，如果創意得到社會的認可和鼓勵，創意活動自然增加；社會對於創意有責任，社會有義務提供自由的環境，這是創意需要的溫床。

2、動機是創意的源泉

事實證明，只有動機越強烈的時候，創意活動才越頻繁。激發各種動機，會提高創意積極性。創意動機各式各樣，無奇不有，如何適當地激發和保護它們，是創意需要的第二要素。鍍金手錶就是創意動機促發的產物，人們很喜歡金錶，可是黃金價格昂貴，不是一般人可以購買得起的，於是人們就用其他金屬代替黃金，在表面上鍍一層金。這種手錶外型美觀，幾乎可以亂真，很受消費者歡迎。

3、方法是創意實現的途徑

創意的方法很多，一般來說，不同領域有不同的創意方法，不過，很多方法也是通用的。比如頭腦風暴法，就是把不同專業的人集合一起，從不同角度提出毫無任何限制的多種方案方法，從中找出創意點子來。

在科技創意中，方法也有專業性，有時候需要具備一定專業知識或理論，並有相當專業設備的人或組織才能完成。比如科學家曾經觀察「飛蛾撲火」現象，他們先是猜想燭光是一種「類微波激射」的紅外頻譜發射源，所以能吸引夜間飛行的飛蛾。然後，他們才不斷用實驗去驗證猜想的正確性。

不管哪種方法，都是創意產生的途徑，只有在一定環境下，在動機刺激下，才會發生作用。所以說，創意是環境、動機和方法三要素相互影響的產物。

「所謂創意，就是不折不扣的舊元素的新組合。」

——[美]詹姆斯・韋伯・揚

老農插秧啓發總裁大腦

做為一個未來的總裁，應該具有激發和識別創新思想的才能。不僅要自己善於拿出好主意、好辦法，更要很好地領導員工，創造財富，還要懂得培養和發現其他人的創意潛能。

一位博士工作累了，就到附近田間散步，偶然看到有位老農正在插秧，秧苗插得又快又直。他觀察一會兒，覺得十分神奇，有心了解插秧的訣竅，就上前詢問。

老農見來了位博士向自己提出問題，很感動，就熱情地遞過去一把秧苗，請博士自己試試。

博士很想體驗民間勞動，遂脫鞋挽褲，抓著秧苗下了田。他彎著腰細心地插秧，還不時抬眼瞅瞅有沒有插直。等他插了一段距離後，站立起來一望，不由大驚，原來他插的秧橫七豎八，不成樣子。這是怎麼回事呢？

這時，老農告訴博士，插秧時應該盯著前面的一個目標，這樣就容易插直了。博士恍然大悟，心想這麼簡單的道理我怎麼沒想到呢？於是趕緊尋找目標，發現了遠處有頭水牛，就以牠為目標，再次彎腰插秧。

然而，出乎博士意料的是，當他再次直立起來觀望時，看到自己插的秧苗依然歪七扭八，不在一條直線上。他只好再次向老農請教。

這次，老農笑起來，他說：「水牛總在動，盯著牠當然插不直了，你要盯住一個不動的目標，這樣才行啊。」博士徹底明白了，當他以一棵樹為目標去插秧時，果然整齊多了。

　　這個簡單的小故事講述一個大道理：人不能沒有目標，也不能總去變換目標。當今社會，每一家公司都渴望成功，都希望擁有更多創意人才，及早創新，實現飛躍。可是怎麼樣才能做到這一點呢？

　　在一個公司裡，總裁無疑是決定其成敗的關鍵人物，他除了必須明確一個不輕易變更的奮鬥目標外，還要從自身做起，盡力開發自己的大腦。這才是公司取得成功的基本保證。美國管理學家斯威尼說，做為一個未來的總裁，應該具有激發和識別創新思想的才能。這一才能包括兩點：一位優秀的總裁，不僅要自己善於拿出好主意、好辦法，更要很好地領導員工，創造財富，還要懂得培養和發現其他人的創意潛能。

　　創造性思維來自於大腦。大腦是一個寶庫，蘊藏著無限創意。做為總裁，可以從閱讀創意方面的文章開始，接觸多方面人才，接受來自不同方向的意見

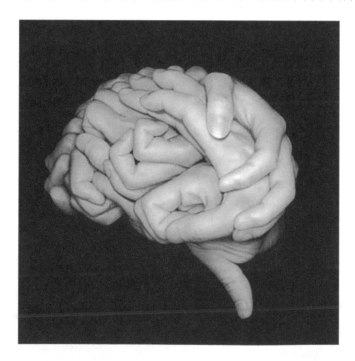

和建議。這是吸收新思維營養的好方法，會更快地轉變和提高一個人的思維能力。

　　任何一個人的頭腦構造都不遜於他人，任何一個人的成長背景都有著利於創意的一面。目前，社會和經濟環境為人才成功創造了良好氛圍。做為公司總裁，可以主動接受創意培訓，積極宣導創意氛圍。帶領和激發員工的創意熱情，吸納來自不同環境的創意智慧，這樣一來，就可以從整體得到提升。為了鼓勵創意，不少公司總裁將創新活動制度化，並推出有關機構。IBM就推出了「革新人員計畫」，在IBM公司裡大約有45位「革新人員」，對外有各種代號，例如夢想家、創見者、討厭鬼、叛徒、天才等等。每位「革新人員」的任期是5年，在這段時間裡，他可以完全隨心所欲地從事他唯一的任務，那就是革新制度。

　　熱情是創意的驅動器，一位朝氣蓬勃的總裁總會帶給員工積極向上的力量。熱衷於自己的事業，促使大腦活動，如果毫無思想壓力，這樣的公司毫無創意可言。

　　最後，總裁還要了解一定的創意技巧。創意技巧也許並不明顯，或者過於花樣化，但是只要多觀察、多思索、多接納不同的資訊，就會得到新鮮的空氣，充滿創新的活力和欲望。

做為一個未來的總裁，應該具有激發和識別創新思想的才能。

——[美]斯威尼

不會飛的鷹啟發員工大腦

員工們在學歷、素養、年齡,各個方面存在很大差異,要想進行統一開發,就必須掌握一定技巧。要放寬環境,降低條件,鼓勵他們大膽提出創意建議和構想。經常舉行全體員工腦力創意活動,激發積極性。公司既要開發員工大腦,還要鍛鍊員工自我開發的能力。

高山之巔有一個鷹巢。一天,一位獵人在這裡抓到一隻幼鷹,把牠帶回家去,養在了雞籠裡。

這隻幼鷹和小雞一起成長,牠們一塊啄食、嬉鬧、休息,幼鷹以為自己就是一隻雞。

這隻鷹慢慢長大了,羽翼豐滿,體格壯碩,主人想把牠訓練成獵鷹,就把牠放出來,讓牠飛翔。可是,由於終日和雞混在一起,鷹已經變得和雞完全一樣,根本沒有飛的意願了。

主人嘗試了各種辦法,都沒有效果,最後,他帶著鷹來到山頂,將牠扔了出去。

這隻鷹像塊石頭似的,直直掉下去,慌亂之中,牠只好拼命地撲打翅膀,就這樣,牠終於飛了起來!

置之死地而後生,鷹的故事告訴我們,能力有時候是逼出來的。在現代企業中,如何開發員工們的創意潛能,調動他們的積極性,是關係企業前途的重要課題。

公司的堅實根基是全體員工,只有對他們的大腦進行全面開發,才是公司發展的保障。可是員工們在學歷、素養、年齡,各個方面存在很大差異,要想

進行統一開發，就必須掌握一定技巧。

1、要放寬環境，降低條件，鼓勵他們大膽提出創意建議和構想。

無論創意者資歷如何、學歷怎樣，對於創意，一律採取歡迎、珍惜、愛護、重視、平等對待的態度。即使有的創意荒唐、荒謬、沒有什麼實用價值，都要給予表揚或獎勵。有些公司推出規定，每位員工每年必須犯兩次以上創意方面的錯誤，如其不然，就算失職。

2、經常舉行全體員工頭腦創意活動，激發積極性。

人的大腦有1000億腦細胞，只有開動腦筋，打開「思想的眼睛」，才有可能「看見」理想的實現。如果長時間沒有創意思維，腦子就會生鏽，變得遲鈍，這不但妨害個人能力，還會危及整個公司安全。在日本，許多企業十分注重開發員工大腦，啟發他們的創造性思維。有家造紙廠，每天都要處理大量廢液，為此不少專家提出過很多建議，卻都效果不佳。後來，這家公司推行員工腦力創意活動，結果一位普通員工提出了將廢液中混入沙子，從下方噴入空氣，使它們燃燒的方法。這一提議簡直就是「無稽之談」，在專家看來猶如「胡說八道」。可是工廠還是決定試驗一下。沒想到，這一試效果極佳，從此，新型流動爐宣告誕生。這一發明很快普及世界，成為造紙業處理廢液的首選產品。

3、公司既要開發員工大腦，還要鍛鍊員工自我開發的能力。

這是一個日新月異的時代，如果一味等待總裁組織開發，勢必造成時間和才智上的浪費。做為員工，也應該主動開發自己的大腦，想辦法，出主意，從自己的創意DNA出發，重新尋找發現世界的模式。在中國，用鑽探方式採鹽已有數百年歷史，可是1859年，愛德溫‧德雷克卻嘗試用這種方式開採石油。他成功地發現了「黑金」，現代石油工業由此誕生了。

> 如果在做出確認的目錄之前，能保留判斷的話（在同一時間內），即可創出將近兩倍的優秀創意。
>
> ——[美]亞歷斯‧奧斯本

「抱娃」由創意走向決策

決策，就是決定對策，是個人或群體決策者為實現某確定的目標，對所準備的一些策劃方案的選擇或綜合。簡言之，就是「拍板決定」。一般來講，先有建議、策略，後有創意，再有策劃，最後才有決策。

日本有個商人，名叫佃光雄，有一次，他推銷一種叫「抱娃」的玩具，效果不佳。他刊登廣告宣傳，可惜還是無人問津。在這種情況下，佃光雄只得從百貨公司把這種黑皮膚的「抱娃」取回來，堆放在倉庫裡。

佃光雄有個養子，是一個肯動腦筋的青年。在從百貨商店撤回「抱娃」的過程中，他注意到一種身穿游泳衣的女模特兒模型，有一雙雪白的手臂。這給他深刻印象，他想：假若把這種黑色的「抱娃」放在女模特兒模型雪白的手腕上，那真是黑白分明，格外醒目。透過這樣的鮮明比對，說不定顧客會喜歡「抱娃」。

他把自己的想法告訴佃光雄，得到認可後，立即與百貨公司交涉。百貨公司聽說又要把不好賣的「抱娃」拿回來，並不同意。於是他極力陳述自己的主意，經過一番說服，最終取得百貨公司同意。

當女模特兒手持「抱娃」的形象推出後，吸引了所有人的目光。凡是走過女模特兒模型前的年輕女子都會情不自禁地打聽：「這個『抱娃』真好看，哪兒有賣的？」原來無人問津的「抱娃」一時成為搶手貨。

「抱娃」熱銷，給佃光雄和他的養子極大鼓舞，後來，這個青年又想出一個辦法。他請了幾位白皮膚的女孩子，身著夏裝，手中各拿一個「抱娃」，在東京繁華熱鬧的街道上「招搖過市」。結果，這不僅吸引了大量的過往行人，

連新聞記者也紛紛前來採訪。第二天，報紙上競相刊登出照片和報導，東京因此掀起了一股「抱娃」熱。

只要有心，總會發現解決問題的辦法，將不可能的事變為可能。這就是尋找創意的過程，日本商人是這方面的高手，他們一次次的成功告訴世人：創造性思維不難，將想法變為現實也不難。他們究竟是如何做到的呢？

在創造性思維中，我們會聽到很多概念，像建議、策略、策劃、決策等。企業也好、個人也罷，創意的最終走向是決策，只有決策才會將一切想法變為現實。下面我們以企業為例來分析決策的產生過程。

決策，就是決定對策，是個人或群體決策者為實現某確定的目標，對所準備的一些策劃方案的選擇或綜合。簡言之，就是「拍板決定」。一般來講，先有建議、策略，後有創意，再有策劃，最後才有決策。

首先，建議和策略是點子，是提出「可以做什麼」、「可以怎麼做」的創造性思維的結果，它們的針對性強。比如針對某一問題提議採取「木馬計」，這就是建議和策略階段，並不一定是完整、系統的計謀，只是一種方法、一種含有新意的「點子」，在企業經營過程中，這種「點子」時常被採用，並得到推廣，比如各種促銷「點子」。

其次，在「點子」的基礎上，進一步思索就是創意，這是一種將建議和策略相結合產生的有價值的

創造性意念，是一種全新的戰術性思路。創意是策劃的核心，再加上對創意的擴展、修改、深入、補充等進一步的具體構思，便可以逐步形成一項完整的策劃。

策劃是以創新爲本質的系統工程。策劃是一項戰略性活動，是一項全局性活動，具有策略性和創新性兩個特點。所以策劃是針對明確而具體的目標，透過各種資訊的啓發，對由一定的建議與策略構成的創意，做出具體的構思和設計，並形成系統而完整的方案的整個運籌工作。

最後，有了策劃，就需要做出決策，它才是創造性思維活動的結果。對於企業來說，經營的核心問題是決策。只有從精神、知識、觀念、思路多方面加以創新的條件下，透過經營策略的創新，才會策劃出新的經營決策。決策有一項原則需要注意：一個創意方案時不能決策。決策前，要先構思多種可能方案，拓寬思路，經過比較、綜合、選擇，最終做出決定，這樣的決策會更加優化。

經營策劃的核心是創意，創意的根本在創新。希臘的一位哲人說過：「人不可能兩次踏入同一條河流。」每一個成功的創意都只適用於一定的具體環境和條件，世事變化無常，只有對策略進行創新，才能運用於經營決策。

有一件事情是十分清楚的：創新思想不是那些專門從事開發創新思想的人的專有領地。

──[美]斯威尼

偉人並非永恆的創意機器

何謂智力管理？有人將之描述為這樣一個過程：透過員工隊伍收集成百萬的創意，然後把其中最好的變成能銷售的產品系列。這是針對企業而言，對於個人來說，智力管理可以說是恰當地開發、運用智慧，並最終實現個人價值的過程。

巴爾扎克是舉世聞名的法國作家，他一生創作了很多偉大的作品。他執著於創作，為此曾發生過很多感人的故事，其中有一次，他寫作特別投入，無時無刻不在思索文章的情節。這天，有位朋友來訪，巴爾扎克依然沉迷於自己的作品中，忽然衝過去大喊道：「妳，妳這個不幸的少女自殺了！」

朋友吃了一驚，連忙出去了。後來，經過詢問才知道巴爾扎克寫作入了迷，口中所言少女是他小說中的一個人物。

與巴爾扎克一樣，沉迷於自己事業的偉人還有很多，另一個故事說的是物理學家安培。

一天黃昏，安培走上街頭散步，腦海裡卻始終盤算著物理題目。這時，他看到眼前有塊「黑板」，就走過去演算自己的問題。可是，他沒有注意到「黑板」會向前移動。

安培全神貫注，隨著「黑板」不停地繼續計算著。這一奇特景觀吸引了所有的散步者，他們不由哈哈大笑起來。

在眾人的笑聲中，安培才發現，自己演算的「黑板」竟然是輛黑色馬車的車廂背面。

上面兩個故事告訴我們，偉大人物並非天生聰明，而是善用智力，這是他們成功的關鍵。

將智力運用到該用的地方，這是智力管理問題。何謂智力管理？對於企業而言，就是透過員工隊伍收集成百萬的創意，然後把其中最好的變成能銷售的產品系列；對於個人來說，智力管理可以說是恰當地開發、運用智慧，並最終實現個人價值的過程。

在現今經濟時代，企業所擁有的知識成為其核心競爭力的源泉。而如何管理知識以及知識型員工，成為企業面臨的一個全新挑戰。由此提出了智力資源管理概念。在企業中，智力資源管理的核心部分就是將智力資源達到最大化的發揮和運用，進而使腦力勞動產生最大效益。

3M公司非常注重智力管理，上百年來，它始終貫徹「成為最具創意的企業，並在所服務的市場裡成為備受推崇的供應商」的目標，不斷進行改進創新，得到世人的廣泛稱讚。惠普公司將它視為自己的榜樣，柯林斯和波拉斯更是在他們的名著《企業精神，貫徹始終》一書中，稱它為真正獨一無二的企業。

　　可見，智力管理在企業經營中具有無與倫比的關鍵性，目前，智力資源管理一般具有以下特徵：

　　1、智力資源管理的核心內容是對人進行管理。智力資源管理的實質，就是對企業的員工進行有效的運用和開發。3M公司有一項針對所有部門的政策，即過去5年中新推出產品和服務的銷售收入，必須佔總收入的30％。這一政策促使各個部門的員工必須不斷動腦筋，想辦法進行創新，以求達成目標任務。

　　2、智力資源管理的過程和目的是充分發掘員工的潛力，獲取企業發展所需要的各種隱性知識並使之顯性化，進而實現知識的傳播和創新。3M公司執行副總裁Ron Baukol曾經說：「再有創造，再有創意，只要不能用於顧客，一切都是枉然。」他認為，合理開發員工智力必須與市場、顧客相結合。

　　對於智力資源，3M有一個頗具典型意義的做法，這就是「15％規則」：如果一個員工有了新創意，就用15％的工作時間深化其創意。在此基礎上，他可以尋求專業工程人員幫助，進一步完善創意，並付諸於製造、行銷階段。這一管理措施，無疑可以使得每個創意都能得到延伸，不至於白白浪費。

　　3、智力是存在於人腦中的特殊資源，智力資源管理應該以企業現有的人力資源管理框架為基礎，結合心理學、行為學等，對企業智力資源進行有效控制、管理和激勵。

　　3M公司認為創新能力不等於創造力，兩者的區別是3M建立遠景的基石。亞太分公司副總裁Tony Gastaldo說：「創造僅指有閃光的思想。創新則指思想具有操作性，並能付諸實踐。」

獨創性作品如彗星閃耀，所向無敵，無物可比，為眾人所矚目……

——[英]楊格

第三篇

創意與創新

綠色飯店
體現創新概念

創意本身也許不含任何價值，但它是創新的起點、前提，也是創新的靈魂和主線，沒有創意就沒有創新，就不可能實現價值。創意→創新→創造→獨創→創意……這是一個由低到高的循環性過程。

在美國紐約有家飯店，由於經營不善，面臨倒閉。這天，飯店老闆的一位朋友來訪，與老闆談論起飯店經營之事。老闆嘆著氣說：「不行啦，競爭太激烈，我看只好關門大吉了！」說完，領著朋友到飯店後面的空地上散心。

這是一片空曠的平地，面積不小，四處生長著雜草，看樣子很久沒有派上用場了。朋友在平地上走了幾圈，忽然靈機一動，對老闆說：「我有辦法了。如果你照我想的去做，飯店生意肯定會興盛起來！」

老闆連忙追問：「什麼好主意？」

朋友回答：「綠色飯店。」說完，他向老闆講了自己的想法。

第二天，飯店大門邊貼出一則告示，上面寫著：本飯店準備推出植樹紀念計畫，如果您有興趣，可以在用餐後種下10棵樹。告示貼出後，立即吸引很多人，大家都來詢問這項計畫的詳細內容，並踴躍參與。

結果，飯店的生意一下子好轉，前來吃飯植樹的人絡繹不絕。

幾個月後，飯店後面的空地變得樹木蔥鬱，一派生機，不少顧客漫步其中，享受著綠色氣息以及勞動的成果。很多曾經種下樹苗的顧客，對此念念不忘，專程前來看望，使得飯店的生意旺上加旺。

綠色飯店不愧爲創新之舉，爲飯店老闆贏得事業成功。那麼什麼是創新？它與創意有何異同？

首先，創新不是創意，簡單地說，它是利用已存在的自然資源創造新東西的一種手段，一種方法。可是創新又離不開創意，實際上，每次創新都是以創意爲起點和前提的，是創意的物化表現。所以，創意是創新的靈魂，沒有創意就沒有創新，就不可能實現價值。

其次，創新常常用來指新技術，1912年美籍經濟學家熊彼得的《經濟發展概論》首次將創新引入生產體系。60年代，美國經濟學家華爾特‧羅斯托將「創新」的概念發展爲「技術創新」，進而使得「技術創新」成爲「創新」的主要涵義。從此，創新成爲經濟領域的重要概念和手段。但是，許多創新既不是新技術，也不涉及新技術。例如，麥當勞推廣的自助速食理念，是指以一種不同的方式經營餐館，並不涉及技術突破。

再有，創新也不是發明。毫無疑問，新產品或新發明是創新的結果，但這並非創新的精髓所在。創新涵義廣泛，一切創造財富的活動都是創新，其中包

括創造社會福利的新產品、新的商業流程模式，以及新的組織結構形式等等。

　　當今社會，創新在生產工序和服務方面，得到更多更快發展。1981年，英國王子查爾斯和王妃舉辦世紀婚禮時，吸引了成千上萬的商家參與進來，宣傳自己的產品。他們有的在包裝盒上印上王子和王妃的照片、有的在報刊雜誌大做宣傳廣告，以求大發橫財，可是一家經營望遠鏡的公司卻獨出心裁，走出一條創新之路。當天，他們在前擁後擠的人海中推出一車車「觀禮望遠鏡」，為想一睹王子王妃風采的人們服務。結果，人們蜂擁而上，將望遠鏡搶購一空。該公司推出的並非新產品，而是一項新服務。

　　總之，如經合組織的約翰·德賴登所說：「我們堅信，讓地球轉動的不是愛，而是創新。」創新已經成為改變人們生活的重要途徑，成為促進生產率的主要方法，在未來將會發揮更大的作用。

　　這些創意中，99%都沒什麼價值，因為創意本身不含任何價值的情形也有，無法找出價值的情形也不少，但是，無論如何，最後一個創意說不定是全世界最優秀的創意。

——[美]亞歷斯·奧斯本

五金店女老闆的創新問號

美國許多大企業都有一項規定：員工凡是因創新而給企業造成損失，不追究任何責任。允許犯錯，為創新打開必經之門，沒有犯錯，也就沒有創新。羅莫爾是「新增長理論」的創始人，他認為，生活水準的提高更多地取決於創新，而不是取決於物質資本的累積。

有位女士，用有限的資金開了家五金店。當時，市場競爭激烈，而這位女士又沒有什麼經驗，她如何讓自己的事業生存下去呢？

這位女士非常愛動腦子，也善於經營自己的想法。開業後，她發現自己每天都會產生很多構思、很多問題，而這些構思、問題如果不記錄下來，很快就會消失殆盡了。於是，她每天都花時間記錄自己的想法，並且每星期進行一次大整理。在整理中，她細心地檢視每個構思，從中考慮哪些可以應用於實踐？怎麼樣才能比較可行地改善業務？

她十分清楚自己的目的，那就是更多的顧客上門，更多的顧客購買商品。有一次，她從自己的構思中看到一條資訊：讓顧客提出建議，她覺得很有用，就採取了「建議式銷售技術」。結果，這項措施推出後，顧客們本來不打算買東西的，在提出一些合理化建議後，也會主動購買商品，銷售業績一下子提高了三分之二。

還有一次，這位女士想到吸引兒童上門，可以吸引更多成年人。可是五金店內大多是枯燥的商品用具，孩子們會喜歡什麼呢？她經過思索，在供應4至8歲小孩的產品堆中，多加一排小型的紙玩具。這個方法效果明顯，不但吸引了更多人，還賣出去了很多玩具，為她贏得額外收入。

在這種不懈努力中，這位女士的五金店生存下來，而且在短短幾年時間內將業務翻倍，連續開了幾家連鎖店。

不斷地思索和反問，促使更多創新行動誕生，故事中的女主人公可謂創新高手。好問是創意能力的表現，一個不受「規矩」約束的人，一個勇於提問，總是想出與眾不同主意的人，往往是一個創新者。

羅莫爾是「新增長理論」的創始人，他認為，生活水準的提高更多地取決於創新，而不是取決於物質資本的累積。無論是微軟、通用汽車，還是麥當勞、可口可樂，創新是他們的靈魂。從企業誕生的第一天起，不斷地創新將他們從微小的公司一步步推上世界一流公司的行列。所以，相對於創新來說，物質資本常常顯得微不足道，有些人、有些公司在面對挫折時，不去積極創新，而是幻想著「等到我們公司成長大了」、「等我有錢了」。殊不知，這些想法是公司倒閉、個人失敗的根本原因，而不是發展、成功的路徑。

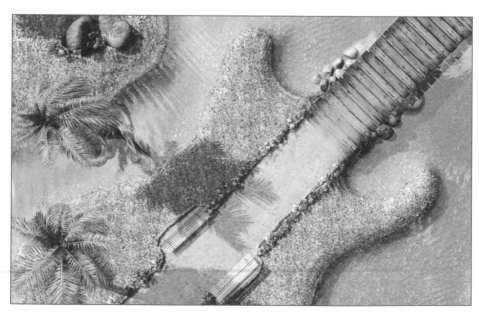

那麼，創新來自哪裡？為何具有如此重要的意義？

創新來自創意，要想創新，就要善於接受各種創意，丟棄「不可行」、「辦不到」、「沒有用」、「那很愚蠢」等消極思想。在美國、許多大企業都有一項規定：員工凡是因創新而給企業造成損失，不追究任何責任。允許犯錯，為創新打開必經之門，沒有犯錯，也就沒有創新。嬌生公司的信條之一就是：「你必須願意接受失敗。」愛默公司也強調失敗對於創新的影響，他們指出：「你需要有承擔失敗的能力。除非你肯接受錯誤，否則你不可能有任何創新、突破。」從這點講，創新來自於不斷的失敗。

創新還要具有實驗精神。如今，高科技發展日新月異，新產品層出不窮，新服務更是花樣不斷翻新，要想長久地佔領市場，除了創新，別無二法。這時，就需要大膽地實驗精神，勇於進行新的嘗試，進而有所發明、發現。在日本，有家生產吹風機的公司，他們嘗試著用吹風機烘乾被褥，結果發明了被褥烘乾機。這是實驗精神帶來的成果。

另外，創新要有懷疑精神。懷疑是求新的前提，魏格納因為看到南美洲東海岸線和非洲西海岸線的形狀如此嚴密地凹凸咬合，懷疑它們曾連為一體，進而提出大陸漂移學說。「小疑則小進，大疑則大進」，沒有懷疑，也就沒有進步。沿著懷疑的道路探索，是創新的常見做法。市場競爭的核心是創新競爭，在一切都快速變化的資訊時代，從習慣快速應變、懷疑現有模式，到另闢蹊徑，無不是創新的體現。鼓勵創新和激情，它們是經濟價值的源泉，重新創造自己，贏家永遠是那些大膽好奇、瘋狂進取的人。

就一個具體的創新目標的實現情況來說，真正決定勝負的，則是創新者確立目標的正確和迅速實現目標時的毅力。

——[中]朗加明

137

20美元鈔票
展示多種創新分類

創新活動內容很廣，大體可以體現在以下四個方面：1、科學發現、發明、創造、技術革新等。2、引進新產品、引用新技術、開闢新市場、控制原材料的新供應來源和實現企業的新組織。3、泛指創造任何一種新的事物。4、創新精神。

在一次討論會上，一位著名的演說家登臺了，他沒講一句開場白，手裡卻高舉著一張20美元的鈔票。面對會議室裡的200多位聽眾，他問：「誰要這20美元？」話音一落，一隻隻手舉了起來。

演說家看看眾人，接著說：「我打算把這20美元送給你們中的一位，但在這之前，請准許我做一件事。」他說著將鈔票揉成一團，然後問：「誰還要？」仍有人舉起手來。

他又說：「那麼，假如我這樣做又會怎麼樣呢？」他把鈔票扔到地上，又踏上一隻腳，並且用腳碾它。在眾人詫異的目光中，他撿起鈔票，鈔票已變得又髒又皺。他大聲說「現在誰還要？」依然有人舉起手來。

「朋友們，」演說家環顧四周，而後意味深長地說，「你們已經上了一堂很有意義的課。無論我如何對待那張鈔票，你們還是想要它，因為它並沒貶值，它依舊值20美元。人生路上，我們會無數次被自己的決定或碰到的逆境擊倒、欺凌甚至碾得粉身碎骨。我們覺得自己似乎一文不值。但無論發生什麼，或將要發生什麼，在上帝的眼中，你們永遠不會喪失價值。在祂看來，骯髒或潔淨，衣著齊整或不齊整，你們依然是無價之寶。」

　　演說家以新奇的方式給聽眾上了精彩的一課，這足稱得上是創新之舉。只要有新意，就算得上創新。1970年，美國作家普林斯在《活用創造力》一書中指出，創造力是一種不斷的創新。

　　創造力人人有之，這是上帝賦予人類的禮物，是天賦。創新活動內容廣泛，涵蓋了創造和革新領域的所有內容。長久以來，人們總在爭論創造和革新的區別，實際上，這兩者之間沒有太多差別。無論如何，創造和革新都是創造力的表現，可以體現在以下四個方面：

　　1、科學發現、發明、創造、技術革新等，是科學技術上創造性成果的一種泛稱。火箭是向空中發射的，但是人們要了解地底下的情況，將火箭改為向地下發射，就發明了一種探地火箭。

　　2、西方經濟學家熊彼得的「創新理論」中提出的一種概念，包括引進新產品、引用新技術、開闢新市場、控制原材料的新供應來源和實現企業的新組織

五種情況。收音機、電視機、微機的體型變化，就是不斷創新的結果。從最初體積龐大、結構複雜的機器，經過多次改革，出現了許多小型的，甚至超小型的機器，方便了人們的攜帶和使用。

3、泛指創造任何一種新的事物，這種創新概念可應用於各種社會事業：沒有任何的事情是完全原創的，即使偉大的荷馬與莎士比亞都是如此。

4、創新精神，就是我們常說的「開拓創新」。蘇黎士原來並不是一個非常有生機的城市，沒有自己的品牌，缺少創新意識。透過創新，樹立自己的品牌，就可以將自己的品牌效應提升上來。

創新沒有優劣強弱之分，我們應該從創意精英、創造目標、創造技巧及創意產物開始，設想如何實現更多更有價值的創新。

長久以來，在人們心目中，創新就是發明創造，就是革新技術，其實創新在理論、文藝、經濟和社會研究各個領域的作用也很大。比如說街舞、RAP，都是創新。就企業來講，創新除了包括新產品、新工藝、新服務的創造和改進外，也包括新生產方式、新組織體制和新管理系統的建立和運行，還有新資源（人、才、物、資訊）的開發和利用，以及新需求、新供給、新市場的開拓與佔有等等。

煮一碗第一流的湯，超過繪一幅第二流的畫。

——[美]馬斯洛

男人穿女襪
演示創新和知識的關係

創新是創造性思維達到創造性結果的活動，它源於知識又高於知識。知識的特點是已知、已有，創新的真諦卻是凡已有的都算舊的，它在舊的基礎上進行新的創造。

20世紀70年代，美國男棒球明星喬·拉密士曾經為一家婦女絲襪公司做過廣告，這聽起來匪夷所思，可是廣告取得轟動性效果，使公司的新產品「美的思」女絲襪一夜間家喻戶曉，掀起購銷熱潮。

在這則著名的廣告中，喬·拉密士雙腿穿上透明女絲襪，一開始畫面上只出現他的雙腿。這雙腿線條優美、曲線動人，讓人聯想到一位苗條少女的風姿。這時，畫外音響起，有位動聽的女性聲音傳來：「所有的美國女士們，我們將向您證明，『美的思』牌長筒絲襪可使任何形狀的腿變得更加美麗。」同時，畫面慢慢上移，牽動著觀眾的視線，所有人都在渴望一睹廣告中模特兒的面容。

出乎意料的事發生了，這位讓人為之心動的模特兒竟然是喬·拉密士，一位超級男棒球運動員，而非年輕少女！此時，喬·拉密士一臉笑意，對著觀眾們說：「我並不穿女絲襪，不過，既然『美的思』絲襪能讓我的腿變得如此動人，相信你穿上它，也會更加美麗。」

　　男人穿女襪，這個創意比女襪品質本身更具有吸引力。由此我們聯想到創新與知識之間的關係。創新是創造性思維達到創造性結果的活動，它源於知識又高於知識。

　　知識的特點是已知、已有，它不等於能力，卻是能力的基礎。一個人缺少某一方面的知識，很難在某一方面有所突破。一個有所創造的人，即使未受過專門系統的教育訓練，他必定在實踐活動中經過自己的鑽研和探索，掌握了一定的知識和經驗。當初，札克不過是一個普普通通的公務員，每天按時上下班，領取固定薪水，除此之外，他唯一的愛好就是溜冰。他如此癡迷溜冰，以致於到了夏天，也想到室內冰場去過過癮。可是他的收入有限，無法滿足室內冰場高額的入場費用，因此只好常常暗自嘆氣。有一天，當他再次來到室內冰場，看到進進出出的人群時，忽然心裡一動：在鞋子底下裝個輪子，不就可以在普通的路面上「溜冰」了嗎？這一想法讓他激動不已。經過一番鑽研，他終於研製完成了第一雙冰鞋，並創辦了roller-skate工廠。結果，冰鞋一經問世，立即得到來自世界各地人們的歡迎。如果札克不是個溜冰迷，不了解溜冰的有關知識，相信他也不會發明冰鞋，更不會創辦roller-skate工廠，成就如此偉大的事業。

　　英國哲學家培根說：「知識就是力量。」一個人的知識經驗越豐富，產生創新設想的可能性越大。創新需要思維，思維需要知識，在一定程度上，知識是創新的源泉。英國著名的生物學家達爾文創立生物進化論，就是在掌握了廣泛的知識基礎上取得的成就。長期以來，他自己廣泛採集各式各樣的生物標本，累積相關知識，並不斷向他人請教有關的生物學方面的知識，經過這樣艱苦的日積月累，他終於有所啓發和收穫，創立了偉大的生物進化論。

　　在實踐當中，很多時候不少創意帶有幻想、暢想甚至猜想的痕跡，但是這往往是創新的起始階段，隨著創新的進一步深化，必定需要相關知識來加以啓發，才能最終實現。所以說，植根於科學土壤中的創意，才是揭示新的內在聯

繫的能力，是理智地改變世界、創造未來的能力。

可是，創新的眞諦卻是凡已有的都算舊的，它在舊的基礎上進行新的創造。創新的革命性、創造性，「是一個民族不竭的靈魂」。愛因斯坦說：「想像力比知識重要，因爲知識是有限的，而想像力包括著世上一切，推動著進步，並且是知識進化的源泉。嚴格地說，想像力是科學研究中的實在因素。」

因此，有心理學家說：「有創造力就是說，盡可能忘掉學校裡所學的東西」。毫無疑問，創意在設計我們的未來，創新比知識更珍貴。不少諾貝爾獎得主都認爲自己成功的關鍵在於創新意識，而不是知識。被譽爲「全人類的偉大夢想家」的俄國數學家康士坦丁‧齊奧爾科夫斯基在1883年提出了太空船、星際空間站、「火箭列車」、「多級火箭」等創意，這就是著名的人類「星際航行三部曲」。在這一創意指導下，人類正在一步步走向太空，走向宇宙。如果沒有創意，沒有想像，恐怕時至今日，很多科學家都不敢夢想能夠走出地球。這就是創意高於知識的偉大之處。

如今，越來越多的人注意到創新的重要性，《紐約時報》曾經推出未來10年可望夢想成眞的一些科技新創意，像永遠不必割草，設法培植出整齊劃一的草坪等，這一活動顯示出人們對於創新的渴望，對於未來的美好憧憬。

從上述分析可以看出知識和創新之間的關係，正如歌德曾經說過的：「創意是以實際爲依據的『精確的幻想』。」在人類進入以科技爲主導的新世紀，在創意的價值更顯重要的今天，讓我們明確一點：知識並不等於智慧，但是它可以昇華爲智慧，這時就能產生創意。

人要是知道民衆是無窮無盡的精力的源泉，是唯一能夠把一切變成必然的，把一切幻想變成現實的源流──這些人才是有幸福的！

──[俄]高爾基

日本財閥的創新思維

創造性思維與複製性思維不同，這種思維方式是為解決實踐問題而進行的具有社會價值的新穎而獨特的思維活動。或者說，創新思維是以新穎獨特的方式對已有資訊進行加工、改造、重組，進而獲得有效創意的思維活動和方法。

說起日本大阪富豪鴻池善右，他意外發明清酒，進而一舉成為全國十大財閥之一的故事，長久以來，被人們廣為傳說。

最初，鴻池善右不過是個小商販，他走街串巷，買賣來往，像大多數小商人一樣慘澹經營著自己的生意。

可是偶然的一個機會，他的命運發生了改變。這天，由於做飯的傭人做事不利，鴻池善右十分生氣地批評了他。傭人不服氣，認為自己沒有做錯，與他頂撞了幾句。鴻池善右很惱怒，以從沒有過的嚴厲態度訓斥傭人。傭人很生氣，夜裡，他越想越氣，翻來覆去睡不著覺。天快亮時，他爬起床，悄悄來到廚房，抓起火爐中的灰灑進各個酒桶裡。這是鴻池販賣的酒，當時，日本酒都是混濁的，還沒有今天市面上所賣的清酒。

傭人的氣消了，但也很害怕，於是慌慌張張逃走了，再也不敢回來。

再說鴻池善右，天亮時起來查看酒，驚訝地發現酒桶裡的酒都變清了，桶底還有一層沉澱物。他趕忙舀起酒嚐嚐，發覺味道還不錯，這才放心。不過，他是個細心的人，沒有就此放下這件事，而是一心鑽研其中的奧妙。經過他不懈努力，他終於查到濁酒變清的原因，並製成了清酒。

　　只要你善於觀察，勤於思考，就會發現身邊的機會很多。機遇永遠垂青於那些勤於思考、勇於嘗試的人。世界上每天刮鬍子的人何止千萬，為什麼他們沒有什麼發現，而吉利卻發明了安全刀片？這就是不同思維的結果。思維方式是決定創新的根本，如果在原來的框框裡兜圈子，想不到或不敢想前人沒有注意的問題，永遠也不會有創新。

　　那麼，什麼是創新思維？創新思維是一種以獨特的方式對現有的各種資訊、資源進行創造、改變，進而獲得一定社會價值的思維活動，它具有新穎性和獨特性兩個特徵。

　　愛因斯坦具有如此強大的創新能力，取得世人矚目的成就，他到底與別人有什麼不同呢？對此，愛因斯坦曾經有過精彩的回答，他說：「如果讓一位一般人在一個乾草堆裡尋找一根針，那個人在找到一根針以後就會停下來，而我，則會把整個草垛掀開，把可能散落在草垛裡的針全都找出來。」創造性思維讓人考慮到解決問題的多個方法，不管這種方法多麼不可思議，甚至微不足道。

創意與創新

　　創新思維具有實踐性、求新性、價值性、戰略性、社會性、系統性的特點。諾貝爾獎得主理查‧費曼在談到自己的成功祕訣時說：「我在遇到難題的時候總會萌發出新的思考方法。」他尋求新的思考方法，而不是考慮過去的人們如何思考這個問題，如何解決這個問題。這體現出創新思維的根本特色。

　　生活中，大多數人的思維是複製性的，缺少創新性，他們習慣以過去遇到的相似問題為基礎，進行思維。比如，一個人前去應徵，腦子裡會想著：「這麼多年，我受了什麼教育，學習了什麼知識，怎麼樣用這些東西證明我的能力？」在這種想法作用下，他會做出各種應對招募的題目，尋找最有希望的方法，並不自覺排除其他很多方法。結果，他解決的問題只是證明自己擁有多少知識，而不是怎樣達到招募者的要求。這種以經驗為基礎的方法是非常不可取的，按照慣常的思路去思考，得到的永遠是慣常的東西。

　　創造性思維與複製性思維不同，這種思維方式的人在遇到問題時，首先想到：「有多少種方法可以解答問題？」「從相反的方面考慮，問題會怎麼樣？」他們喜歡找到多種方法，更喜歡尋找獨特的、不合常規的方法。

　　對現代企業來講，市場變化無窮，科技日新月異，如果經營者的思維不能適應變化，不能從新的角度和立場看待、思考各種問題，思想固化，則會僵化思維，故步自封。相反，如果能運用創造思維，就會找到盡可能多的可供選擇的解決方法。國際商用機器公司（IBM）一貫對產品創新遮遮掩掩，如今開始接納Linux，一種開放源代碼軟體語言，加入到開放式創新型企業中，它把幾百項軟體專利獻給了「創作共用」，而不是註冊為自己的產品，從而生機勃勃。

　　「沒有比深邃、陽光又照射得到，充滿靜謐的山谷更好的地方……心境會清澈，獨創性思考事物的能力會復甦。」

——［美］亞歷斯‧奧斯本

146

理髮店女祕書創造新市場

對企業來說，市場發展的不竭動力源於創新。積極開拓創新，促進了市場的較快發展。要發展壯大，走向成熟，必須增強創新意識，發揮自覺創新的主動性，提升自主創新的能力，不失時機地推進市場各方面的創新，為市場健康、快速、持續發展不斷注入新的活力和動力。

在日本一家理髮店，曾經發生過一個笑話。這天，有位顧客在理髮時，突然接到公司老闆的電話，要他立即將擬好的協議印出來，送到客户的公司去。

不巧的是，當時天降大雨，而顧客的頭髮只理了一半。面對此情此景，顧客十分焦急，日本人特別注重辦事效率，如果他不能按時送達協議，恐怕會帶來難以預料的後果。

經過激烈的掙扎，顧客選擇了工作，頂著陰陽頭，冒著大雨出門了。

此事一時引起轟動，成為人們茶餘飯後的話題。所謂說者無心，聽者有意，理髮店的老闆卻從這件事中受到了啓發，他想，有沒有辦法既能滿足顧客理髮的需求，又能幫助他完成工作任務，提高工作效率，不至於如此狼狽呢？很快，一個新的服務專案在理髮店誕生了：出租女祕書。

理髮店雇用了六位協助工作的助手，分別是日英文打字員、翻譯、辦理貿易手續的專家和兩位辦理檔案的女祕書。他們在顧客理髮時，可以完成相關的業務，讓顧客在理髮時也能辦公。

結果，這項業務推出後大受歡迎，那些忙於工作的顧客們紛紛上門，他們說：「來此理髮，不僅是一個很好的放鬆機會，而且還可以即時處理手上的工作，真是一舉兩得的好事。」

147

理髮店依靠這項特色服務，生意興隆，營業額成倍增長，廣為人們推崇。

　　這家理髮店依靠特色服務開拓了一塊新市場，這種創新價值非凡。新經濟時代有句名言：「好的公司是滿足需求，偉大的公司是創造市場。」美國人首次登月成功，體現出他們偉大的創意能力。在阿波羅登月計畫中，所用的技術、設備很多來自日本和德國，但是後者沒有創造市場的眼光和意識，結果美國人捷足先登。這說明美國人善於進行創新發明，善於開創新市場。

　　對企業來說，市場發展的不竭動力源於創新。積極開拓創新，促進了市場的較快發展。要發展壯大，走向成熟，必須增強創新意識，發揮自覺創新的主動性，提升自主創新的能力，不失時機地推進市場各方面的創新，為市場健康、快速、持續發展不斷注入新的活力和動力。

　　市場創新，可以從產品創新入手，透過建構創新體系，重點是整合、優化創新資源，進而完善創新機制，建立健全創新活動運作流程。「胖人飯店」就是創新的典型案例。克林克看到肥胖人士越來越多，但他們在社會上受到歧視

和遺忘，於是萌發開設胖人飯店的念頭，為胖子們排憂解難。胖人飯店轉為肥胖人士服務，功能表的設計別具匠心，用不同的顏色標明食品所含的營養物質和熱量，讓人一目了然。飯店開業後，收益頗為可觀。

　　在市場創新中，目的在於創造更大更強的市場，提高生產效率，進而發展壯大公司。這一過程中，完善功能是其核

心任務。

如何完善功能，可以透過以下幾點加以實現：

1、強化市場基本功能

每家公司都有自己獨特的市場比例，在創新市場時，首先需要完善市場主體結構，保證市場的一定規模，這樣一來，既可以提高市場穩定性，規避隱藏的各種風險，還可以爲有效地進行下一步市場開拓，創造更好的條件。

2、明白進步本身就是一種收穫

對於公司來說，不管產品多少，進步本身就是其最重要的一項產品。爲了激勵員工，通用電器公司一直使用這樣的口號：「『最大的成功』都是保留給具有『我能把事情做得更好』的態度的人。」每位員工都可以不斷尋求增進效率的各種方法，降低成本，以較少的精力做更多的事，爲公司帶來更高回報。誰說這不是一塊嶄新的市場呢？

3、想辦法增加額外功能

增加額外功能，獲取額外收入，也許是市場創新中最明顯的一塊蛋糕。在製造這一蛋糕時，需要充分調動各種因素，在現有基礎上，進行多方位地延伸和開發，進而逐步擴展和強化市場，實現市場功能多元化。

成功的經營策略並非得自冷酷的分析，而是得自一種特殊的心態……見識和由此而產生的成就驅動力，從引發一種基本上是創造性的、直覺的，而不是理性的思考程式。

——[日]大前研一

不講理的隨身聽
屬於科技創新

科技創新的成果必須是前所未有的。這種新穎性表現在功能、構造和技術多方面。科技創新的成果必須有益於社會進步，能夠帶來經濟效益和社會效益。

如今，可攜式隨身聽是生活中司空見慣的東西，自從它面世後，經過不斷改良，體積越來越小。說起這段改良歷史，有一個故事令人感慨萬千。

當時，發明可攜式隨身聽的新力公司為了適應人們需求，決定繼續進行改進，把隨身聽的體積縮到更小，更方便顧客攜帶。這項任務交給了副總裁高條靜雄先生。

高條先生接到任務後，提出把隨身聽縮小到磁帶盒大小的目標。面對這一艱巨的研究任務，研發部門的人員做了許多嘗試，卻始終無所收穫。最後，許多人都灰心了，他們無奈地對高條先生說：「隨身聽裡已經沒有一點點空間了，再也沒法縮小了。」

聽了這話，高條先生反問一句：「真的一點空間都沒有了？」

「真的再沒有一點點空間了。」幾乎所有人都這麼回答。

高條先生沒說什麼，他轉身拿來一桶水，對研發人員說了一段話，他要將隨身聽放到水桶裡，如果沒有氣泡冒出來，說明確實沒有任何空間了，但如果有氣泡出來，說明裡面還有空間。然後，他當著眾人的面將隨身聽放進水桶中。

當然，水桶裡冒出了氣泡。大家見此情景，誰也不再說什麼，只有默默承

認隨身聽裡還有可以開發的空間，於是，他們丟下抱怨，繼續絞盡腦汁進行技術攻關。最終，像磁帶盒一樣大小的隨身聽終於研製成功，推向市場。

這則生動的小故事告訴我們：對於創新來說，講道理反而不如不講理，原因在於道理是約定俗成的東西，會限制創新思維和方式。不講理就是勇於否定現有的一切，積極尋求新的思維和途徑，這在科技創新中表現得最突出。

科技創新，是指科技領域內的新技術、新發明等。科技創新的成果必須是前所未有的。這種新穎性表現在功能、構造和技術多方面。比如1879年，愛迪生發明了白熾燈，是一項大發明。1901年，法國發明家克勞特根據莫爾的實驗，在抽掉空氣的玻璃燈管中，改用充氖、氬、氦各惰性氣體進行實驗，進而發明了「霓虹燈」。霓虹燈也是電燈，但它同白熾燈，有新穎之處，因此是一項創新。

科技創新的成果必須有益於社會進步，能夠帶來經濟效益和社會效益。白熾燈給人們帶來光明，第二次世界大戰後，做為新的照明燈具迅速進入家庭、學校、工廠、醫院……取代了煤油燈。

從科技創新的特點來看，進行科技創新需要注意以下幾點：

1、勇於否定原來的一切

科技創新是一項挑戰極限的活動，是以前沒有先例的，也就無法用邏輯證明。如果拘於常理，困守邏輯思維，就不能產生創新。沒有彭加勒的錯誤猜想，貝克勒就不會想到發磷光的物質。所以說，正是這種不拘常理的挑戰極限，才產生了真正的創新。

2、滿懷熱情和興趣

黑格爾說：「要是沒有熱情，世界上任何偉大事業都不會成功。」所有個人行為的動力，都要透過他的頭腦，轉變為他的願望，才能使之付諸行動。好奇心是創新的最大動力，引導和培養好奇心理，是喚起創新意識的起點和基礎。「興趣是最好的老師」。只有興趣才能使一個人自覺地、主動地、竭盡全

151

力去觀察問題、思考問題、探究問題，並對問題進行分析比較，尋求答案，這是創新的營養。

3、從對立的角度思考問題

科技創新人員不能從科技本身考慮，而要從服務的對象入手，這就是消費者。消費者為什麼需要這種產品？他們希望產品是什麼樣子的？做出哪些改進？與科技人員相反，消費者永遠不會也不去了解產品的技術核心，他們只是期望自己的需求得到滿足。對科技人員來講，消費者的很多需求是「不合理」的，是超出「常規」的，這時，「不講理」就成為創新的一大法則。

4、開拓視野，收集多方面資訊

無數的進步與創造，源於創造者在不同的領域都擁有豐富的知識和經驗。瑞士工程師德梅斯特拉知識淵博，擅長觀察。有一次他在樹林散步時，褲子上沾滿了許多帶刺的小果子。他很好奇，用顯微鏡觀察這些小果子，發現它們的芒刺上有許多小鉤，鉤住了布料纖維的環。根據這一現象，他研製了人造「鉤環扣」。

5、擁有專業知識，像內行一樣行動

科技創新是專業性很強的活動，必須腳踏實地的行動才能有所成就。1895年，物理學家倫琴偶然在陰極射線放電管附近放了一包密封在黑紙裡的、未曾顯影的照相底片，當他把底片顯影時，發覺它已走光了。對於一個非專業人士來講，他會說：「這次走光了，下次放遠一些就得啦！」可是倫琴是專家，他認真地研究，發現這一定有某種射線在起作用，並給它取了一個名字叫x射線。

> 想像力比知識更重要，因為知識是有限的，而想像力概括著世界的一切，推動著進步，並且是知識進化的源泉。嚴格地說，想像力是科學研究的實在因素。
> ——[德‧猶太後裔]愛因斯坦

一位心理學生發現
創新不是專家的特權

Pro-Am是「professional-amateur」的縮寫，指專業人士（professional）和業餘愛好者（amateur）的組合——專業的業餘人士。 面對業餘創新的蓬勃發展，經濟學家提出「用戶革命」概念。更有專家聲稱，如今人類社會正從一個大規模生產時代進入到一個大規模創新時代。

韓國泛業汽車公司的總裁在年輕時，曾經到英國攻讀心理學。在學習期間，他常常到學校的咖啡廳小坐，在那裡，他見到了當時世界上許多頂級成功人士，像諾貝爾獎得主、某領域學術權威等。他從這些人的聊天中發現一個奇怪的現象，他們把自己的成功都看得非常自然，認為是順理成章的事情。這讓他大惑不解，因為在韓國，人們總是強調成功多麼艱辛、多麼不易，往往會嚇退那些追隨者。

兩種截然不同的現象令他十分不解，他決定研究一下這個課題，看看到底哪種現象更為準確，值得世人效仿？經過幾年努力，他完成了《成功並不像你想的那麼難》一文，認為韓國的成功者過於強調成功之難，不過是為了嚇唬那些還沒有成功的人，他們的話並不可信。他將這篇文章提交給了自己的導師——現代經濟心理學的創始人威爾·布雷登教授。

布雷登教授讀了論文後，極為驚喜，因為文中提到的問題是一個普遍現象，只不過以前的人們還沒有予以發現總結。於是，他將其推薦給了自己的老同學——韓國總統朴正熙，對他說：「我不敢說這部著作對你有多大的幫助，

但我敢肯定它比你的任何一個政令都能產生震動。」

結果，這篇論文在韓國印刷出版，立即成為暢銷讀物。數萬人從此書中獲益匪淺，他們真正理解了成功的涵義，並極大地改變了觀念，不再以吃苦受罪為成功的標誌，而是從興趣入手，持之以恆。因為，「上帝賦予你的時間和智慧夠你圓滿做完一件事情。」這本書成為韓國經濟起飛的助力器，推動了韓國發展。

故事中，韓國學生的創新發現告訴人們，創新不是專家的特權，它存在於普通大眾之間。從認識的角度來說，創新就是更有廣度、更有深度地觀察和思考這個世界；從實踐的角度說，創新就是能將這種認識做為一種日常習慣貫穿於生活、工作與學習的每一個細節中，所以創新是無限的。

進入新世紀，創新開啟了另一扇大門，從專業人員的高臺走進千家萬戶，Pro-Am正在迅速崛起。Pro-Am是「professional-amateur」的縮寫，指專業人士（professional）和業餘愛好者（amateur）的組合——專業的業餘人士。有一個事例可以說明這個問題。Linux系統成為微軟在電腦作業系統最大的對手。因為Linux系統免費使用，由大約14萬名電腦用戶共同開發成功。這些人中，除了骨幹力量是大約2000名電腦程式師外，其餘全是非專業人才。

真正的創新是解決問題而不是顯示本領，具有高智力的人未必就具有創造力。實驗證明，許多智力很高的人並沒有突出的創造表現，而一些創造性超強的人才，智商卻很平常。事實上，很多偉大的創造性天才，拒絕接受無用的教條與正規教育形成的規範，他們不受常規制約。

1982年，第一輛山地自行車誕生，它的發明者竟是美國加州一群年輕車迷。他們因為沒有合適的賽車參加登山運動而感到沮喪。於是，他們把普通自行車上沉重的框架、賽車上的傳動裝置、低壓輪胎和摩托車的剎車系統組合在一起，結果促發了山地自行車的誕生。此後，山地自行車成為自行車廠商大規模生產的主流產品。2000年，山地自行車的銷售量佔了美國市場自行車銷售總額的65％，銷售額達到580億美元。這個全新的產品類別和它所帶來的生活方式，不是來自自行車生產商和設計師等專業人才，而是來自它的用戶。

創新不是什麼人的專利，在高科技的社會裡，普通大眾也負有責任。他們視野開闊，涉及面廣，正在觸及創新的每個領域。饒舌樂（Rap）的誕生就是一般人的創造果實。20多年前，有些美國黑人青年喜歡在家錄製以饒舌樂為主的音樂帶，並互相交換交流。結果這種音樂很快引起人們共鳴，最終成為英美當代樂壇的代表力量。

今天，「用戶革命」的概念已經提出，普通大眾參與到創造發明的行列，並逐漸成為中堅力量。維基百科，是一個完全開放式的免費的網上百科全書，對於它的編輯修改，已不再是專業人才的專利，任何不懷惡意的人都可以進行，所以，維基百科發展迅猛，如今已擁有105種語言版本，共有130萬個詞條。

大規模的生產時代正在成為過去，一個大規模創新時代正在到來。這種形式下，專業人士褪去了神祕的光環，平民化運動此起彼伏，為社會和人類帶來了更為巨大的改觀，由用戶、普通群體參與開發的產品、服務，以更具有實用性、更具有娛樂性而大受歡迎。

創造性是每一個做為人類的一員都具有的天賦潛能，它和心理健康的發展密切相關，在心理健康發展的條件下，人人都可以表現出創造性。

——［美］馬斯洛

從燃燒的氧化理論
到創新的理解誤區

創新具有偶然性，但並非僥倖。實際上，創新的目標在於解決普遍問題，在於滿足大多數人的需求，一個古怪的想法，一身奇裝異服，絕非創新。

我們知道，物體只有在有氧氣的環境下才會燃燒，這一科學發現是18世紀化學家拉瓦錫的重要學術成果之一，是化學史上的一次革命。可是，最初發現氧氣能夠助燃的人並不是他，而是一位叫普列斯特列的人。

普列斯特列從事科研工作，1774年，他在給氧化汞加熱時，分解出了一種純粹氣體，可以促使物體燃燒。這一現象並沒有引起他更深入地思索，相反，他從當時常規的權威理論出發，認為這也是一種燃素，就草草地下了結論。

不久，當他帶著自己的實驗來到法國時，立即引起拉瓦錫的好奇，他重新進行實驗，並大膽地假設，認為這種氣體絕非以往人們所說的「燃素」，於是他透過多次實驗和不斷思索，終於建立了燃燒的氧化理論。

故事中兩位人物的命運告訴我們，對於創新問題，有些人可以輕而易舉地收穫頗豐，而有些人在有了創新時，依然看不到其中的價值，白白浪費很多機會。

這是怎麼回事？圍繞創新問題，困惑諸多，人們研究發現，主要原因在於對創新的理解存在很多誤區。

1、大多數人沒有創新的願望，認為創新是個別人的行為。

大多數人以為，創新屬於「第一個吃螃蟹的人」，與自己無關。其實，創

新源於普通大眾,他們才是保障創新的根基。拿企業來說,個別人的創新會產生巨大效益,但如果把他當作救命稻草,則是不可取的。阿里德·格斯(Arie De Geus)在《活生生的公司》中寫道:「我們通常將企業看成是一臺賺錢的機器而不是有血有肉的組織,結果,我們將人看成是滿足企業需求的一種被動的、等待被開發的『人力資源』。」他一針見血地指出了依賴個人造成的危害。一個公司,一家企業,應該是靈活的整體,會敏捷地應對出現的各種問題,只有這樣,它才具有普遍創新思維的能力,高效地運作。

2、創新就是標新立異,就是一些稀奇古怪的思想和做法。

有的人凡事都冠於「創新」,用表面形式把創新變成「創形」;還有些人認為創新是不合常規的古怪之思、之為,是那些古怪者、瘋子或者異類才具備的能力。創新並非一定是古怪的東西,創新在於新奇,在於與眾不同,卻不一定古怪難懂。創新的目標在於解決普遍問題,在於滿足大多數人的需求,一身

奇裝異服，一個古怪的舉止，絕非創新。

3、創新必須從「大」上下工夫，一般人難以企及。

談到創新，很多人立刻想到大科學家、大技術革新、大變革等，在他們看來，創新是投資大、規模大、氣勢大的行為。其實，創新的實踐意義在於，做為一種日常習慣貫穿於生活、工作與學習的每一個細節中，所以創新是無限的，是無所不包的。很多時候，創新都是來自於小細節，或者一些小靈感。一位廚師工作前會到院子裡走一走，因為他能夠從自然環境中得到啟發，想像新的味道、新的色彩。

4、創新是偶爾為之的事情。

我們看到了莫札特的天賦異稟，卻忽略了在他12歲時雙手手指因為長時間的練習而變形的事實。「人們都以為我的創作是信手拈來、毫不費吹灰之力，沒有人知道我在創作一首曲子時投入了多少的精神與時間，一次又一次的揣摩大師的作品。」莫札特在給好友的一封信上說道。創新具有偶然性，但並非僥倖。愛迪生早就說過一句話：「我做的任何一件有價值的事情都非偶然，我所有的發明創造也並非出於巧合，而是來自於辛勤的工作。」他為了發現白熾燈的燈絲，試驗了999種材料，在失敗面前，他沒有放棄，而是繼續嘗試，結果他找到了鎢絲，進而改變了人類生活的歷史。

不斷變革創新，就會充滿青春活力；否則，就可能會變得僵化。
——[德]歌德

聰明的宋國人
懂得將創新商業化

創新過程猶如人生，有著太多不確定性，再好的構思也不一定轉變成商業價值。從技術到商業戰略，是創新的最大挑戰。很多企業不懂得技術創新過程的內涵，一旦有了好構思，就不惜投入大量人力物力，結果往往造成極大損失而毫無收穫。

春秋時期，宋國有個人，家裡有專門治療手足凍裂的祖傳祕方。這件事情被一位聰明的先生聽說了，他靈機一動，花高價去購買這個祕方。擁有祕方的人見到大把金錢，十分高興地同意了。

那位先生拿到祕方後，沒有開設醫館治療普通病人，而是直接去見國君，要求奉獻祕方。原來，當時宋國經常與鄰國交戰，一到冬天，由於氣候嚴寒，將士們的手都凍壞了，連兵器都拿不動，怎麼作戰？因此屢屢失敗。

宋國國君見到祕方後，格外欣喜，連忙派人按照祕方配製藥物，為將士敷用。結果，將士們用了藥物後，手腳復原，再也不會凍傷，一口氣打敗了敵軍。

那位先生獻方有功，宋國國君不但獎賞給他土地，還封他為侯，於是，他魚躍龍門，名利雙收。

有祕方不一定有收穫，有創意不一定有成果，這個故事說明，將好的構思轉化成商業價值，是創新的最大挑戰。

很多時候，有些公司在有了好構思、好想法後，就匆忙地進行投資，或者

下力氣進行創新，可是結果往往不盡人意，造成極大損失而毫無收穫。德國拜爾醫藥集團就是十分理解創新過程眞實涵義的公司，他們的研發部總經理主要職責就是設計、控制和管理產品創新過程，使其更有利於商業戰略運作。

所以，有了想法之後，還要明確創新過程的內涵，使其一步步轉化爲商業價值。有了某項技術突破，並非實現了技術應用，如何將創新商業化，需要付出更大努力，常見的創新商業化模式有幾下幾種：

1、與需求密切結合的模式

對創新進行冷靜而細緻的分析，了解清楚自己的創意是否獨具匠心，有沒有強大的市場需求，是否具有可操作性。3M公司開發HFE，以替代CFC和其他破壞臭氧的物質，這是由於爲保護臭氧層，環保當局禁止使用CFC。這是十分明確地針對某種客戶需要進行的創新。

2、以解決問題爲目的的模式

在技術創新中，往往存在爲了解決問題而產生的創新。爲了解決筆記型電腦電池供電時間太短的問題，大部分人認爲從延長筆記型電池壽命入手，可是效果不佳。這時，3M的研究人員獨闢蹊徑，他們從減少電腦用電量入手，發明了一種亮度增強薄膜。這種薄膜能夠提高電腦顯示器的亮度，進而降低顯示器用電量。這就是以解決問題爲目的，產生商業價值的技術創新模式。

3、不爲市場左右的創新

新力公司描述創新時說：「我們不爲新產品做市場研究。」電腦剛出現時，權威機構分析整個美國只需要幾十臺。如果照此發展，哪有今天的電腦市場。只有特別眼光的創新領先者，才能成爲產業領袖。還有靜電複印技術，它誕生之初，因爲與正常行爲差異太大，一開始讓人難以接受。這類創新面向或滿足那些人們還沒有提出來的需要，進而超出了客戶的現有需求，不適合常規的行銷管理方法。

> 獨闢蹊徑才能創造出偉大的業績，在街道上擠來擠去不會有所作為。
>
> ——[英]布萊克

一人兼兩職的年輕經理
富有創新精神

創新精神是指要具有能夠綜合運用已有的知識、資訊、技能和方法，提出新方法、新觀點的思維能力和進行發明創造、改革、革新的意志、信心、勇氣和智慧。包括創新意識、創新興趣、創新膽量、創新決心，以及相關的思維活動。

有家銀行，因為一位經理突然離職，總經理只好從現有人員中選拔人才暫時頂替這一職位。可是，他先後問了兩位經理，他們都以自己的工作已經很重了，表示不願承擔更多責任。於是總經理找到了第三位經理，對他言明了情況。

這位經理年紀很輕，他認為拒絕新的挑戰並不明智，因此當場答應了總經理的要求。

可是，當他走出總經理的辦公室，回到自己的工作職位時，就有些為難了。畢竟自己的工作任務已經很重，每時每刻都很忙碌，而現在要面對兩份工作，怎麼樣才能兩者兼顧，不至於顧此失彼呢？

他沒有焦躁和退縮，而是冷靜地思考，準備從提高工作效率入手。為此，他開始飛快地寫下每一個想法，並從中進行篩選研究。終於，他有辦法了，他跟祕書訂出一個規定：把所有的常規工作，比如例行電話、客戶拜訪都集中在某一個時間；將一般的例行工作，像會議減少三分之一的時間；另外，他每天只有一次集中對祕書口述任務，並由祕書分擔一部分花費時間較多的細緻工作。

接下來，他嚴格按照規定做事，發現效果十分顯著。在同樣的時間內，他處理的電話多了一倍，開會的次數多出一半，而這一切做起來得心應手，毫不困難。這不由讓他感慨自己從前做事多麼散漫，效率多麼低下。

不久，總經理再次請他到了自己的辦公室，對他說：「我一直在尋覓人才，接替那位離職經理的工作，可是都不理想。昨天在主管例會上，我提出由你身兼兩職，同時負責兩個部門，會議通過了。當然，你的薪水會大幅提高，職位也會提升。」

年輕經理將不可能變爲可能，體現出勇於進取的創新精神。當今世界，一切經濟價值和戰略實力都來自於創新，怎樣才能打開創新之門，恐怕應該從獲取創新精神開始。

創新精神是一種勇於冒險的精神，也是一種善用智慧的精神。它是在現有一切的基礎上不斷進取、勇於改變的意志和信心。包括創新意識、創新興趣、創新膽量、創新決心，以及相關的思維活動。

首先，創新精神是打破原來的條條框框，創立新模式的精神。這需要有勇氣拋棄舊的一切，並積極尋求新的方法、新的途徑；這需要勇於質疑書本和權威，否定從前，改變過去。

「傑拉德·卡斯帕爾教授，你錯了！」美國史丹佛大學榮譽校長傑拉德·卡斯帕爾，在給本科一年級學生上課時，學生們經常這樣提醒他，但這正是他最高興的地方。「學生們的天真讓我意識到我的理解並不全面，然後再把講義重寫一遍。創新就要靠這種質疑的勇氣。」

其次，創新精神是堅持獨立思考，不人云亦云的精神。創新精神強烈的人，個性大都非常強烈。許多人成功了，可是其他人按照他的行為去做，卻一無所獲，原因在於兩人具有完全不同的個性。做一個自信的叛逆者，懷疑一切，比多讀書、多思索，更具有創新意識。很多知名百年公司都重視獨立思考的創新精神，像松下電器、IBM、英代爾、柯達，他們將此做為企業文化置入企業當中，激勵每個員工的創新能力。

還有，創新精神是積極進取，為團隊服務的精神。由蓋洛普公司的馬庫斯‧白金漢與唐納德‧克利夫頓合著的《現在，發現你的優勢》中，把優勢分解為隱性能力、知識和技能，隱性能力被描述為「一種特殊的天生能力或悟性」。隱性能力為創新服務，可以表現為積極的創新精神。

以擁有四大發明而驕傲的中國，從明末以後科技發明遠遠落後於他國。英國科學史學者李約瑟在分析這一現象時認為，中國需要創新精神，需要發明家。如何形成不畏風險、勇猛精進的良好氛圍，是營造創新向上的開拓性文化的基礎。

最後，創新精神是專心工作、埋頭苦幹的精神。拍立得經理蘭德談到發明60秒照相技術時說：「專心工作一段長時間。在這個時候，一種本能的反應似乎就出現了。在你的潛意識裡容納了這麼多可變的因素，你不能容許被打斷。如果你被打斷了，你可能要花上一年的時間才能重建這60個小時打下的基礎。」

每個人都是潛在的發明家，人人都能有創造性思維，激發創新精神，會讓你夢想成真。

創新是企業家的具體工具，也就是他們藉以利用變化做為開創一種新的實業和一項新的服務的機會的手段。

——[美]彼得‧杜拉克

如何將鴨子培養成老鷹

組織的目的只有一個，就是使平凡的人能夠做出不平凡的事。如果讓每個人直接面對市場，也就是每一個人都像老闆一樣，都像經營者，自己來經營他自己，來發揮他最大的創造力。

鴨子和老鷹相遇了，鴨子嘎嘎叫著：「你和我長得真像，咱們是同一種動物。」

老鷹瞅瞅牠，不以為然地說：「咱們雖然看著相似，實則是完全不同的動物。」

鴨子繼續嘎嘎叫著說：「對啊，我會游泳，你不會。」說完一頭埋進水裡，快活地游走了。

老鷹望著牠，嘆氣說：「我不會嘎嘎叫，也不會游泳，但我會盤旋空中，俯視大地，以最快的速度捕捉獵物。」

鴨子在水面上遊蕩著，根本沒有聽到老鷹的話，在牠的生活中，嘎嘎叫就是全部，除此之外，幾乎沒有任何欲望和能力去爭取什麼啦。

此時，有位獵人趕來，準備捕捉老鷹和鴨子。老鷹敏感地感覺到危險，躍上高空飛走了；而鴨子，在嘎嘎高叫聲中，被獵人捕獲。

　　在生活中，像鴨子的人比比皆是，而像老鷹的人卻十分少見。

　　老鷹和鴨子，存在於每個人的身邊，也存在於每家公司中。任何一位總裁都想擁有像老鷹而不是鴨子的超能力員工。這不僅需要會識貨，還需要總裁懂得培養人才之術，將鴨子培養成老鷹。

　　做為總裁，首先需要明確一點：讓員工分擔壓力，會激發他們更大的積極性和創造力。一個優秀的老闆，並非將壓力全部擔在自己肩上，相反，他總是讓員工分擔一定壓力，讓他們參與管理，讓他們能主動地認識到公司的困難，並積極想辦法去創新，去解決問題。

　　讓員工分擔壓力，不是推卸責任，也不是消極怠惰，恰恰是一種積極思維的表現，是一種有效管理的手段。當一個公司的每位員工都能開動腦筋，將自己與市場緊密結合時，他們會產生許許多多有用的、具體的、操作性強的想法，這些想法自然為公司帶來無窮無盡的利益。

　　因此，只有當員工像經營自己的公司一樣工作時，這家公司才具有最大的效率，這樣的員工也會最大限度地發揮自己的才幹，成為老鷹一樣巡視天下的人才。

　　另外，身為總裁，還要清楚員工們對於實現自身價值的渴望之情。每個人都想成功，都想活得有價值，都想實現自己的理想，做為總裁如果深入了解員工們的內心渴望，就會提供讓他們實現自我的機會和場所。美國管理之父杜拉克有句名言：「組織的目的只有一個，就是使平凡的人能夠做出不平凡的事。」看來，總裁為員工帶來的不僅是薪水，還有更了不起的東西。因此，總裁要為員工們創造條件，好讓他們能夠像雄鷹一樣飛上高空。

　　全球著名的重大件貨物空運物流服務供應商Emery Forwarding曾經推出網上「繼續教育解決方案」，為在職人員提供國際貿易培訓教程。這一做法無疑為員工創造了學習機會，為他們實現自我創造了條件。

　　還有，總裁應該將創新做為公司永恆的課題。企業的核心內容是創新，一

個總裁在自己認識到這一問題時，也要努力將之形成一種文化氛圍，鼓勵積極向上、不畏艱險的奮鬥精神，進而為公司成長培育一塊沃土良田，讓每位員工都能健康、茁壯地成長。這是公司長盛不衰的法寶，也是員工能夠不斷進步的保障。

同時，一位優秀的總裁，還要擅長集合群體的智慧，團結一切可以團結的人才，發揮協作精神，為公司的創新和發展提供源源不斷的精神動力。

國外有種企業文化理念認為，企業中每個人是利益最大化的經濟主體。比如在資訊化的時代，網際網路的廣泛應用，你所知道的資訊，別人也都能知道，所有的資訊都是對稱的，只有速度致勝才能佔領市場。誰能最快滿足用戶需求誰就贏得了市場。因此，總裁只有把創新的基因滲入到每個員工當中去，調動每位員工的積極性，讓他們與市場、與公司緊密結合在一起，才真正體現出每位員工的能量。

非經自己努力所得的創新，就不是真正的創新。
　　　　　　　　　　　　　　　——[日]松下幸之助

馬蠅叮咬的創新人才

創新人才一般具有以下特徵：創新性思維，求知欲旺盛；富於挑戰，勇於懷疑；否定前人，具有強烈的事業心、責任心。青年時期是創新思維最活躍、精力最充沛、創造欲最旺盛的高峰時期，科學家的創造高峰期一般在25～50歲之間。

林肯年輕時在家務農，經常與弟弟一起耕田。有一次，林肯趕馬，弟弟扶著犁，可是那匹馬非常懶惰，走得特別慢，整整一上午也沒有耕多少地。就在兄弟兩人焦急時，那匹馬突然飛跑起來，速度出奇地快。這讓林肯十分好奇，到了地頭時，他檢查馬匹，發現牠身上叮著一隻大馬蠅，就揮手將之趕跑了。

他弟弟見此，急忙阻攔說：「你怎麼把牠攆走了？！只有馬蠅叮著，馬才會跑得快啊！」

從這件事中，林肯受到很多啟發。後來，他獲得總統候選人提名，有位內閣成員依舊不肯死心，試圖與他競爭。這時，有人提醒林肯要防備那位成員，可以罷免他的職務，以防他暗中搗亂。

這讓林肯想到了馬蠅的故事，因此他沒有罷免那位內閣成員，反而說：「如果他有意競選總統，這就好比馬蠅叮著的馬，會更有效率地完成工作，為什麼要轟走他呢？」

　　馬蠅的叮咬讓馬跑得更快。新經濟時代，創新已成為主旋律，一些企業藉此形成了自己的人才觀，不斷發掘和培養創新人才。實踐證明，創新必須依靠人才，但創新人才應該是具備哪些素質的人呢？

　　首先，創新人才是具有強烈創新意識的人。勇於進取、不怕失敗，是創新人才的基本特徵之一，對他們來說，失敗不是恥辱，不創新才是最大的恥辱。創新人才往往注重的不是自己公司的名氣、職業的高低貴賤，而是自己職業領域中的突破。

　　其次，創新人才富於挑戰，勇於質疑。福特兄弟夢想「人類也能像鳥一樣飛翔」，經過多次試驗，發明了飛機；大衛‧H‧克羅克幻想「會飛的郵件」，促使電子郵件的誕生。突破舊規，尋求新思路和方法，並勇於嘗試，是創新人才特徵。他們對所遇到的問題好奇心特強，好問、好否定前人，對費解的問題引起興趣，好打破沙鍋問到底，對所研究的物件從熱愛以至入迷，最終發展到具有強烈的事業心、責任心，自覺地為國家和人類的偉大科技奮鬥不息。

　　第三，想像力豐富，觸類旁通，興趣廣泛，求知欲旺盛，無不是創新人才的特徵。消毒奶瓶的發明證明了這一問題。馬利特帶著妻子幼兒出遊，卻忘記為孩子帶奶瓶了，當他從附近商店買了一個新奶瓶時，不得不為消毒之事犯愁。剎那間，生產消毒奶瓶的念頭浮上腦海，這讓他十分興奮。後來經過不斷研究，他終於推出了一種可回收的消毒奶瓶。產品上市後大受歡迎，很快銷往世界各地。

現今的美國經濟之所以如此強盛，是因為企業能夠變革、學習、調整和擺脫不再適用的陳舊模式。

——[美]保羅‧阿賴爾

一堆朽木打開的創新之門

企業不能只靠機遇賺錢，也不能只靠資本賺錢，創業最重要的是創新精神，是整合有限資本、帶來無限創意的能力。服務創新是能力資源整合的有效途徑。

澳大利亞的某處政府為了重建城市，下令居民們挖出400多年前歐洲移民用於圈地的朽木。結果，這些朽木挖出後，像垃圾一樣堆積在了各家各戶門前，很長時間也沒有合適的處理措施。

恰在這時，一個美國旅行團到澳大利亞旅遊，飛機降落時，有位乘客注意到了當地居民家門前的情況，他很好奇，就過去仔細探看。居民們告訴他：「這是幾百年前的東西了，堆在這裡很久了，也沒法處理掉。」

這位旅客善動腦筋，他手裡拿著一塊朽木，立即意識到其中暗藏著巨大的商業價值。經過一番思考，他想將朽木處理加工成工藝品，肯定會受到歐洲人青睞。於是，他趕緊與當地居民們協商，對他們說：「我想為你們處理掉這些朽木，你們同意嗎？」

居民們很高興，齊聲表示：「太好了，只要能將它們弄走，我們就很感激。」

旅客不費分文獲得了一堆堆朽木，然後，他公開招標，讓木器加工廠將朽木製作成各種工藝品。在工藝品製作過程中，他來到歐洲，在各國召開銷售訂貨後。商人們對此商品頗感興趣，所有產品被訂購一空。就這樣，這位旅客賺了一千多萬美元。

這位美國人化腐朽為神奇的故事，不僅得益於他出奇制勝的點子，更在於他整合資源的非凡能力。從這一故事中我們看出，創業能否成功，從一定程度

上講，不在於資源多少，而取決於利用、整合各種資源的能力和水準。資源整合是企業戰略調整的手段，也是企業經營管理的日常工作。整合就是要優化資源配置，就是要有進有退、有取有捨，就是要獲得整體的最優成效。

每一個人都會透過學校學習、社會實踐或者他人指教，獲得一定的工作生活經驗，但是這些並不能體現他的個人特色。往往在掌握傳統或常規的工作方法和經驗之外，每個人都具有與眾不同的獨特之處。這才是一個人能夠成功的關鍵因素。這一因素的具體表現就是創新能力，體現在企業管理中，這一能力就是資源整合的本領。比如行銷，有些人在傳統行銷方法之外，結合網路時代特徵，發揮網路的強大功能去結識潛在客戶、進行網路教育，都會獲得更有效的工作方式和方法。由此可見，善於思維和創新，積極整合各種資源，無疑是尋求成功的捷徑。

企業創業，也要勇於走出經驗誤區，積極整合資源，捕捉市場機會。如果問在一個盛滿水的杯子裡還能不能添加東西，最普遍的回答是不行，也許少數別出心裁者會想到加入光線、味精、海綿等。但實驗證明，繼續加進兩盒迴紋針和若干枚硬幣，杯口的水仍然沒有一滴溢出。

企業中，服務創新是能力資源整合的有效途徑。FedEX與柯達公司合作，在快速沖洗店內推出「自助服務專櫃」業務，將聯邦快遞的空運提單、商業發票和包裝等儲備在專櫃內，方便了客戶投寄快遞檔。

在全球迷信技術的時代，很多人將技術成為推動一切創新的模式，這種做法因為嚴重缺乏市場導向而導致商業上的失敗。施樂公司就是典型一例，他們的PARC實驗室是世界IT技術的領先者，但施樂卻幾乎為IT創新所擊垮。

所以，打開創新之門，進行資源整合，取得1＋1大於2的效果，才是現代企業發展的不竭動力。

> 生存的第一定律是：沒有什麼比昨天的成功更加危險。
>
> ──［美］托夫勒

60秒照相術
從發明到銷售的創新過程

企業創新的基本程序：資訊──→設想──→研究──→觀念成果──→設計─
→實施──→實體成果。

60秒照相術的發明來自於一句不耐煩的問話。

1947年，拍立得公司董事長蘭德為女兒照相時，女兒不耐煩地問：「什麼時候可以見到照片？」這提醒蘭德應該加快沖洗速度，讓顧客更快看到照片。

由此，蘭德投入到快速沖洗研究中，並以6個月的時間解決了基本問題。使得沖洗照片的速度，從過去的幾天縮短為一、兩分鐘。這一發明過程如此神速，令人驚詫，就連蘭德的助手也說：「即使100個博士，10年間毫不間斷地工作，也沒有辦法重演蘭德的成績。」

然而，蘭德卻深信人的創造能力具有無窮的發展空間，並將這種能力擴展到了銷售領域。

60秒相機誕生之初，為了推銷產品，蘭德想了很多辦法，請來了哈佛大學商業學院的市場教授、專家，一起研討對策，有一陣子還想採取上門推銷的方式。可是，這些方法都不能令人滿意，就在這時，何拉‧布茨出現了。

布茨是位銷售行家，他一見60秒照相機立即狂熱起來。蘭德力邀他加入了公司，並委任他為總經理。布茨不負所托，以極高的才華替拍立得帶來響亮的名氣。他在美國各大城市選上一家百貨公司，給他們30天推銷60秒照相機的專賣時間，條件是百貨公司要在報紙上大做廣告，宣傳相機。

　　結果，當第一家百貨公司推出60秒相機時，立刻吸引了公眾的注意力，前來搶購者絡繹不絕。有意思的是，店員們太忙碌了，竟然不小心把一些零件賣了出去，可見當時場面多麼火爆。

　　百貨公司的銷售計畫大獲成功，布茨接著結合旅遊在邁阿密進行宣傳。這樣前來度假的人便可將60秒相機帶往全國各地。隨著銷售活動一個城市接著一個城市地進行，60秒相機在短短的兩年時間內，銷售額突破了600多萬美元，成為拍立得公司的主打產品。

　　從技術創新到銷售成功，60秒照相術很成功地體現出企業創新的基本程序：資訊─→設想─→研究─→觀念成果─→設計─→實施─→實體成果。

　　進行創新，首先需要針對相關的各種資訊進行篩選，從中找出公司具備的潛能，進一步研究，進而正確掌握創新的意義和目的，有助於降低或者分散風險，擴大贏利額度和市場佔有率。hilti公司有7000名員工在全世界從事直接銷售工作，他們每天要拜訪7萬名顧客，以顧客導向來進行營運。

在掌握資訊的基礎上，需要對未來進行分析。這是以系統化方法完成趨勢與公司能力及創新潛力的探索。在這一階段，要密切觀察，以掌握趨勢的可能性、重要性、相關性與連接性，並判斷這個機會是否適合公司發展。戴爾電腦公司（Dell Computers）的業務，在13年中已經從一年6萬美元上升到50億美元，由於他們追求改變的經營方式，他們按照個人需要配置電腦、用直銷和電話服務的方式銷售，讓他們做到了很多革命性進步。

對未來的發展有了較爲明確的輪廓時，進入第三步驟，開始著手進行創意激發工作。這時需要對收集的資訊加以整合、歸納，形成產品構想資料表，以便於決策準備之所需。樂高（Lego）公司由丹麥一位失業的木匠創辦，從最初製造銷售木製玩具發跡，業務發展到15億美元。這個過程中，他們勇於嘗試改變創新思路，採取透過產品目錄銷售的方法，在顧客家中裝配家具，進而極大地提高效益。

然後，進入創意決策階段，提出具體化的產品概念和相對應的品質功能，以逐步引導出未來顧客需求導向的產品和解決方案。並最終將創意化爲行動，付諸實現。一位顧客打電話到某公司諮詢產品情況，他從客戶服務部到銷售部、技術部，轉了一圈，沒有人解決他的問題。他只好放棄與該公司合作的打算。這家公司的組織管理肯定出了問題，各個部門互相扯皮，不去顧忌消費者的需求，他們的創新能力不會太強，在市場面前是蒼白的。

過去的輝煌只屬於過去而非將來。

——[美]盧·普拉特

木桶定律揭示
創新的兩種狀態

完全創新是一種徹底性地改進，一般需要鉅額費用、專業性強的科研人員以及實力雄厚的公司基礎，與之相比，漸進創新只是在原有產品的基礎上進行改進，比原產品更適合需求。漸進創新並不一定遜於完全創新，很多時候，兩者並沒有完全界限，而且完全創新很可能來自漸進創新。

有個木桶，桶壁上的木板參差不齊，一天，最高的木板驕傲地說：「瞧我，多麼高大，哪像你們，又低又破舊。」

最短的木板聽了，嘿嘿笑著說：「你雖然高，卻沒有用，木桶裝多少水，我說了算。」

最高的木板不服氣，說：「不可能，你怎麼能說了算！我才說了算呢。」

它們爭執不下，最後要求木桶裝水試驗。木桶為了平息爭吵，來到河邊打水。果然，它打上來的水只能到最短的木板處，

再多一點也流走了。

最高的木板見此，十分詫異，連忙詢問原因。木桶咳嗽幾聲，講出了其中的道理：一個木桶，只有所有的木板一樣高時，才會盛滿水；哪怕只有一塊不夠高，也不可能裝最多的水。而且，最短的木板才會決定水的多少，就這一點來講，其他任何木板都沒有意義。

聽到這裡，最高的木板害怕地問：「那麼我是可有可無的？木桶的容量再也不會提高了？」

「不，」木桶說，「離開你我也不能裝水，而且，要想提高容量，必須加高其他木板的高度，向你看齊。這是唯一的辦法。」

最高的木板聽了，這才稍微安下心來。

後來，人們把這一現象總結成為「木桶定律」或「木桶理論」。

參差不齊的木板決定木桶的容量，對於創新來說，不是去掉最高的木板，而是修補最短的，這一做法顯示出創新的兩種狀態：完全創新和漸進創新。

完全創新是一種徹底性的改進，一般需要鉅額費用、專業性強的科研人員以及實力雄厚的公司做基礎，與之相比，漸進創新只是在原有產品的基礎上進行改進，優點是比原產品更適合需求。

在產品同質化時代，僅僅品質經得起考驗還遠遠不夠，必須隨時保持領先，才能走在時代的前端。做到這一點，就必須進行完全創新。日本很多公司追求完全創新，強調研究與開發工作的獨創性，致力於開發領導新潮流的產品。他們認為，科研工作是增強企業競爭力的推動力。諸如日立公司，從小源浪平創立企業起，就十分重視技術的革新和應用。經過幾十年努力，形成了完善的研究與開發體制。1993年，日立共投入47億美元於研究與開發。研究與開發經費約佔公司總銷售額的6.5%。日立不僅在國內注重研發，也將研發工作推向國外。先後在美國建立了兩個研發中心，在歐洲建立兩個實驗室，從事半導

體和汽車零件部，以及電子資訊科學方面研究與開發。到1994年，日立公司已經擁有1.7萬名研究人員，分布在世界35個研究所中。如此鉅額的研發費用，以及龐大研究人員隊伍，表明日立公司發展的核心是透過技術創造附加價值。

完全創新需要付出昂貴代價。從國際各大醫藥集團每年的科研開發經費中可見一斑：葛蘭素史克每年55億美元，諾華每年32億美元，輝瑞每年25億美元。事實上，完全創新不僅耗資巨大，還需要雄厚的人力和物力資源做為支持。全球最大的日用消費品公司之一的寶潔公司，在創新方面投入巨大，他們的研究實驗室和工廠、市場一樣繁忙，產品更新速度之快，幾乎無人可比。這些創新來自於對消費者需求的深入了解，需要大批人員進行大量地市場調研，更需要投入巨資進行科研開發。

儘管做為全球規模較大的現代公司大多追求完全創新，但是也不能忽視漸進創新。站在巨人的肩膀上，會比他看得更遠。漸進創新並不一定遜於完全創新，很多時候，兩者並沒有完全界限，而且完全創新很可能來自漸進創新。伏特發明電池就是在他人基礎上取得的成就。1780年左右，義大利人伽伐尼偶然發現了動物電，但沒有正確地認識電流。十幾年後，伏特在他研究的基礎上，發現不僅動物能發電，將兩塊不同的金屬之間放一種液體也能產生電，進而開創了化學電源的方向。這一事例說明了完全創新來自漸進創新，也說明漸進創新的重要性。

企業家們需要有意識地去尋找創新的源泉，去尋找表明存在進行成功創新機會的情況變化擴其徵兆。他們還需要懂得進行成功的創新的原則並加以運用。

——[美]彼得・杜拉克

一位普通會計的
創新思維要素

要想真正發揮創新潛能，除了要有勇於嘗試與創新的勇氣，還必須精心地培育你的創造力。不要讓創意平白飛掉，隨時記錄下來一些創新想法；經常複習自己的想法，並與人交流；左右腦並用，保持創新的激情；尋找自己的創造力高峰，努力去實施創新性的想法。

有位先生，從事會計工作，對此之外的事物很少感興趣。一個偶然的機會，朋友邀請他參加房地產俱樂部舉辦的午餐會，他正好無事可做，就答應了。

在這次會議上，一位房地產業人士發表了演說，提出該市會繼續向四周繁榮下去，房地產業可以向周圍的農村進軍。在那裡，土地較為便宜，人員較為稀少，完全可以修建一種帶有游泳池、騎馬場和花園的高級休閒別墅，一定會受到人們的歡迎。

那位會計聽到這裡，心情頗為激動，多年來他特別渴望擁有這樣一個地方，可以遠離都市喧囂，放鬆地生活，盡享人間樂趣。所以，這次午餐會後，他沒有將此設想拋諸腦後，而是不斷向親朋好友們諮詢，與他們探討。結果他們對此也很感興趣，這給了會計極大鼓舞，他想，既然這麼多人喜歡這種構思，為什麼不付諸於行動呢？

從此，會計日思夜想，最終想起一個絕妙的辦法：買大賣小。他透過這段時間研究，已經知道周邊土地的價格，整塊土地要比零買的價格低很多。於是，他選擇一塊遠離市中心的土地買下來，種植樹木花草，並分成恰當的10塊。

之後，會計開始銷售自己的土地，他沒有做廣告，也沒有大肆宣傳，而是默默地弄到幾位經理人員的名單，直接給他們寫了推薦信，告訴他們那塊土地位置優雅，草木繁盛，價格便宜，只需要購買一棟小公寓的錢，就可以擁有建築豪華別墅的土地。這不僅可以節約開支，更有利於健康和休閒。

結果，不到兩個月的時間，會計就將10塊土地銷售一空，從中賺取了一大筆錢。

由於接近「有識之士的各種創見」，一位普通會計才能大賺一筆。如果當初他這個外行人沒有涉及參加房地產俱樂部的午餐會，就永遠也想不出這個計畫了。從他的故事中，我們結合實際，看看在創造能力方面，有哪些東西會激發創新思維的能力。

要想真正發揮創新潛能，除了要有勇於嘗試與創新的勇氣，還必須精心地培育你的創造力。下面這些要素會對你大有幫助。

1、不要讓創意平白飛掉，隨時記錄下來一些創新想法。

每個人每天都會遇到新鮮經歷，儘管有些微不足道，也可能會刺激大腦細胞，這是產生新想法的好機會。不要忽視這些一閃而過的想法，即時地將它們記錄下來，可以輕易地捕捉到新的創新性的思想。有一個經常旅行的人隨身帶一塊筆記板，創意一來，立刻記下來。有豐富的創造心靈的人都知道：創意可隨時隨地翩然而至。

2、經常複習自己的想法，並與人交流。

　　複習自己的想法，多問幾個「爲什麼？」，可以把問題看得更深入細緻，說不定從中可以尋找到更多更有用的創意火花。

　　每個人都會有很多想法，但不是每個人都善於表達自己的想法。當那些離奇甚至古怪的想法佔據頭腦，不能釋放出來時，它們不僅無法爲主人帶來收益，反而會影響、摧殘一個正常的大腦工作。所以，說出想法，交給他人去評價、審視，才有機會發現它們眞正的實用價值。實際上，很多公司的創新過程都少不了溝通的作用。蓮花工程與旦達航空公司十幾位高級主管每日有「咖啡閒聊聚會」，麥當勞公司的高級主管每天必有一次不拘形式的聚會。

　　3、左右腦並用，保持創新的激情。

　　科學研究告訴我們，大腦左右半球有著不同的分工，左半球一般長於邏輯思維，具有專業性，往往由它解決熟練性問題。右半球長於形象思維，富有探索性，往往由它解決新問題。由此可見，只有左右腦並用，才能更充分合理地激發創新熱情，並尋求到問題的最佳答案。發明家爲什麼會成功？因爲他們總想著找出解決問題的更好的方法，這一思維方式決定他們會不停地開發自己的左右腦，不停地提出新方案。

　　4、把握創造力的最佳時間，並努力實施新想法。

　　不同的人在不同的時間有不同的思維能力，找出自己創造力的最佳時間，會有事半功倍的效果。另外，有了創新性的想法，如果不去努力實施，再好的想法也會離你而去。愛迪生說：「天才是1％的靈感加99％的汗水。」就是這個道理。

創造力來自於不同事物的意外組合。使差異最顯著的最佳方法，是把不同年齡、有不同文化和不同信仰的人攪雜在一起。

──[美]尼古拉‧尼葛洛龐帝

對號入座者
告訴人們創造力之戒

如果能經常避免以下傾向，就很有可能提高創新能力：思維單一、視野狹窄、不分主次、缺乏自信、不敢質疑、迷信經驗和知識、情緒化嚴重。

有個人坐火車旅行，到車上後看到很多人都站著，沒有座位，就準備挨個車廂找座位。與他同行的妻子阻止他說：「這麼多人都站著，前面肯定也沒有座位，別浪費精力了。」說著，她站到車廂接頭處，放下行李說：「就在這裡吧，這裡還能站下腳。」

可是，那人並不聽勸告，還想去找座位。妻子不高興了，說：「擠來擠去幹什麼？再說了，萬一找不到座位，連現在這個地方也沒有了，豈不更受罪！」

那人卻不以為然，他說：「我經常出差，不管坐火車還是汽車，從來沒有為找不到座位犯愁。無論車上多麼擁擠，我都有辦法找到一個座位。」

妻子撇撇嘴，不信地說：「是嗎？你有什麼好辦法？」

那人說：「很簡單，就是耐心地一節車廂一節車廂找過去，總會發現空座位。」

妻子還是不信，於是兩人打賭，讓那人去找座位。那人果然順著車廂找下去，很快，他就在一節車廂中找到了空位，而且還有不少空位。

當他返回來領著妻子一起來到有座位的車廂時，妻子大吃一驚，不解地

說：「怎麼會這樣呢？」

那人笑著說：「像我這樣鍥而不捨找座位的乘客實在不多，大多數人都被表面擁擠的現象迷惑了。你想想，火車有十幾節車廂，一路上停停靠靠，上上下下的人很多，其中自然有很多提供空位的機會。可是有幾個人有耐心、有勇氣去找呢？不去找，又怎麼可能得到座位？」

妻子恍然明白，這與生活中安於現狀、不思進取、害怕失敗的人多麼相似，他們只會停留原地，不敢主動尋找，也就只能在最初的落腳地到站下車。

主動尋找座位，是主動思維和行動的表現。與那些放棄尋找，站在原地不動的人相比，他無疑具有較強的創新能力。那麼，究竟是什麼原因阻礙了其他人尋找座位的想法和行動呢？

根據大量的實例研究，人們發現阻礙創新能力提高的因素有很多，如果能經常避免這些傾向，就很有可能提高創新能力。

1、思維方式過於單一，是阻礙創新的第一因素。

許多人迷信經驗，習慣採納已經在實踐中被證明是有效的方法和對策。這

是一種常規，許多日常工作的處理中，往往把按常規或慣例辦事，奉為萬無一失的法寶。這種思維對創造力的發揮不利。拍集體照時，大多數攝影師會對著數十人乃至上百人的集體說：「一、二、三」，讓大家不要眨眼。可是有位攝影師注意到，每當這時總會有一兩個人堅持不停眨眼睛。於是拍出來的照片因為這一兩個人閉著眼而廢棄。怎麼樣保證每個人都不閉眼呢？他想出了個好主意，拍照前讓大家都閉上眼，然後他喊「一、二、三」，讓大家同時睜眼。這個方法很有效，拍出來的照片再也沒有閉眼的了。攝影師突破常規，否定經驗，才會有新的想法產生。

2、視野過於狹窄，不能從多方面考慮問題，是阻礙創新的第二因素。

愛因斯坦的兒子愛德華對父親的成功表示不解，詢問他其中的緣由，愛因斯坦回答說：「甲蟲在一個球面上爬行，但牠意識不到牠所走的路是彎的，而我卻能意識到。」拓展視野，從多角度觀察和思考是創新的基本方法。

一個人的創造力與專業知識並不成正比，相反，如果專業知識過於集中，會影響視野開拓，不能從多方面觀察、發現問題。這時，儘管知識再專業、技術水準再高，也難以突破創新的瓶頸，難以找到解決問題的方法。

3、不分主次，不思進步，是阻礙創新思維的第三因素。

創造力是創新精神驅動下的能力，缺乏目標，不分主次，往往造成動機不足，欲望不強，不會有什麼大的成果。生活中有許多因素會分散了我們的注意力，影響創意的思考。當你進行創意思考時，就應該盡力排除不必要的干擾因素。另外，分不清主次，會產生隨大流傾向，遇上一些自己也無法理解的做法時，人們往往會用「大家都這麼做，我也只要照辦就行了」，這就難免走進因循守舊的死胡同。

西方有句古諺：5%的人主動思考；5%的人自認在思考；5%的人被迫思考；而85%的人一生都討厭思考。這說明人是多麼懶惰，多麼害怕發生改變。確實，人類的本能是抵制變化的，他們希望生存的現狀是最合理的，不要遇到

挑戰，不要出現問題，這樣也就不要動腦子費力氣去想辦法。所以，只有不滿足現狀的人，肯於進步的人，才能發揮自己的創造力，爲改變生活而奮鬥。

4、受情緒左右，缺乏自信，不敢質疑，是阻礙創新思維的第四因素。

情緒是隱性能力，許多人情緒化嚴重，心理素質不穩，怕失敗、怕被嘲笑、怕被批評、怕被孤立，恐懼心情會使創造力受到壓抑。

創新是把「不可能」轉化爲「可能」的過程，具有創新能力的人必須富有進取心，既勇於質疑，又樂於批判，積極面對遇到的問題。一味否定，會妨礙正確地了解周圍的情況和有效地收集有關情報資訊，給發揮創造力造成困難。艾森豪將軍曾在五星上將麥克阿瑟手下任職，他生性倔強，個性鮮明，常常讓人下不了臺，就連麥克阿瑟也不放過，被貶爲「不好用的上校」。但是麥克阿瑟卻重用他，爲此麥氏解釋說：「人才有用不好用，庸才好用沒有用。」

5、缺少好奇心，對任何問題都缺乏興趣，是阻礙創新思維的第五因素。

好奇是創造力的第一動力，而非知識。不少人看待什麼都一副無精打采、滿不在乎的樣子，在他們眼裡沒有什麼新奇的事物。不管多麼新穎的點子、資訊，他們都會忽略不計。試想一下，這樣的人怎麼可能抓住創新的機遇？而一個創新力強的人，與他們截然相反，他具有孩童般的好奇心，如饑似渴地追求新事物、新資訊、新知識，使它們不斷激勵自己去創造，去發明。

6、過於迷信知識，紙上談兵，是阻礙創新思維的第六因素。

有著較高的文化知識，並不一定就能解決問題。我們常說「書呆子」，如果一個人對書本依賴性太強，縱然「滿腹經綸」，在實際工作中仍可能紙上談兵，一籌莫展。所以，切不可拘泥於知識，開闊視野、保持好奇心，錘煉自己靈活運用知識的能力，才是解決實際問題的眞本領。

> 可持續競爭的唯一優勢來自於超過競爭對手的創新能力。
>
> ——[美]詹姆斯·莫爾斯

老夫婦殺雞取金
闖進創新能力的誤區

「速度」不是企業發展的最大問題，也不是創新能力的最大體現。創新能力需要從幾方面加以考察、培養：發現問題、假想和模仿、激發和誘導、綜合和組合。

有對老夫婦生活貧苦，家裡只有一隻下蛋的母雞。他們依靠賣雞蛋賺生活費，因此十分疼愛這隻母雞。

一天，老婦人到雞窩撿雞蛋時，意外發現母雞下了一個金蛋。她非常驚喜，連忙喊來老伴，一起將金蛋藏了起來。

第二天，母雞又下了一個同樣的金蛋。從此，母雞每天都下一個金蛋，這下子，老夫婦高興極了，他們將金蛋賣了很高價錢，過上了富裕的日子。

後來，老夫婦漸漸不滿足每天一個金蛋了。這天，他們望著下金蛋的母雞，商量說：「我們應該更快地、更多地擁有金蛋。」「是啊，這隻雞每天都下一個金蛋，肚子裡肯定有很多金子。」

於是，兩人抓住母雞，將牠殺了。可是雞的肚子裡什麼也沒有，老婦人見此，一屁股坐在地上，哭訴起來：「我們本想得到更多，現在卻一無所有了！」

老夫婦為了得到更多黃金，竟然不惜殺雞取金，這種行為無疑於自殺。這個故事很好地印證很多企業在創新方面出現的問題：資訊社會，盲目擴大和提速成為競爭的一大熱點，為了提高速度，增加利潤，他們不惜將發展戰略簡化

為「買入」戰略，用金錢購買速度，而不去真正地重視創新。

速度真有這麼重要嗎？答案是否定的。日本人創造的ZK法認為，一個企業只有在員工們分散思索的基礎上，進一步集合各種觀點，然後再將思索的內容回饋到每人身上，這樣反覆進行，才能逐漸篩選出有用的構思，並達到觀點一致，最終促使創新產生。這一反覆推進的過程，沒有看到「速度」佔有重要位置。

「速度」不是企業發展的最大問題，更不是創新能力的最大體現。盲目提速只會闖進創新能力的誤區。實際上，在產品創新過程中，存在的誤區還有很多。比如過於迷信產品，看不到它的負面影響。任何產品都有缺點，如果正視缺點，可以對其加以改進或者做出其他創意決定；相反，則只能抱著缺憾當完美，不可能有創新之舉。

還有，對消費者回饋過於關注，認為消費者總是正確的。這一點與第一點正好相反，來自消費者的多是對產品不滿的意見，過分重視這些意見，總是看到產品不好的一面，勢必自卑甚至產生放棄的念頭，何談創新？

另外，對自己的品牌和權威過於依賴。拘泥於自我，就會看不到他人和外面的世界，斷絕來自各方面的外界消息，這對於創新十分不利。所謂創新，是打破自我的過程，如果做不到這一點，創新就會走進死胡同。

提高創新能力，就要走出誤區，從正確的方向加以考察、培養。

即使日本人現在也不得不超越模仿、進口和採用他人技術的階段，學會由自己來進行真正的技術創新……

——［美］彼得・杜拉克

女教師來自平凡生活的創新

創新不是什麼人的專利，不僅僅是科學家和科研工作者的事，它需要科技界不懈努力，更需要全社會一起參與。有人提出讓創新成為習慣的說法，鼓勵全體人們都來創新，讓創新成為全民族的一種習慣，使創新思維滲透於工作、學習、生活和一切社會事務中。

露易絲是位普通的美國女教師，她所在的羅愛德小鎮位於美國芝加哥市的西北角。多年來，她默默無聞地工作，並堅持不懈地做著一件事：每天為女兒拍一張照片。這件事情說來簡單，可是能夠20年如一日地去做，就不是那麼容易了。

然而，露易絲做到了，從女兒出生那天起，她就開始為她拍照，直到女兒20周歲，她拍了足足7300多張。她十分沉迷自己的這項事業，為之取名：女兒每天都是新的。

20年來，「女兒每天都是新的」這一活動逐漸傳揚開，以致於驚動了當地教育機構。機構負責人商量後，決定為此舉辦一次攝影展覽，宣傳露易絲平凡卻有偉大的創舉。

攝影展覽引起轟動效應，吸引了來自各地的人們，特別是新聞機構最感興趣。從美國各地來了2800多位記者，打破了美國個人攝影展覽採訪記者人數的歷史紀錄。

其實，露易絲拍攝的照片沒有什麼高超之處，從內容到技術都很平常，甚至有些庸俗。可是，這些再普通不過的照片卻影響深遠，震驚美國，因為人們普遍認為，它們體現了一位母親對女兒永恆的愛。

平凡鑄就偉大，習慣造就創新，這是露易絲帶給人們的啓示。露易絲認爲女兒每天都是新的，這是對創新的發現，她爲女兒堅持照相，這是創新能力的表現。

創新不是高不可攀的事，也不是科學家和科研工作者的事，它存在於平凡生活中，每個人都有創新的機會和能力。只要有心，誰都會成爲創新者，成爲推動社會進步的力量。

20世紀初，有人發現在美國墨西哥灣海面上漂著一層油花，經過鑽研得知海底儲藏著豐富的石油。於是墨西哥灣建立起世界第一口海上油井。這次發現並非來自高科技，而是來自於社會大眾中，可見，創新是無處不在的。

創新能力強弱，很大程度上體現一個民族和國家的強弱。科技創新是國家和社會進步的直接動力，與國家的文化環境密切相關。當一個社會爲創新培養了沃土之時，創新就會層出不窮。如果說創新是一座大廈，那麼全體民眾就是支撐起大廈的根基。只有根基牢穩、紮實，大廈才會越建越高。

如果一個組織——國家或者公司的使命確實有激勵作用，它會給大眾指引方向，指出出路，指導他們為世界做貢獻，為實現自我而努力。而不是一味地提出要求，兌現利潤，因為這樣做會使大眾失去使命感，喪失創新精神。這是極其危險的事情，所以，目前很多組織不再將個人的天賦做為創新的主體，為了得到更多更有價值的創新，他們會充分調動每位人員的積極性和創造性，為他們提供良好的機會和條件。

許多人也許並不知道，世界上市值最大的商業公司不是微軟、通用電氣或松下，而是維薩（Visa）。它為什麼具有如此神奇的地位呢？它依靠的是什麼？答案很簡單，也很出人意料：維薩以擁有20000名投資人而成功。這20000名投資者既是顧客、供應商又是競爭對手，這一全新的管理模式讓他們在眾多商業公司中脫穎而出，將目標鎖定在「建立世界第一大價值交換體系」上，並最終得以實現。

知名編舞家崔拉·夏普說，「歷經三十多年的編舞生涯，我終於明白，只有當我把創意視為生活的一部分，當作一種習慣時，才能真正的擁有創意。」創新意識必須強化，要讓創新成為全民族的一種習慣，使創新思維滲透於工作、學習、生活和一切社會事務中。如此，每個人的創新潛能必都最大限度地激發出來。

尊重個人，優質服務，追求卓越。

——IBM（國際商用機器公司）的三大價值觀

第四篇

創意方法

五次面試的創意方法集萃

嘗試改變既有模式，超出我們設定的答案範疇，是創意方法的共性；在面對壓力或遭遇挫折時，產生創意愈大；絕大部分的創意是由自身熟悉的人、事、物發展出來的。

有位年輕人，想到一家公司工作，而他知道這家公司面試嚴格，很難過關。怎麼樣出奇制勝，贏得先機呢？經過考慮，他想出一個好方法。

這天，他坦然來到公司辦公室，聲稱自己前來面試。

經理大惑不解，因為公司沒有刊登招募廣告。年輕人並不退縮，而是說：「我剛巧路過這裡，就貿然進來了。」

經理還是第一次遇到這種事，十分好奇，就破例讓他試一試。可是結果不盡人意，年輕人表現糟糕，不合要求，於是他說：「我事先沒有準備，所以太匆忙了。」經理心裡輕輕一笑，他見過太多這樣的年輕人了，這不過是為自己找個理由罷了，於是隨口說：「那好，等你準備充足了，再來試吧。」

沒想到，過了十幾天年輕人果然又來了。這次他雖然有些進步，卻還是沒有過關，經理再次重複了上次那句話：「等準備好了再來吧。」

就這樣，年輕人先後5次來到公司面試，在一次次「進步」中終於獲得經理認可，如願進入公司工作。

190

　　創意需要方法，從1937年Osborn宣導腦力激盪法開始，先後湧現出三三兩兩討論法、六六討論法、心智圖法等多種創意思維方法。這些方法從不同角度提供了提高創意能力的技巧，道出了創意方法的特色。

　　1、腦力激盪法

　　此法強調集體思考的方法，著重互相激發思考，鼓勵參加者於指定時間內，構想出大量的意念，並從中引發新穎的構思。腦力激盪法雖然主要以團體方式進行，但個人思考問題和探索解決方法時，也可以運用此法激發思考。該法的基本原理是：只專心提出構想而不加以評價；不侷限思考的空間，鼓勵想出越多點子越好。

　　2、三三兩兩討論法

　　此法為每兩人或三人自由成組，在三分鐘中限時內，就討論的主題，互相交流意見及分享。三分鐘後，再回到團體中做彙報。

　　3、六六討論法

　　六六討論法是以腦力激盪法做基礎的團體式討論法。方法是將大團體分為六人一組，只進行六分鐘的小組討論，每人一分鐘。然後再回到大團體中分享及做最終的評估。

　　4、心智圖法

　　是一種刺激思維及幫助整合思想與資訊的思考方法，也可說是一種觀念圖像化的思考策略。此法主要採用圖誌式的概念，以線條、圖形、符號、顏色、文字、數字等各樣方式，將意念和資訊快速地以上述各種方式摘要下來，成為一幅心智圖（Mind Map）。結構上，具備開放性及系統性的特點，讓使用者能自由地激發擴散性思維，發揮聯想力，又能有層次地將各類想法組織起來，以刺激大腦做出各方面的反應，進而得以發揮全腦思考的多元化功能。

　　5、分合法

　　Gordon於1961年在《分合法：創造能力的發展（Synectics：The Development Of Creativity）》一書中指出的一套團體問題解決的方法。此法主要是將原

不相同亦無關聯的元素加以整合，產生新的意念、面貌。分合法利用模擬與隱喻的作用，協助思考者分析問題以產生各種不同的觀點。

6、目錄法

比較正統的名稱是「強制關聯法」，意指在考慮解決某一個問題時，一邊翻閱資料性的目錄，一邊強迫性地把在眼前出現的資訊和正在思考的主題聯繫起來，從中得到構想。

7、創意解難法

美國學者Parnes 1967年提出「創意解難」（Creative Problem Solving）的教學模式，是發展自Osborn所宣導的腦力激盪法及其它思考策略，此模式重點在於解決問題的過程中，問題解決者應以有系統有步驟的方法，找出解決問題的方案。

除了上述幾種外，創意還有曼陀羅法、逆向思考法、屬性列舉法、希望點列舉法、優點列舉法、缺點列舉法等很多方法。

不管哪種方法，創意的可貴性讓它成為人類苦苦探索的奧妙。那麼，做為改變人類和世界的寶典，創意方法具有哪些特性呢？

a.嘗試改變既有模式，超出我們設定的答案範疇，是創意方法的共性。先人若不是改變地上生活模式，也不會有海上行舟的行為，更不會有發現美洲新大陸的壯舉，只要嘗試改變，有新的創意，當然就會有甜美的果實。

b.創意需要壓力，一般來說，壓力越大，創意越多。這就像彈簧，壓下去的力越大，彈起來的就越高，要是沒有壓力，也就無從彈起。

c.小孩必先學爬再學坐，進而學走，而後跑、跳自如，創造力亦是如此，絕大部分的創意是由自身熟悉的人、事、物發展出來的。

綜合上述所言，要激發創意潛能並非難事，掌握一定方法，在自我放鬆、不要設限、勇於吸收的內在條件下，一定會獲得了不起的創意。

> 「進步是我們最主要的產品。」
>
> ——GE（通用電氣公司）的企業理念

瞎琢磨的孩子啓示沉思法

沉思，指的是認真、深入地思考，在寂靜和孤獨中對某個中心意念或意象的深沉思索。沉思是一種思維方式，是在東方宗教信仰中發展起來的，具有古老歷史。沉思一般是思想深處的東西，其深奧性不言而喻。與西方祈禱比較，兩者具有共性，都是精神領域的一種修練和沉澱。在自我修養面前，沉思無疑可以起到調節自我意識、增強控制情緒能力的作用。這些作用有利於創意。

有個孩子，很愛瞎琢磨。有一次，他父親帶他去池塘摸魚，對他説：「你不要出聲，靜靜地站在淺水裡，一會兒就有魚游過來了。要不然，魚會游到深處去。」

孩子按照父親的吩咐去做，父子倆果然抓住了好幾條魚。

第二天，父親又要帶著孩子去抓魚，孩子卻不去了，他獨自躲在房間裡發呆。父親見此，訓斥一句：「這麼懶惰！」轉身獨自走了。

可是孩子不為所動，沉思不語。傍晚，父親回家時，孩子高興地跳過來對父親説：「我有更好的辦法了。」

原來，他從父親的方法中受到啓發，認為既然魚聽到動靜會游向深處，何不利用這一特點，在水池深處挖個深坑，然後從四面八方向池塘扔石子。這樣魚會游向深坑，那麼他們就可以站在深坑裡，不費力氣地抓魚就是了。

父親聽了孩子的話，也覺得可行。第三天，他們一起行動，按照新方法摸魚，果然輕鬆多了，抓到的魚也多了。

孩子對大人們司空見慣的問題「瞎琢磨」，表現出創意天分。這種「瞎琢

磨」是創意方法的一種──沉思法。

沉思，指的是認真、深入地思考，在寂靜和孤獨中對某個中心意念或意象的深沉思索。沉思是一種思維方式，是在東方宗教信仰中發展起來的，具有古老歷史。沉思一般是思想深處的東西，其深奧性不言而喻。與西方祈禱比較，兩者具有共性，都是精神領域的一種修練和沉澱。在自我修養面前，沉思無疑可以起到調節自我意識、增強控制情緒能力的作用。這些作用有利於創意。

與放鬆相比，沉思也有相同性。沉思是透過反覆思考同一問題，直到達到某種思想的極端，產生類似開悟的感覺。這種集中精力的特色與放鬆相似，只不過後者是掩藏住對意識察覺的集中。留意當下是沉思的核心，佛教認為「對當前的現實生活保持活躍的意識」是沉思的關鍵。對當下問題的關注，會使大腦接納壓力和情緒，不至於自我意識分散。

可見，沉思對心理的自我調節，讓人感覺是指向對現實苦惱的擺脫，這兩者看起來是矛盾的。其實，兩者並不矛盾，反覆的思考是會激發一種頓悟，頓悟也是更徹底的擺脫、去執著、去妄念、去反思，這在佛教修練裡很強調。

善用沉思法的典型人物是發明家蓋茲博士。他在解決問題遇到困難時，喜歡進入一間沒有聲音、沒有光線的屋裡，獨自靜坐默想。很多時候，他會枯坐幾個小時，一旦有了某種意念性答案，他會立即打開燈記錄下來。透過這種方法，蓋茲博士完成了數百種發明和發現，有力地說明了沉思法的可操作性。

「我們需要為我們的產品創造需求。」
──英代爾公司董事長兼CEO葛洛夫

借款1美元的富翁
善用立體思維法

系統思維法，就是從整體出發，透過分析整體與局部之間、以及整體與外界環境之間的相互關係，進行全方位思考研究，以獲得解決問題的最佳途徑的思維方法。立體思維是系統思維創意法之一，跳出點、線、面的限制，從上下左右，四面八方去思考問題，體現出立體思維的特點。

一位先生到銀行借款，額度是1美元。這讓銀行工作人員十分不解，因為此人穿著闊綽，舉手投足間盡顯富豪派頭。於是，銀行經理小心地說：「儘管您只借1美元，可是根據規定，您必須交付一定擔保。」

那位先生一邊點頭，一邊從皮包裡取出股票、債券等，堆到櫃檯上說：「這些擔保可以嗎？」

銀行經理清點一下後，驚異地發現這些東西價值50萬美元，不由張大了嘴巴。過了好一會兒才又結結巴巴地說：「當然，足夠了。不過，不過，您確定只借1美元？」

「是啊，」那人面無表情，「1美元就夠了。」

這時，銀行方面有些沉不住氣了，他們不明白這位先生到底何意，為何擁有如此財富卻偏偏只借1美元？為了保險起見，他們彙報給了銀行行長。行長分析情況後，也覺得事有蹊蹺，迫不得已親自過來接見那位先生，不好意思地問道：「對不起，先生，我是這家銀行的行長，我有一件事實在搞不懂，想向您請教。」

　　那位先生表示理解，於是行長說：「我實在有些疑惑，您擁有50萬美元財產，卻只借1美元。要是您借得更多，我們也很樂意為您服務。」

　　那位先生聽到這裡，呵呵笑了，他說：「我明白你的意思了。」說完，他講述了自己為何借款1美元的前因後果。原來，他來到此地是為了辦事，可是隨身帶著這些票券很不方便。他有心存到銀行的保險箱裡，卻發現租金很貴。因此他就想到了透過借款，用票券做擔保的辦法。這樣一來，既能保證票券安全，而借款1美元的年利息不過6美分，真是太合算了。

　　故事中的有錢人跳出點、線、面的限制，從上下左右，四面八方去思考問題，體現出立體思維的特點。立體思維是系統思維創意法之一。

　　所謂系統思維法，就是從整體出發，透過分析整體與局部之間、以及整體與外界環境之間的相互關係，進行全方位思考研究，以獲得解決問題的最佳途徑的思維方法。在這一方法中，除了立體思維法以外，還有資訊思維法、控制思維法和協調思維法幾種。

　　據說，蘇東坡有一段時間覺得自己文思枯竭，沒有了創作能力，為此他很焦慮，就去找好朋友佛印禪師傾訴苦惱。佛印聽完後，不動聲色地為蘇東坡斟茶。杯子裡的茶水滿了，他依然不停下，結果茶水淌了一桌子。蘇東坡目不轉睛地注視著這一幕，忽然大悟，高興地笑了。原來佛印透過斟茶告訴蘇東坡，他頭腦裡的「舊茶水」已滿，所以頭腦麻木，文思枯竭。只有忘掉或者摒棄舊的東西，進行新思維，才會有新的收穫。蘇東坡接受佛印的建議，放下舊有的一切，從旁類書籍入手，很快頭腦重新恢復敏捷性，文思泉湧，佳作迭出。

　　看來，固執於一點，不能從全局或者外界觀察問題，往往會侷限思維，難有突破。在系統思維法中，資訊思維法就注重對各種資訊的獲取、傳遞以及處理和加工，進而實現整個系統的最優化。

　　有些時候，根據資訊回饋可以控制系統運作，這時就出現了回饋思維法。

1820年，哥本哈根大學的奧斯特發現導線中通過電流時，周圍的磁針發生了偏轉。由此他得到結論：電流會產生磁場，於是電磁學誕生了。

另外，協調思維法也是系統思維法的常見方法。這種方法的特點在於透過協調作用，拋卻差異和干擾，尋求系統各個要素之間的平衡，達到共性。前蘇聯的米格25曾是世界一流的戰鬥機，在它身上很好地體現了協調思維法的運用情況。當時，美國十分渴望了解米格25的技術情報。恰好日本人獲得了一架米格25，雙方經過交易，日本同意美國前去考察研究。可是美國專家經過細緻鑽研，發現飛機上的零件沒什麼先進之處，大部分比美國還要落後，他們百思不得其解，不知道技術含量如此一般的米格25，為何在爬高、飛行速度方面會遠遠超越其他飛機。事隔多年，問題的答案揭曉了：米格25的技術裝備確實不先進，不過它安裝了先進的反干擾系統，進而確保了機體整個系統的協調運作，因此功能一流，超越其他許多戰鬥機。

「以世界第一流的高精度而自豪。」
——HP（惠普公司）的企業理念

雨中觀音提示的側向創意法

側向法，是指透過把注意力引向外部因素，進而找到在問題限定條件下的通常解決辦法之外的思維方式。這種技法的核心是在問題被限定的條件下，變換注意力於外部因素而得出解決問題新思路。

有個人遇到了難事，一心祈求觀音菩薩救助。這天，他準備去廟裡上香求觀音，不巧天降大雨，他沒有帶雨傘，只好到屋簷下避雨。這時，他忽然看到觀音菩薩打著雨傘路過，於是急忙請求觀音幫助自己。

觀音看了他一眼，並沒有前去相助，而是說：「你在屋簷下，雨淋不到你，而我在大雨中，所以你不需要我幫助。」

那人一聽，立刻從屋簷下跳出來，站在大雨中說：「我現在在雨中了，祢該幫我了吧？」

沒想到，觀音不為所動，平靜地說：「你我都在雨中，我因為有傘，所以不挨淋，你因為沒有傘，所以被雨淋。是傘幫了我，你要想救自己，不必找我，而該自己去找傘。」說完頭也不回地走了。

那人好生納罕。等到雨過天晴，他繼續趕路去廟裡上香。讓他大吃一驚的是，在他跪拜的觀音像前，有個和觀音長得一模一樣的人也在跪拜。他驚異地上前詢問：「祢是觀音嗎？」

「是。」觀音回答。

那人更奇怪了，問道：「祢為什麼自己拜自己？」

觀音回答：「因為我知道，求人不如求己。」

　　觀音從側面告訴世人，求人不如求己，這裡揭示出創意的另一種方法——側向法。側向創意法是相對於已經存在的思維和方法而言的，指從前所未有的角度重新觀察、分析問題，得到與以往不同的答案和方法。側向法是發明創造的有效思維方式，這種技法的核心是在問題被限定的條件下，變換注意力於外部因素而得出解決問題新思路。

　　在考慮問題時，不少人喜歡從正面進攻，一而再地花力氣尋求問題的解決之法。可是他們往往不能成功，找不出解決問題的關鍵所在。而面對同樣的問題，有些人會放棄正面進攻，採取迂迴戰術，旁敲側擊，從不同的角度去考察、思索，結果很輕鬆地找出了解決問題的答案。這就是側向思維法的作用。

　　有個實驗很好地說明了側向法的實用價值。將一隻雞和一隻狗關在兩堵短牆之間，在牠們面前分別放上一盆飼料。不過，飼料前用鐵絲網隔開，讓牠們無法輕易就能吃到。雞看到飼料，不管三七二十一就衝了上去，結果被鐵絲網擋住，幾次三番都吃不到飼料。狗卻聰明得多，牠沒有莽撞地衝過去，而是左右觀察，發現從短牆後面可以繞過去，因此輕鬆地吃到了飼料。

　　可見，側向創意法的要點在於擺脫常規的思維方式，打破習慣性的思維束縛，從一種新的角度、新的方向去尋找途徑，主動尋求「柳暗花明又一村」。塞姆・沃頓曾經是20世紀80年代的世界首富，他說：「我常為自己能破別人之常規而感到驕傲，我始終偏愛能對我的規則提出挑戰的異己。」他認為，經營之道「首先要破除成規……所有知道我以不成熟想法向前行進的人，都以為我是完全失去了理智，沒有人敢將投資賭注押向第一家沃・馬特連鎖超市時……

我們傾家蕩產發跡」。

　　打破常規的能力是創造家的關鍵行為品質。善用側向法者會利用其他領域的觀念、知識、方法或現象等來尋求新的途徑和思路。他們喜歡嘗試新鮮的、從未做過的事情。瑪丹娜在80年代打破了披頭四合唱團保持的流行歌曲單曲唱片銷量紀錄，成為全球矚目的女歌星。她能夠做到這一點，得益於她勇於嚐新的精神。在與製作人合作時，她常常提出的要求就是：試試「不同」，不同的服裝、不同的音調、不同的燈光……一切能夠打破常規，帶來新意的東西她都會堅持，進而創造了世界上獨一無二的成功。

　　在實踐中，側向法應用較為廣泛，一般下述兩種情況下都會用到：

　　1、在常規方法無法解決某一問題時，需要轉換思路，從與之無關的新領域入手。魯班一心尋找更快的斧子來砍伐樹木，卻總難如願，後來他發明了鋸，使鋸木頭的速度大為提高。有些時候，為了解決問題，不妨請「外行」參與，讓他們出點子，這會得到與常規、經驗截然不同的思路，往往會較為神速地解決難題。

　　2、既有的方法、思路多種多樣，雖然都可以用來解決問題，但是存在優劣之別。這時如果總是依賴其中之一，不能選擇最好的方法，就需要果斷地尋求新途徑。有人過河時問幾位船老大：「誰的水性好？」船老大們爭先恐後地擠過來，拍著胸脯說自己最好。只有一位船老大站在最後，不言不語。過河的人注意到他，問他為何不說話。他說自己根本不會游泳，所以沒有必要回答。沒想到，過河的人一聽，立即表示要坐他的船過河。其他船老大不服，詢問其中緣由，過河的人說，他不會游泳，划船時一定格外小心，這樣坐船的人才會得到最大的安全保障。

「鼓勵嘗試風險。」

　　　　　　　　　　　　　　　　——英代爾公司的六條基本原則之一

獵狗追兔子追出的
分解創意法

所謂分解法就是透過對某一事物（原理、結構、功能、用途等）進行分解，以求發明、創造的方法。分解手段並非指一般的簡單分解即算告成；分解法的分解是指透過分解手段使人們發現更多的創造物件，在既有事物的基礎上，做出發明革新，分解應該具有新價值；分割是分解的一種形式。

有位獵人帶著獵狗去打獵，當他發現了一隻兔子，讓獵狗去追趕時，獵狗卻不盡心。因為獵狗與兔子的目的不同，一個為了吃飽飯，一個卻是逃命。

獵人從這件事中受到啟發，決定對獵狗實行獎罰制度：獵狗每抓到一隻兔子，就可以獎勵他一根骨頭，抓不到兔子的獵狗，就沒有飯吃。

這個制度推行後，獵狗們抓兔子的積極性提高了，每天抓住的兔子數量大大增加。

可是好景不長，過了不久，獵狗抓到的兔子個頭越來越小。這是怎麼回事？獵人奇怪地詢問獵狗。獵狗告訴他：「只要抓住兔子就有骨頭，又沒有說明兔子個頭的大小！小兔子跑得慢，當

然比大兔子好抓了，誰不去抓小兔子啊！」

發現了問題所在後，獵人經過思索，改進了自己的制度規定，獎勵骨頭的數額與兔子的重量結合起來，不再以數量多少而定。哪隻獵狗抓得兔子最重，得到的骨頭會最多。

新措施實施後，獵狗們的積極性又高漲起來，抓到的兔子比以前又多又大了。

然而，這一情況持續的時間不長，又發生了問題。獵狗們似乎失去了抓兔子的興趣，特別是有經驗的獵狗，牠們一點積極性也沒有，根本不再關注自己的工作。這次，獵人主動分析原因，了解到獵狗們擔心老了以後，無法工作時得不到福利待遇，吃不上骨頭，於是他急忙推出了相關福利措施。

在福利措施刺激下，獵狗們工作的積極性空前高漲，獎罰制度似乎已經完備了。獵人為此很是欣慰，正要準備好好休息幾天時，卻看到令他難以置信的一幕：不少獵狗，尤其是優秀的獵狗，開始離開獵人，自己創業抓兔子去了。

這可太讓獵人著急了，他想了很多辦法，試圖挽回獵狗們的心意，可是效果不佳。長此下去，獵人手裡的獵狗越來越少了，但他依然沒有找到問題的癥結在哪裡。這天，他實在無計可施了，只好找到離開的獵狗，面對面詢問其中的原因。

有隻獵狗見他情真意切，十分感動，對他說明了緣由。原來這些獵狗並非對獵人不滿，而是他們覺得自己生活的目的不單純為了幾根骨頭，還要實現自我的夢想。這個夢想就是有朝一日，也能成為老闆。

獵人恍然大悟，獵狗們希望實現自我價值，所以選擇了離開。看來，只要自己推出的方案也能幫助他們實現理想，就一定會重新召回他們。在細緻又科學的研究後，他提出了創建股分制有限公司的政策，這一政策不僅鼓勵能幹者

多勞多得，關鍵還實行強者孵化措施。優秀的獵狗隨著業績增長，可以提升進步為經理、總經理，直至參與股份管理，成為董事會成員，也就是實現老闆之夢想。

結果，這一招數宣布後，立即吸引了離開的獵狗，他們不但返回獵人的公司，還積極工作，忠心耿耿。不久，其他地方的獵狗聽說後，也紛紛加盟。獵人的公司越辦越大，長盛不衰。

根據獵狗們的不斷變化，獵人做出相對對策的過程，體現出分解創意法的特色。所謂分解法就是透過對某一事物（原理、結構、功能、用途等）進行分解，以求發明、創造的方法。

分解法具有以下特點：

1、分解手段並非指一般的簡單分解即算告成，例如把帶橡皮擦的鉛筆分解成橡皮擦和鉛筆，把電腦分解為螢幕和主機，這種對組合的復原沒有創造意義。

2、真正的分解指的是在既有事物的基礎上，透過分解手段得到更多、更新的發明物件，創造出新價值。在判斷分解時，分解產物有無價值、價值大小是唯一的根據。從分解價值角度來看，對於一個整體，只要能分解成相異的原理、結構、功能、用途等，或者分解出新的事物，就具有對其分解的價值，就具有實用性。

3、分割是分解的一種形式。舊產品的分割也能產生價值，所以也屬於分解創意法。市面上，雞販鑑於有人喜歡吃雞腿，有人喜歡吃雞胸，於是將雞腿與雞胸切割後，分開來賣，進而產生新的銷售方式，這是經由「分割」的概念，所產生的賣點。

「不斷淘汰自己的產品。」

──微軟公司的成功祕訣之一

乞丐運用求異思維法
喝到了鮮湯

求異思維的關鍵在於人不受任何框架、任何模式的約束，能夠突破、跳出傳統觀念和習慣勢力的禁錮，使人們從新的角度認識問題，以新的思路、新的方法創造人類前所未有的更好、更美的東西。求異思維的主要規律和方法是類比法。

有個乞丐在暴風雨的夜晚無處安身，更沒有食物可以充飢，他接連敲了好幾家的門，卻無人收留他，也沒人給他一口飯吃。

乞丐又冷又餓，來到當地最富裕的一位財主家門前，再次敲響了門鈴。財主家的僕人出來後，一看他，立刻吼道：「滾開！主人吩咐了，不會給你吃的。」

乞丐卻很平靜，他說：「我不要吃的，我只要在你家的爐火前烤乾衣服。」

僕人心想，這樣不必花費什麼，財主也不會怪罪自己，就讓乞丐進去了。

乞丐來到爐火邊，頓時暖和多了。他看到僕人們穿梭往來地準備食物，靈機一動，對廚師說：「你能借給我一個不用的小鍋子嗎？我要用它煮碗石頭湯。」

「石頭湯？」廚師聽了十分驚異，隨手丟給他一個破舊的鍋說：「我今天倒是開了眼，看看你怎麼煮石頭湯。」

乞丐不慌不忙，到路上撿了塊乾淨石頭，放到水池裡仔細清洗，然後放進

鍋裡開始用火煮。這時，圍上來好幾個僕人，他們好奇地議論紛紛，有人忍不住抓起一把鹽說：「哎呀，光煮石頭，再好吃也沒有鹽味啊，給你加點鹽！」說著，放進鍋裡一些鹽。其他人見了，有心嘲弄乞丐，也抓起身邊的各種食物，像豆子、麥芽，亂七八槽地扔進鍋裡。

乞丐一直不言不語，等到鍋裡的水開了，他端起來說：「石頭湯煮好了。」說完，撈出石頭，美美地喝了一鍋鮮湯。

乞丐能夠喝上鮮湯，完全得益於他聰明的方法，如果他直接向僕人乞求一鍋鮮湯，相信誰都可以猜測到結果。所以，他不像以往那樣乞討，而是採取了與之不同的新思維、新做法。這體現出創意中常用的一種思維方法——求異思維。

顧名思義，求異思維就是在解決問題時，跳出原有的框架、約束和禁錮，從全新的、另類的、與原來完全不同的角度、思路，去發現、思索、進而創造更好的方式和方法。

高射炮彈一般用於打飛機，往往是向上打的，前蘇聯有人用它打入地下，為石油鑽井服務，效果頗佳。可以說求異就是使「圓變方，縱變橫，平面變立體，飛機入水，船上天」。日常所說的「出奇制勝」，就是種求異思維。在戰場上、在工業、商業競爭中，這樣的例子不勝枚舉。例如彩色電視的製造，螢幕越來越大、功能

越來越強、按鍵越來越多、成本越來越高、使用越來越複雜，有廠商即時推出功能減少、使用方便、價格低廉的大螢幕電視，銷售量大增，就是求異思維的結果。

求異思維的主要規律和方法是類比法。類比法，就是透過把陌生的物件與熟悉的物件、未知的事物與已知的事物進行比較，從中獲得啟發而解決問題的方法。分為直接類比、仿生類比、因果類比、對稱類比幾種。比如蛇的嘴巴張開後，能大大超過牠自己的頭部，根據這一特徵，發明了蛇口形曬衣夾，就是仿生類比的成果。

英國的培根有一句名言：「類比聯想支配發明。」類比法常常藉助於客觀事物之間的比對，開啟求異思維的思路。圓珠筆的發明就是類比法的結果。拉·比羅是匈牙利的一位新聞記者，經常到各地採訪，在使用鋼筆時由於常常缺水，很不方便。後來他注意到油墨的優越性，透過觀察孩子們在地上滾皮球的活動，想到用鋼珠替代鋼筆尖，進而發明了圓珠筆。

類比法不受通常的推理模式的束縛，具有很大靈活性和多樣性，是創意活動中常用的方法之一。

「吞噬現有的產品是保持領先的途徑。」

——惠普公司董事長兼CEO盧·普拉特

壞脾氣男孩見證的改良創意法

所謂改良，就是把舊產品縮小放大、改變形狀或改變功能的意思。所有的產品，除了第一代是發明外，以後都是經由「改良」逐步完成的。哈佛大學教授李維特說改良是「創造性模仿」。創造性模仿絕非仿冒，它的基本精神是創新的、積極的，經過對舊產品的改良或重組後，產生另一全新的產品。

有位父親，因為兒子脾氣很壞，動不動與人爭吵，苦於無法教育他而十分煩惱。後來他聽了一位聰明人的話，送給兒子一袋釘子，並對他說：「每次你發脾氣的時候，不要忘了在牆上釘一個釘子。」

兒子接受了父親的忠告，第一天，他在牆上釘下了37枚釘子。37枚釘子，都是他用鎚頭一下下敲進去的，這對一個孩子來說，可不是個輕鬆的工作。當他最後一次在牆上敲打釘子時，第一次意識到，自己竟然這麼容易發脾氣，而發脾氣會帶來如此沉重的惡果。

漸漸地，兒子開始自覺地控制與人爭吵的次數，他發現，少一次爭吵，比釘一枚釘子更容易做到。他每天釘下的釘子數量也日漸減少。

終於有一天，兒子欣喜地對父親說：「我今天一枚釘子都不用釘了。」父親很高興，兒子有耐心了，不再亂發脾氣了。這時，他想起聰明人告訴他另一半的話，要他告訴兒子，從這天起，每次控制自己不發脾氣的時候，就可以拔出一枚釘子。

兒子也希望那些釘子能夠拔出來，於是他天天都有收穫。一段時間後，他興沖沖地告訴父親，所有釘子都拔完了。

　　父親顯然有些激動，他拉著兒子的手來到牆邊。當他看到牆上一個個釘子留下的洞時，對兒子說：「看見了吧，這些釘子留下了洞口，這就像用刀子捅別人一刀一樣，傷口會長久存在。生氣時對人發脾氣，說出去的話也會傷害別人，並留下不可磨滅的傷痛。」

　　拔出釘子，改善心態，這是改良方法的具體運用。在產品創新中，改良是常用到的方法。所謂改良，就是把舊產品縮小放大、改變形狀或改變功能的意思。所有的產品，都是在前人研究基礎上發明出來的，除了第一代外，以後都是經過不斷「改良」，進而逐步形成更新的產品。比如吸塵器，就是將「吹」改為「吸」的結果。不同的產品是這樣，即使同一件產品，也是經過不斷地改進才逐漸完善的。

　　改良是創意的重要方法，是最常見的方法。《哈姆雷特》是莎士比亞最著名的舞臺劇，流傳百年，光芒萬丈，可是大部分人都不知道，它並非莎翁的原創，而是源自丹麥的一個小故事。經過莎翁的改良創意，賦予舊元素新的生命，進而產生了偉大的作品。

　　哈佛大學教授李維特說：「改良是『創造性模仿』。」創造性模仿絕非仿冒，它的基本精神是創新的、積極的，經過對舊產品的改良或重組後，產生另一全新的產品。賓達被譽為小產品大王，他非常希望發明一種瓶塞，可以防止瓶內物品腐敗。於是他從各式各樣的瓶塞入手，經過研究琢磨，綜合它們的優

點，果然發明了墊木片的冠狀金屬瓶蓋，被廣泛使用。

改良方法應用廣泛，效果明顯。從功能、用途、顏色、速度、款式、風格、名稱、標籤、商標、包裝設計……等，產品的任何形態都可以進行改良，同時與產品有關的任何技術都可以改良。只要與以往不同，打破已有和現有的模式，既可以改變產品的成分、形狀、大小、長短，也可以改變產品生產的次序、時間。不管從何處入手、從何處改變，都是積極創造的表現。對於二極管的改良，很多人從降低其中的不純物濃度入手，試圖製造出更好的二極管，卻效果不佳。這時，江崎玲於奈博士反其道而行之，增加不純物的濃度，結果發明了隧道二極管。

改良是企業發展的支柱技術手段。松下幸之助是日本的經營之神，他特別重視「改良」的作用和意義，以「改良舊產品、大量生產、降低成本、低價售出」為經營策略，進而創造了業內神話。在日本，很多企業家也像松下一樣，對「改良」情有獨鍾，致使日本在電子、汽車等科技方面稱霸世界。可是他們的技術無一例外都是從模仿開始的，不過他們並非簡單的仿製，而是懂得不斷改良，因此才能生產出高品質、低價位的產品。

管理大師彼得‧杜拉克說：「創造性模仿者並沒有發明產品，他只是將創始產品變得更完美。或許創造產品應具有一些額外的功能，或許創始產品的市場區隔欠妥，需調整以滿足另一市場。」現在直排輪溜冰鞋較為普及，它的四個滑輪並排在一起，這與過去的冰鞋有何不同？只不過是滑輪的位置做了改變，但卻開創了數百萬美元的嶄新產業價值。這無疑體現出改良創意法的重要價值。

「我們瘋狂地往前跑，然後突然改變方向。」
——MCI公司董事長兼CEO伯特‧羅伯茨

捕捉火雞的減少創意法

減少法指的是對原事物從刪除、減少、減小拆散、去掉等角度考慮，使之出現新事物。從產品來看，功能、用途、價值、特點、成分、色彩、功能、動態、聲音、音樂、音響、畫面、柔軟度、硬度……可以減少；從人類生活來看，舒適、鬆弛、詩意、價值、地位、身分、情感、情節、歡樂、享受、前景、幽默、趣味、修飾、人性的關懷……可以減少；總之，為了更簡單、更實用、更便宜，要大膽拋棄一切多餘的東西。

有個人喜歡捕獵火雞。有一次，他用大箱子布置了一個陷阱，在裡裡外外撒了玉米，自己躲得遠遠的，一心等待火雞鑽進大箱子來。

很快，一群火雞跑來了，牠們看到玉米，咯咯叫著上前啄食。不一會兒，竟有12隻火雞鑽進大箱子。那人很高興，剛要拉動手裡的繩子，卻看見一隻火雞慢慢地踱出箱子，跑到外面吃玉米去了。他心想，再等一會兒，等牠進去了就拉繩子。

可是，不但那隻火雞沒有進去，反而又有兩三隻火雞跑了出來。那人想，再等一下，等到這兩三隻火雞進去了再拉繩子也不遲。

可是，箱子裡的火雞有減無增，一隻隻溜了出來。而那人在等待中眼看著火雞一隻隻減少，最終一隻也沒有抓到。

想得太多，反而會得到更少，這一奇怪的現象說明：在創意中，懂得縮小與捨去，往往是一種很好的技巧。世界上最早的時鐘出現於11世紀至12世紀，主要用於教堂，提醒修道士禱告的時間。後來一位聰明的德國鎖匠將鐘變小，

造出了第一只懷錶，瑞士人將鐘變得更小，做出了手錶。

對創意物件拋棄某些部件會怎樣？比如壓縮零件、縮短時間、減輕重量或使用更清淡的顏色、去掉某些成分等等，會給產品的價值帶來哪些影響？在澳大利亞，第九電視網的凱瑞‧派克（Kerry Packer）縮短了板球比賽時間，發明了一天一場的板球賽，使之成為一個收視率很高的新的夏日電視節目。這就是減少法在創意中的典型運用。

那麼什麼是減少創意法？它具有哪些特點和用途呢？

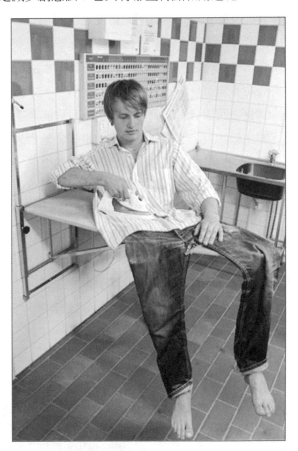

減少創意法指的是對原事物透過刪除、減少、減小、拆散或者去掉某些成分，進而出現新事物的方法。減少法在生活、生產中應用廣泛，幾乎產品的各方面，諸如功能、顏色、聲音等都可以減少。在消防工作中，爲了省力安全，用合成樹脂製成水管，替代原來重量較重的水管，使用更爲方便。這就是減少法的具體運用。

減少創意法的原則是只要更簡單、更實用、更便宜，就可以拋棄一切多餘的東西。從這一原則出發，可以帶來神奇的創造結果。愛迪生準備發明電燈泡，卻遭到兩位學者的反對和嘲諷。他們認爲愛迪生對電和力學一竅不通，根本不可能有所創造。可是愛迪生成功了，他只接受過3個月正規教育，這讓他不爲過多的專業知識羈絆，可以更輕鬆、更簡單地從事發明活動。

有人說：「不成功者知道一切，成功者知道太多，天才們知道極少！」這一說法體現了減少創意法的深層涵義。在實踐中，最好的老師不是那些灌輸給學生們百科全書式的知識的人，他們告訴學生的很少，他們教會學生懂得放棄沒用的東西。這是減少法的精髓所在，懂得和勇於「捨去」，才會帶來新的世界。「思」之則有之，過多的「思」會干擾正常的工作，更會阻礙創新發明。在體育運動中有條訓練規則，教練對運動員們做出指示時，語言一定要簡潔明瞭。比如對棒球手說：「別把球扔得太高滾進去」，球手會做出與之相反的動作，因爲在他的大腦中接受到了「高點和進去」的資訊，他會依次行動。因此，如果教練想達到自己的要求，最好對棒球手只說兩個詞：「低點」和「外面」。這種簡便實用的話語足以讓球手明白自己該怎麼做。

「問題永遠不在於如何使頭腦裡產生嶄新的、創造性的思想，而在於如何從頭腦裡淘汰舊觀念。」

——VISA信用卡網路公司創始人迪伊‧霍克

粉碎一切障礙的卡片創意法

卡片創意法，是創意中經常使用的一種方法，這種方法的特點是在團體中進行創意思考，讓每位成員都將自己的想法記錄在卡片上，然後透過整理和分析這些卡片，做出具體的創意策劃步驟。

巴爾扎克年輕時，聽從父親安排攻讀法律，可是他不喜歡自己的專業，偏偏想當作家。為此父親十分生氣，拒絕為他提供生活費，想以此要脅他改變主意。

可是巴爾扎克癡迷文學，根本不為父親的要脅所動，依舊寫作不止。然而生活是殘酷的，沒有了父親提供的生活費，而他的文章也接二連三遭到退稿，巴爾扎克失去了經濟來源，生活深陷困頓之中。

有一段時間，巴爾扎克三餐不濟，只能以麵包和白開水充饑。在這種境況下，他沒有放棄自己的夢想，常常想出各種辦法鼓勵自己，激發自己的創作熱忱。比如，他會在桌子上畫一件件餐具，然後寫上各種美食佳餚的名稱，在想像中飽餐一頓。有一次，他碰巧得到700法郎的收入，他沒有用這些錢改善自己的生活，而是購買了一根鑲著瑪瑙的手杖，親自在上面刻下一行字：我將粉碎一切障礙。

這句話支持著巴爾扎克，勝過所有錦衣玉食，讓他最終走向了成功。

巴爾扎克以刻在手杖上的字激勵自我，恰是卡片創意法的一種表現形式。卡片創意法，是創意中經常使用的一種方法，這種方法的特點是在團體中進行創意思考，讓每位成員都將自己的想法記錄在卡片上，然後透過整理和分析這些卡片，做出具體的創意策劃步驟。一般來說，進行此過程包括以下的步驟：

1、收集相似卡片

有些卡片內容相似，可以先從一堆卡片中找出這些類似者，集合一處。這樣，桌面上會形成一個個小集合的卡片。

2、將有相似點的卡片濃縮

用一句話概括內容相同卡片的意思，記錄在另外一張新卡片上，並將其放在小集合的卡片堆上。這時，桌上會有數張一句話卡片。

3、將集合一句話的卡片再集合分類

再把數張一句話的卡片，進行集合分類，並以此類推，編成大集合。卡片法又分出很多方法，其中最著名的是K‧J法。K‧J法中，最重要的一點，就是要依由小而中，再由中而大的步驟進行。

4、將大集合小卡片展開繪圖

把大集合製成的小卡片，在大張的紙上展開做成相關圖或是構造圖，而後再貼上各自所屬的卡片，形成各個體系的體系圖。如此一來，最初雜亂無章的數十甚至數百種創意，就一目了然呈現面前，清晰地表達各自問題觀點所在，對實施計畫的探討及評價非常方便。

與卡片法大同小異的是「紙牌法」，此法是事先分配好數張卡片，請他們每一張寫一個創見而開始。然後決定一名主持人，收集所有卡片，以洗紙牌的方法，將卡片均勻混合，再將卡片分給每一位成員。

然後，大家都仔細閱讀手中的卡片，向原作者提出疑問，或自行先予以歸類。並從主持人的右側開始，每個人將自己手中卡片內容一一唸出來。這時，在座的成員若聽到與自己手中內容相似的卡片，拿出來與之歸於一類，放一張卡片在上面，固定穩妥，交給主持人。

重複進行這種程序，直至形成四五堆集合，接著就與K‧J法一樣做關連圖。

卡片法和紙牌法的特點是各人「默默地」把想法寫在卡片上，因此無法產生思路的轉變。為了改正這一缺點，有人想出了另一方法：每一個人要提筆書寫個人創意時，先報告他所要下筆的想法意見，而後才可以填寫。如此可防止太多內容相同的卡片出現。

創意大師奧斯本認為，創意公式：一加一等於三。比如我們可以用什麼方法改良電冰箱這一創意目標。可以寫出無數創意卡片：電冰箱可以加熱食品、打開冰箱的門有助於將冷空氣留在冰箱裡、電冰箱不需要電力就可以運轉。等等不一。

當然，很多時候急需新創意卻沒有時間，這時，不適合採用卡片法，可以採用解決問題的避難所會議法。實施此法時，應該遵循一些基本原則：

1、將產生創意和評估創意分開

在提出創意的過程中，暫緩判斷。等到所有的創意都被提出來之後，你會有機會分析它們。這是最重要的原則。

2、節制個人的意見

請遵守時間表，不要一個人喋喋不休。當有人提出創意時，不要急於想到潛在的障礙，不要急於否定，即使是最不可思議的創意，也要接受。因為這種創意往往可以修改成很好的創意，或者可以激發其他成員的創意。

3、盡量提出許多創意

每個人提出的創意跟其他任何一個人提出的創意一樣有價值，當提出創意時，要抱著有趣好玩的態度，不必擔心別人的嘲笑。

「微軟永遠離破產只有18個月。」

——微軟公司總裁比爾‧蓋茲

安全刀片大王
以客戶為中心的創意法

這種以客戶需要為出發點，為了實現客戶的需求、願望、理想甚至幻想而不斷努力，以求有所創造發明的方法，就叫做以客戶為中心的創意法，是創意法中較為實用的方法之一。

吉利是一家瓶蓋公司的普通推銷員，與常人不同的是，他特別喜歡從事發明創造，從20歲起，他就節省一切可以省下的開支，攢下錢用在自己的發明研究之中。不幸的是，20年過去了，他一事無成，什麼也發明不出來。

轉眼到了1985年夏天，這天早晨，外出出差的吉利早早起床，準備趕乘火車返回公司。由於昨天已經買好了火車票，他必須按時到達車站。因此，他匆匆忙忙地洗臉刷牙刮鬍子。這時，旅館的服務員急匆匆趕來提醒他：「先生，還有5分鐘火車就到了。」

吉利本來就很著急，聽到這句話，一緊張把嘴巴刮傷了。他趕緊地用紙擦拭血跡，忽然有個念頭冒上腦海：要是有種更安全的刮鬍刀，人們一定會很歡迎。

這一想法讓他激動不已，他立刻投入到研究中。經過多次試驗，他成功了，他發明了今天人們使用的安全刀片，被人稱作世界安全刀片大王。

吉利從自身需要出發，發明了安全刀片。這種以客戶需要為出發點，為了實現客戶的需求、願望、理想甚至幻想而不斷努力，以求有所創造發明的方法，就叫做以客戶為中心的創意法，是創意法中較為實用的方法之一。

216

霍華德·海德改善滑板，就很好地體現了這一方法的實踐過程。有一次，海德和朋友們一起去滑雪，可是那種又長又笨重的滑板使他摔了許多跤，這讓他很惱火，抱起滑板轉身回家。一路上，他念念不忘笨重滑板帶來的煩惱，忽然間靈感出現，他想我要是改進了滑板，讓它更適合我，這樣不是一舉兩得嗎？既可以享受滑雪的快樂，又不至於摔跤受疼，而且說不定像我一樣需求新滑板的人會很多，他們會爲我帶來財富。帶著這一夢想，海德投入到滑板改進工作中，終於獲得成功，建立了海德滑板公司。後來，一家叫AMF的公司購買他的專利，生意特別好，特地贈給海德450萬美元。

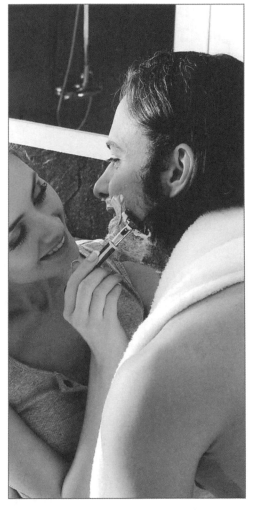

目前，許多產品的發明創新來自普通用戶，在他們對產品不滿的前提下，他們沒有就此罷手，而是主動去發明、創造，於是開闢了一個獨特的大市場。以顧客爲中心的創意法具有自身特點。

1、針對性強

以顧客爲中心，發現顧客對產品的不滿和新需求，更容易尋找到創意之

點。速食麵的發明可算是此創意法的經典之作。安藤經營飲食小作坊，他注意到由於工作節奏加快，許多人不得不在飯店門口排隊等待一碗熱麵條。為此他想能否製作一種開水一沖就可能吃的麵條呢？經過鑽研，他發明了速食麵，既方便了顧客，又為銷售者帶來便利，從此開創了一個嶄新行業。

2、效益顯著

實際上，生活中很多創意都是從消費者那裡得來的，是他們的需求帶來了創造動機。傻瓜照相機發明前，人們使用照相機時比較繁瑣，需要學會定光圈、掌握快門速度、聚焦等相關專業知識。這樣一來，消費者的購買欲望就大為降低，特別希望出現一種更簡便實用的相機。為了迎合消費者的需求，科研人員經過研製，果真發明了全自動相機，只要按下快門就能拍出照片，傻瓜都會操作，故取名「傻瓜相機」。該相機推出後，大受歡迎，銷量陡增。

3、消費者也能參與創意

從自身需求出發，消費者也能進行相對的創造發明。有位小女孩吃罐頭時，發現打開蓋子太費勁了，因為當時的罐頭蓋子必須用開罐器才能開啟，她想為什麼不能發明一種更方便安全的蓋子呢？結果側拉環啟式罐頭應運而生，立即取代原有產品，成為備受歡迎的新產品。

「唯有憂患意識，才能永遠長存。」
　　　　　　　　　——英代爾公司董事長兼CEO葛洛夫

驢子向國王求職的聯想法

聯想是創意思維方法之一，是從一定的思考物件出發，有目的、有方向地想到其他事物，以擴大或加強對思考物件某方面本質和規律的認識或解決某一問題。

林肯就任總統後，從美國各州來了不少人謀求官職。對此，他一開始還很有耐心，後來發現很多人沒有真才實學，只會浪費自己的時間，就總想找個適當的辦法勸說他們。

有一次，又有20多個人來到了白宮，他們攜帶的各種證件、推薦信佔據了整個屋子。林肯見到這種情況，主動為他們講了一個故事。

從前，有位國王十分信賴自己的占星家，每次外出都會讓他占卜一下。有一天，國王準備帶著貴冑們外出打獵，占星家說：「陛下，您放心去吧，天氣會很晴朗。」於是，國王帶著人馬浩浩蕩蕩出發了。

路上，國王心情很好，他看到一位農夫，主動與他招呼。農夫十分激動，一邊回應國王，一邊好心地提醒說：「陛下，您會被淋濕的。」

國王不信他的話，依然去了狩獵之地。在那裡，他們剛剛駐紮妥當，忽然空中烏雲密布，頃刻間大雨如注，將國王一行淋了個落湯雞。

國王大怒，立即回到王宮斬了占星師，並請農夫接替這一位置。農夫聽說事情經過後，連忙回奏國王：「不是我知道什麼時候老天會下雨，是我的驢子！要是第二天是好天氣，驢子的耳朵總是指向前方的。」

暴怒中的國王不由分說，任命驢子做了占星家。可是不久，他就發現自己這一決定多麼錯誤。因為從那以後，所有的驢子都聚集在王宮前要求得到一官

半職。

　　林肯講完故事，意味深長地看著前來求職的人。那些人羞愧地低下頭，很快散去了。從此，再也沒有濫竽充數的人前來求職了。

　　林肯透過聯想策略，表達了自己的想法。聯想是創意思維方法之一，是從一定的思考物件出發，有目的、有方向地想到其他事物，以擴大或加強對思考物件某方面本質和規律的認識或解決某一問題。聯想法分為強制聯想法、聯想系列方法。

　　強制聯想方法又分為查產品樣本法、列表法、焦點法等。指的是人們透過強制性聯想思維，迫使大腦去想像那些根本無法聯想的事物，以此刺激思維的活躍性，打破傳統思維的屏障，產生更多、更新、更奇怪的想法，並從中找出有價值的成分的過程。美國有家玩具公司，十分善用聯想思維，他們從「克隆羊多利」一事中受到啓發，推出一項新服務：孿生姐妹。服務的內容是為顧客製作與他們的女兒一模一樣的玩具娃娃，這項活動備受歡迎，生意火爆。

　　強制聯想法效果顯著，應用廣泛。18世紀奧地利醫生盎布魯格發明叩診法，就是從賣啤酒的父親那裡得到的啓發。他發現父親很神奇，不用打開桶

蓋，只要敲敲啤酒桶，就能知道桶內啤酒的多少。從這件事他聯想到自己為病人看病時，也可以透過「敲打」的辦法，了解病人身體內的情況，於是叩診法產生了。只要遇到胸部疾病的病人，他就採取用手敲的辦法試試，結果總結出很多病情變化的情況，成為後世醫生尊奉的經典。叩診法也成為疾病診斷的重要手段。

與強制聯想法不同，聯想系列方法主張以豐富的聯想為主導，不必控制想像的大門，可以隨心所欲、無所不包地暢想，這種聯想強調發散性、無目的性，總之只要有所想，就會為之創造一切條件。杜里埃是「汽化器」的發明者，最初他費盡心思卻無所收穫。偶然的機會他從妻子用噴霧器澆花一事得到啟發，將噴霧的方法用於發動機，混合空氣和汽油，結果終於成功。

相對於各種創意方法來說，聯想系列法較為簡單和通俗，但它無疑是打開因循守舊堡壘的突破口，從此出發，才有各種可能出現，才有各種想法湧出，所以它的地位十分重要。有位藝術家參加一次關於「和平」倡議的活動，他選用一臺二戰時用過的大炮，將炮筒加熱後拉長，打了個死結。炮身鏽跡斑斑，讓人想到過去的戰爭，而一個死結，無疑表示戰爭結束，人類永遠期待和平。這種由此及彼的資訊傳導，正是聯想法的具體體現。

「嶄新而令人激動的時髦產品是絕對短缺的。」

——沃爾瑪公司總裁大衛・格拉斯

董事長善用馬拉松
創意法解決問題

人類的大腦處於不停地運轉當中，隨時隨地都會產生無數個想法、主意。可是，這些想法、主意並不能永遠留存在大腦中，而是稍縱即逝，難以挽留。這樣一來，人類就無法用它們創造更多的價值，為此需要透過不斷地、大量地外部刺激，激發大腦的活躍度，保持高度的創意性，進而使大腦源源不絕地產生金點子，這就是馬拉松創意法。

美國人注重創意思維，很多公司經常舉辦創新會議或者活動，激發員工們的創意欲望和積極性。

有家生產牙膏的企業，產品一度銷量很大，可是自從進入第10個年頭後，產品銷量卻持續下滑。為此，公司連續幾個月召開全體員工大會，讓大家開動腦筋，想辦法解決銷量問題。

職員們在帶動下，紛紛提意見、想點子。很快，董事長的辦公室裡就多了一疊疊關於銷售建議的資料。

董事長一件件閱讀，卻總覺得沒有很適合的方案，為此他愁眉不展。

這天，有位年輕職員忽然敲響了董事長辦公室的門，進來後舉著一張紙條說：「我有個想法，如果您能採納，必須付給我5萬美元。」

「什麼？」董事長生氣地說，「你是公司的職員，每個月都領取固定的薪水，為公司解決問題是分內的工作，現在想要額外收入，實在太過分了！」

年輕人不慌不忙，解釋說：「您不要誤會。我的點子要是行不通，您完全

可以丟棄，我一分錢都不要。」

董事長想，公司費盡心思地鼓舞職員們的士氣，不就是為了得到一個有用的點子嗎？如果他的點子真的好，5萬美元又算什麼？於是他答應了年輕人的條件，為其開了一張5萬美元的支票，然後接過了他手中的紙條。紙上只寫了一句話：將現有的牙膏開口擴大1公分。

董事長心領神會，立刻下令更換新的包裝，將牙膏開口擴大了1公分。結果，消費者每天使用牙膏時都會多擠出1公分，這樣一來，消費量多出無數倍，公司的營業額增加了近三分之一。

董事長激勵員工們的做法，是馬拉松創意法的表現。正是在他的鼓舞下，年輕人才想出了好點子，而他也從眾多方法中，最終得到了解決問題的最佳方案。

人類的大腦處於不停地運轉當中，隨時隨地都會產生無數個想法、點子，可是，這些想法、點子並不能永遠留存在大腦中，而是稍縱即逝，難以挽留。這樣一來，人類就無法用它們創造更多的價值，為此需要透過不斷地、大量地外部刺激，激發大腦的活躍度，保持高度的創意性，進而使大腦源源不絕地產生金點子，這就是馬拉松創意法。

「馬拉松創意法」一般遵循以下定律：

1、不具體的點子更重要

研究發現，人類所運用的腦力其實不及全部的百分之一，所以無論怎樣使用大腦都不會出故障。就算是故意地耗用，腦部也照樣能發揮功效。這是想出點子、也是不斷想出點子的基礎。所有的商品都需要不斷地改良，因此，不具體的點子、不斷產生的新點子比已成形的點子重要。

克魯姆是洋芋片的發明者。1853年，他在一家餐館做廚師時，不巧遇到一位吹毛求疵的顧客，抱怨他的油炸食品太厚、太難吃。克魯姆十分氣憤，將手邊一個馬鈴薯切成極薄的薄片，扔進了沸油中。沒想到，這一扔扔出了新的發明。炸出來的馬鈴薯片色澤金黃、風味獨特，立即受到了廣大消費者歡迎，並最終成為美國的特色小吃之一。

2、即時回想點子，並付諸使用

想出一個點子，也許會遺忘，一般只要是兩天以內，應該都可以再回想起來。每一棵橡樹都會結出許多橡樹種子，但說不定只有一、兩顆種子能長成橡樹。因為松鼠會吃掉大部分的橡樹種子。

3、不要拘泥於一個想法

人們常說「浮想聯翩」，指的是想法會一下子產生很多。這時，千萬不要只拘泥於其中的一個。

4、點子再生產

當想要嘗試實現點子時，會連帶地想出其他多個點子。因此，要想得到更好的點子，不妨先設想出多個點子，從中衍生更多點子，這種再生產的方式，無疑會帶來最佳的點子。日本HIOS會社的社長戶津勝行就是擅長點子再生產的人。他被稱為「螺絲釘社長」，因為他從小小的螺絲釘中不斷產生新想法，接二連三發明了十字槽螺絲釘、Tostupura螺絲釘，既節省了時間，又增加了耐用度。而且他從螺絲釘出發，又發明了與之相配套使用的螺絲刀，銷售額持續增高。

最後，無論想出了多少個點子，千萬不可因此而自滿，因為點子只出現在虛心進取的人身上。

「在這個公司，你不犯錯誤就會被解雇」。
　　　　　　——時代華納公司已故總裁史蒂夫·羅斯

司馬光砸缸砸出來的
逆向創意法

逆向法在創意中常常使用，是指從反向提出問題進行思考，以求得比正
向提問題更理想的效果。如能充分加以運用，創造性就可加倍提高。逆
向法的核心是從對立的、顛倒的、相反的角度去想問題，逆常規思路的
思考。

司馬光是北宋時最有名望的大臣之一，他是
陝州夏縣（今山西夏縣）人。他的名聲從幼小的
時候已經開始傳開了。據說他七歲那年，就開始
專心讀書。不論是大伏暑天或數九寒冬，他總捧
著書不放，有時候連吃飯喝水都忘了。

司馬光不但讀書用功，而且很機靈。有一
次，他在後院讀書，一群小夥伴們在後院子裡玩
耍。後園裡有假山，假山下有一口大水缸，缸裡
裝滿了水。有個小朋友爬到假山上去玩，一不小
心掉進了大水缸。缸大水深，眼看那個孩子就要滅頂了。

這時，其他孩子慌了，有的嚇哭，有的叫喊著往外跑，去找大人來救人。
司馬光聽見喊叫聲，連忙放下書本走過來，他見到有人掉進水缸，一不喊叫，
二不驚慌，而是順手撿起一塊大石頭，用盡力氣朝水缸砸去，就聽「砰」的一
聲，水缸砸破一個洞，缸裡的水流了出來。

缸裡的小朋友得救了。其他孩子見此，都高興地歡呼起來。這件偶然的事

情，使幼小的司馬光出了名。東京和洛陽有人把這件事畫成圖畫——《小兒擊甕圖》，廣泛流傳。

　　小孩落水會淹死，要救出落入水缸的小孩，常規方法是把人拉出水面。司馬光不從常人想的「人離水能活」這一角度出發，而是反過來運用「水離人，人也能活」這種思維方法，結果砸破水缸救出小孩，這是典型的逆向思維創意法。

　　逆向法在創意中常常使用，是指從反向提出問題進行思考，以求得比正向提問題更理想的效果。如能充分加以運用，創造性就可加倍提高。比如弗蘭克‧維特勒（Frank Whittle）使風力逆轉，進而發明了噴氣式發動機。比爾‧漢密爾頓改進了這個理論，創造噴氣輪船。在此原理基礎上，又進一步推出了真空吸塵器。

　　逆向思維可分為功能反轉、結構反轉、因果反轉、狀態反轉等幾種。

　　功能反轉是指，從已有事物的相反功能去設想和尋求解決問題的新途徑、新方法，獲得新的創造發明。日本人濱里希望打得一手漂亮的高爾夫球，為此苦練勤學。可是由於沒有草坪，練習很難進行，進步不大。這天他忽然想到為什麼不在高爾夫球外面包上一層毛，這樣不也能增加摩擦力嗎？他試驗以後，效果不錯，從此長毛的高爾夫球誕生了，很多人用它在樓道、平地都可以進行練習，就像擁有草坪的富翁一樣。

　　從已有事物的相反結構形式，去設想和尋求解決問題的新途徑的創造性思維方式，屬結構反轉。

　　事情通常都是先有因後有果，先後分明，可是如果反過來，從事情的結果入手去推導起因，進而尋找到解決問題的方法，這叫做因果反轉。艾維斯計程車公司一反常規，推出「我們第二，我們更努力」的系列廣告活動，取得巨大成功。

　　從已有事物的另一屬性，反轉過來，發現或創造一種新的產品或技術的方

法稱作狀態反轉。法拉第從「在鐵棒外纏上銅線，並將銅線通上電流，中間的鐵棒就會變爲磁鐵」這一原理入手，透過給磁鐵纏上銅線，推論：「產生感應電流，運動是必要條件。」並因此誕生了發電機。

逆向思維是創意常用的方法和原則，當思考的問題用常規方法得不到解決時，應考慮轉換思考角度來重新思考。進行逆向創意時，以下幾點要加以注意：

1、向反面延伸

將一切顛倒過來、專門列舉缺點、站在對立者的角度、讓頭腦瘋狂一下、換一個環境、暫時將其遺忘、從一個不相干的起點開始……這些都是延伸反面，獲得逆向創意的好方法。

2、從本質上逆向思考

所謂逆向不是簡單的表面逆向，不是別人說東我偏說西，而是必須深刻認識事物的本質，眞正從逆向中做出獨到的、科學的、令人耳目一新的超出正向效果的成果。

3、正向和逆向互相結合

正向和逆向本身就是對立統一，不可截然分開的，以正向思維爲參照、爲座標，進行分辨，才能顯示其突破性。

總之，逆向思維並不神祕，只要打破平時的行動常規和思考模式，從相反方向看一看、想一想、聽一聽，就可能獲得意想不到的新鮮思路。一個人每天都沿著固定的路線散步，有天偶爾從道路的反方向散步，發現了很多新奇的事物，驚愕之餘猛然意識到，這些新事物並非新的，而是他從相反的方向觀察的結果。

「切勿隨便扼殺任何新的構想，只有容忍錯誤，才能夠進行革新。」

——3M公司管理者的座右銘

枯井裡的驢子懂得分類列舉法

分類列舉法又稱屬性列舉法（Attribute Listing Technique），是由 Crawford 於1954年提倡的一種著名的創意思維策略。此法強調使用者在創造的過程中，觀察和分析事物或問題的特性或屬性，然後針對每項特性提出改良或改變的構想。除了希望點列舉法外，分類列舉法還有特性列舉法和缺點列舉法。

農夫養了一頭驢子，一天，驢子不小心掉進枯井裡，怎麼也爬不上來。農夫想了很多辦法，也不能救出自己的驢子。聽到驢子在井底痛苦的哀嚎聲，他心有不忍，想：「這頭驢子年紀大了，既然沒有辦法救上來，就把牠埋葬在井裡吧，總比活活困死強多了。」

於是，農夫請來了親朋好友，大家幫忙一起填平枯井。

大家人手一把鐵鍬，開始將泥土鏟進枯井中。這時，那頭驢子明白了怎麼回事，不由悲泣起來。人們聽到悲泣聲，無不覺得難過。可是，過了一會兒，悲泣聲沒有了，那頭驢子安靜下來。農夫站在井邊，不知道井底發生了什麼事，忍不住朝下望望，竟被眼前的情況嚇呆了：那頭驢子正在將身上的泥土抖落一旁，然後站到泥土堆上面。

隨著鏟進的泥土增多，驢子爬得越來越高，最後，牠上升到了井口，在眾人詫異的目光中，抖抖身體跑走了。

驢子為何爬出了枯井？因為牠從絕望中看到了希望，並抓住了希望。在各種創意法中，透過不斷的提出「希望」、「怎樣才能更好」等等的理想和願望，進而探求解決問題和改善對策的技法，叫做希望點列舉法。

希望點列舉法屬於分類列舉法的一種。除了希望點列舉法外，分類列舉法還有特性列舉法和缺點列舉法。前者透過對需要革新改進的事物做觀察分析，盡量列舉該事物的各種不同的特徵或屬性，然後確立改善的方向及如何實施。水壺的改造就是一個典範。特性列舉法需要選擇明確的創新物件；把創新物件的特性一一列舉。後者則是透過挖掘設想（產品）缺點而進行創新的方法。例如在改進電話時，考慮電鈴聲過大、電線是種阻礙、回轉盤很難操作、顏色不好……屬於缺點列舉法。

分類列舉法有一個特點，就是創意點是變化的，比如有些創意希望點開始被認為不可行，後來卻變得很有用。泌尿科醫生引入微爆破技術，消除腎結石，就是借用了其他領域的發明。有些情況恰恰相反，被認為很可行的創意換了時間、地點，卻毫無用處。過去中國用的鞋號是從國外來的，產品不適合中國人的腳型，後來根據中國人的腳型，重新創造鞋號，造出的鞋子就適合中國人的腳型了。

不管哪種分類列舉法，具有的作用是相同的，可以表現在以下幾方面：

1、強調事物的特性、屬性，進而可以幫助人們更準確明瞭地認識事物本質，針對性強，思維更為活躍、擺脫麻木和僵化狀態。

2、能夠拓展人們的認識，從更全面、更廣的角度去感知事物，防止遺漏。

3、透過比對特性和屬性，找出新、老產品的差別，有助於新產品的開發利用。鋼筆發明之初，筆帽需要擰才能蓋好，費力又費時，注意到這個缺點後，人們將原來的一根螺紋改成三根並行的螺紋，這樣減少了擰的時間。在比對這兩種特點後，派克發明了流線型鋼筆，筆帽插進去就行了，不用再擰。

「創新＝新思想＋能夠帶來改進或創造利潤的行動。」

——3M公司的創新理念

麥考爾董事長
利用水平思考法變廢為寶

水平思考法，由英國心理學家愛德華・戴勃諾（Edward De Bone）最早提出。此種思考方法主張圍繞特定的主題，離開固定的方向，突破原有的框架，朝著若干方向努力，是一種發散型思維方法。

1946年，有對死裡逃生的猶太父子來到了美國休斯頓。為了生存，他們從事銅器生意，日子過得非常緊張。可是他們善於動腦，不肯向生活低頭。這天，父親忽然問兒子：「一磅銅多少錢？」

兒子奇怪父親怎麼會問這個問題，回答說：「35美分啊，這是市面上通用的價格，您不清楚嗎？」

「清楚，」父親說，「所有德州人都清楚。可是做為猶太人的兒子，你應該知道，一磅銅的價格是3.5美元！去，試著把一磅銅做成門把手，看看會賣多少錢？」

兒子試著做了，果然賣出去3.5美元。這給他很大的啟發，為他帶來生意上的全新思維理念。經過20年奮鬥，他的銅器店不斷擴大，他成為麥考爾公司的董事長。他依然經營銅器業務，他做過瑞士鐘錶的簧片，還做過奧運會獎牌，他能將一磅銅賣到3500美元。可是這一切對他來說，並不是最高成就。1974年，他成功收購自由女神像翻新後的廢料，一舉將此賣出去350萬美元的天價，讓一磅銅的價格翻了一萬倍。

這件事情說來令人激動，可是在當時並沒有多數人支持他，甚至不少人還嘲笑、瞧不起他。

美國政府為了處理自由女神像翻新後的廢料，向全社會招標，卻無人應答，因為大家都覺得一堆廢銅爛鐵不值錢，而且處理垃圾還會遇到嚴格的法律管理，弄不好會被環保組織起訴，得不償失。可是這件事傳到他的耳中，他二話不說，立即飛赴紐約，在成堆的廢棄銅塊、木料中，什麼條件也沒提，就簽字認購了。

此事一度成為話題，前來為他運輸廢銅的司機們都表示不解：「他真是糊塗了，買下一堆廢銅幹什麼？」

他對人們的議論置之不理，埋頭開始了自己的下一步計畫。他組織人員將廢銅加工成了小自由女神像，把其他廢金屬做成紐約廣場的鑰匙……總之，他將一般人眼裡的垃圾變成了寶物，高價出售，結果，短短幾個月，他不但處理了這堆廢品，還換回整整350萬美元鈔票。

變廢為寶，是麥考爾公司的董事長進行水平思考的結果。水平思考法，又叫橫向思考法，由英國心理學家愛德華・戴勃諾（Edward De Bone）最早提出。透過此種方法思考時，一般圍繞固定的主體，以此為點，從不同方向、不同角度，突破原有框架，進行發散式、全方位思維。它的特點是擴散的範圍越廣，產生的想法、點子就越多，創造發明的可能性也就越大。

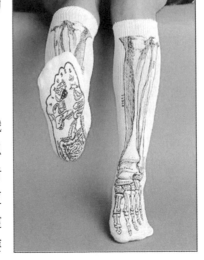

吉爾福特曾經說：「正是發散思維使我們看到了創新思維的標誌。」說出了水平思考法的重要價值。自從居禮夫婦發現了放射性元素，在此基礎上許多科學家又發現了更多的新放射性元素，後人透過創造地利用這些放射性元素，使它們成為科技領域的重要

成員，廣泛應用在工業、農業、醫藥、科研等領域。

水平思考法形式多樣，內容豐富，可以從材料發散、功能擴散、形態擴散三方面加以認識研究。這三者分別以某種材料、某種事物的功能、某種事物的形態為基點，透過設想它們的多種用途，加以研究改進，進而達到一定目標或認識。在進行水準思考法創意時，需要把握一定的原則和要求。

1、尋找合適的發散源

發散源是發散思維的基礎，只有充分了解適當的發散源，對它的科學原理、技術水準有所掌握，才能夠在此基礎上尋找合適的新途徑、新方法，創造新產品。

2、從反面、側面尋找多種觀點和看法，盡可能找出更多解決問題的方法

哲學家查提爾說：「當你只有一個點子時，這個點子就太危險了。」指出了水平思考法的重要特色。

3、注意偶然性的想法和點子

往往這些構思會帶來意想不到的結果，所以進行深入地發掘和研究，是十分必要的。

水平思考法具有流暢性、變通性和獨特性三個特點。其中獨特性是它的本質，也是它的目的，只有獨特性的思維才能帶來全新的成分和結果。而流暢性表現了水平思維的速度，變通性代表著思維的靈活性，也有十分關鍵的作用。明可夫斯基在研究胰臟的消化功能時，切除了狗的胰臟，結果這隻狗的尿引來很多蒼蠅。他由此聯想到胰臟可能與糖尿病有關，進而解開糖尿病的發病原理。

當然，要正確掌握水平思維，需要大家認真學習，真正理解和掌握各學科的基本知識，並能仔細觀察生活，做發明的有心人，才可能得到應有的成績。

「你不能保持鎮靜而且理智，你必須要達到發狂的地步。」
——通用電氣公司董事長兼CEO傑克·韋爾奇

三個奴僕的反向思維法

反向思維，又稱猶太人的反問式，是一種極端的創意思維，它將創意思維的方向和邏輯順序完全顛倒過來。反向思維對於打破常規、打破權威、超出常識、打破思維定勢，具有獨特的作用。對於創立新思想、新學說、新點子、新策劃具有獨特的思維效果。

古羅馬時期，有位主人手下有三個奴僕，他決定利用外出旅行的機會考察一下他們的才幹，就在臨行前分別交給他們3個金幣。

第一位奴僕拿到金幣後，用於經商，很快賺到了3個金幣。第二位奴僕呢，也千方百計賺錢，賺到了2個金幣。而第三位奴僕，他很小心，害怕丟失了金幣，就將它們埋到了土裡。

幾個月後，主人回來了，詢問三個奴僕金幣的情況。第一位和第二位奴僕如實回答，並交回所賺的金幣。主人很高興，對他們說：「你們做得很好啊，是充滿自信的人，我會讓你們掌管更多事情，做我忠實的僕人。」

這時，第三位奴僕走過來，他手裡捧著僅有的3個金幣說：「主人，我知道你想成為一個強人，收穫沒有播種的土地，收割沒有撒種的土地。我很害怕，於是我把錢埋在了地下。看，這就是我埋藏的金幣。」

主人見此，極為生氣，他大聲說：「你可真是又懶又缺德，你既然知道我想擁有更多財富，那麼即使你不會賺錢，最少也該懂得將金幣存在銀行裡，這樣還會有利息。不至於像現在，白白浪費幾個月時間，一分錢都沒有賺到！」他越說越生氣，命人奪過這位奴僕手裡的金幣，交給了第一位奴僕。

主人的妻子不忍第三位奴僕被剝奪了所有錢財，小聲對丈夫說：「第一位

奴僕已經有2個金幣了，為什麼還要給他啊？」

　　主人氣呼呼地回答：「凡是有的，還要給他，因為他懂得賺錢，知道勞動，所以讓他更加富足；而沒有的，都是懶惰的傢伙，不懂得勞動的價值，所以連他擁有的，也要奪去。這是財富的基本法則。」

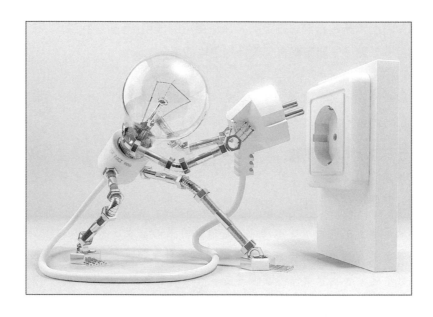

　　財富不屬於保守者，因為他沒有創意。20世紀60年代，知名社會學家莫頓，首次將「貧者越貧、富者越富」的現象歸納為「馬太效應」，從此引起人們高度關注。特別在經濟領域，馬太效應帶來了很多反向思維。

　　什麼是反向思維？它具有哪些特點和用途呢？

　　反向思維，通常又稱猶太人的反問式，這是一種將原有思維的方向、邏輯順序完全顛覆，進行極端思維的方式。油炸食品有害健康已經成為全球人的共認常識，做為提供油炸速食食品的麥當勞如何應對？避而不談顯然是心虛表現，索性正面應對「偏向虎山行」，這就有了不談理性只講感性的表達——

「我就喜歡」，成功捕獲成千上萬消費者的心。

進行反向思維，對於創立新學說、新點子、新方法具有獨特的效果，因為它在打破常規、傳統和權威方面作用強大，無與倫比。特別當遇到困境時，反向思維會起到更為重要的作用。正是反向思維獨特而強大的作用，它常常被用在企業管理中，用來突破困境，將所有問題迎刃而解。

比如，在企業資源分配上，一般情況下會採取「扶弱」的做法，扶持一些資金、人力不足的部門，可是這樣的效果往往不佳，不僅「弱」的項目得不到進展，還會連累強項沒有足夠的資金和人力發展。這時如果採取反向思維，抑制弱項，輔助強項，讓強者更強，會突出產品特色，擴大經營效益。

可見，反向思維法在創意中意義重大，能將看似矛盾的社會生活現象進行新的定位，比如服務員不是服務員，而是顧客；老闆不是雇主，而是顧客。世界是動態的，也是統一的。從日本、香港的發展中，可以看出反向思維的特色，他們本來都是最缺乏經濟資源的地方，卻能成為最發達的經濟社會，這很好地說明了一個現象：將常規思維顛倒過來，反向思維，會得到一個完全不同的新世界。冰凍食品業來自於克拉倫斯·伯德埃在加拿大北極圈的一次偶然發現。在那裡，他見到了冰凍的魚，想到冰凍法可以替代罐頭食品。

綜上所述，反向思維，跳出三界之外，不在五行中，跳出某種慣性和定勢就會出現超常的飛躍。

「如果你有兩個思想一致的人，解雇一個。你要一個副本做什麼？」

——芝加哥公牛隊經紀人傑里·克勞斯

2＋5=10000打開頭腦風暴法

頭腦風暴法，又稱智力激盪法或自由思考法，由美國創造學家A・F・奧斯本於1939年首次提出，1953年正式發表。它是一種透過小型會議的組織形式，誘發集體智慧，相互啟發靈感，最終激發創造性思維的程式方法。頭腦風暴法在創意中應用很廣，透過此法進行創意時，大體包括準備階段、熱身階段、明確問題、重新表述問題、暢談階段、篩選階段6個部分，其中，暢談階段是創意的核心階段。

聞一多先生給學生上課時，喜歡啟發他們的想像力。有一次，他在黑板上寫了一道算術題：2＋5=？

學生們很疑惑，不知道先生想講什麼。這時，聞先生卻很固執，一定要同學回答這道題目。學生們只好老實回答：「等於7嘛！」

「是，」聞先生說：「在數學領域裡，2＋5=7沒有錯，是千古不變的真理。可是這道題目如果在藝術領域呢？大家想一想，2＋5=10000有沒有可能？」

學生們聽此，無不瞪大眼睛，有人還低聲說：「10000，怎麼可能？」

此時，聞一多先生拿出一幅題為《萬里馳騁》的國畫，展現在學生們面前。畫面上最近處是兩匹奔騰的駿馬，在牠們身後，遠近不一地還有五匹馬，牠們飛奔中，塵土飛揚，在這五匹馬後面，就是一些似有若無的黑點點了。

聞先生指著畫作，為學生們分析說：「大家看，這幅畫乍一看只有七匹馬，可是仔細欣賞，所有人都會感覺到萬馬奔騰的氣勢，對不對？這難道不是2＋5=10000嗎？」

　　學生們恍然大悟，他們這才明白聞一多先生是用這個方法，形象地說明藝術作品與數學公式不同，它會留給人無限的想像空間。

　　聞一多先生鼓勵學生在藝術世界暢想，是頭腦風暴法的表現。頭腦風暴法，又稱智力激盪法或自由思考法，由美國創造學家A・F・奧斯本於1939年首次提出，1953年正式發表。它是一種透過小型會議的組織形式，誘發集體智慧，相互啓發靈感，最終激發創造性思維的程式方法。

　　頭腦風暴法在創意中應用很廣，透過此法進行創意時，大體包括準備階段、熱身階段、明確問題、重新表述問題、暢談階段、篩選階段6個部分，其中，暢談階段是創意的核心階段。

　　在實際創意中，頭腦風暴法一般遵循幾條原則：

　　1、自由暢想，自由言論原則。每個人都有暢想和發表意見的權利，每個創意都應該受到同樣的尊重。

　　2、禁止批評原則。不管是誰，不能對別人的意見提出批評和評價。

　　3、創意越多越好原則。構思越多，越可以產生優秀的創意。

4、取長補短原則。在提出個人意見時，鼓勵他人對已經提出的設想進行補充、改進和綜合。

另外，爲了能夠產生更多更好的創意，對於會議中所有的創意都應記錄在案，以備將來參考之用。

A·奧斯本創立的頭腦風暴會系列，一般5～10人，其中一人爲主持人，1～2名紀錄員（最好不是正式參加會議的人員），人人參與；會議時間爲1小時之間，地點不受外界干擾，自由奔放，嚴禁批判（延遲評價原則），求數量，善於利用別人的想法開拓自己的思路。

頭腦風暴法還有幾種變異形式：

1、**默寫式頭腦風暴法**，由德國魯爾巴赫所創，會議有6人，每人提出3個點子，會議時間5分鐘，用卡片記錄每個點子。

2、**卡片式頭腦風暴法**，分爲CBS法和NBD法。前者誕生於日本，最初10分鐘，各人在卡片上寫設想，接下去30分鐘，輪流發表設想，剩下20分鐘，與會者相互交流探討，以誘發新設想。後者5～8人參加，每人提5個以上設想，一張卡片上寫著一個設想。會議開始後，各人出示自己卡片，並說明。若有新設想立即寫下來。將所有卡片集中分類，並加標題，然後再討論。

「未來真正出色的企業，將是能夠設法使各階層人員全心投入，並有能力不斷學習的組織。」
——學習型組織理論創始人彼得·聖吉

酋長女兒妙用質疑思維法

質疑思維是指創新主體在原有事物的條件下，透過「為什麼」（可否或假設）的提問，綜合應用多種思維改變原有條件而產生新事物（新觀念、新方案）的思維。奧斯本檢核表法是常用到的質疑思維法之一。

很久以前，在中國少數民族地區有一位酋長，他有三個女兒。一天，他問女兒們：「妳們喜歡爸爸嗎？」大女兒知道他爸爸喜歡甜食，就討好地說：「我喜歡爸爸就像喜歡糖一樣。」二女兒也緊接著說：「我喜歡爸爸像喜歡蜂蜜一樣。」酋長聽了很高興。最後輪到小女兒，她說：「我像喜歡鹽一樣喜歡爸爸」。酋長聽了大怒：「我怎麼能像鹽一樣的便宜？」他把小女兒驅逐到一個非常遙遠的山寨。

過了一段時間，酋長想念他的小女兒，有些後悔，就到小女兒住的地方看望她。小女兒非常熱情地款待她的爸爸，做的菜裡一點鹽也不放，卻放了許多糖，後來又改成了蜂蜜，酋長吃得非常高興，知道女兒孝敬自己，更捨不得離開，有意多住了一段時間。

時間一長，酋長每天吃的菜都是甜膩膩的，不覺倒了胃口，這時，聰明的小女兒看時機成熟了，就在菜裡放了一點鹽，酋長吃了讚不絕口，忙問這道菜是怎麼做的，小女兒說：「就是放了一點不值錢的鹽。」酋長恍然大悟，鹽比糖更珍貴，他知道錯怪了小女兒，父女之間終於和好了。

這個故事說明人們對習慣的事物不再敏感，反應也就遲鈍了，甚至視若無睹，認為是自然而然的事情，從來沒有想到還有什麼不合理的地方。創意活動就是要突破慣性思維，提出新問題，常常運用到質疑思維的方法。

質疑思維指的是在原有事物、問題存在的條件下，可以提出新的假設或疑問，並透過運用多種思維改進原來的條件，促使新事物誕生。這種思維具有疑問性、探索性和求實性三種特徵。

進行質疑思維時，常常用到奧斯本提出的9條創意法則。在實際操作中，奧斯本的創意技巧被廣泛應用，效果極佳。下面我們較為詳細地了解一下這9條技巧。

1、還有沒有其他用途。從商品現在具有什麼作用入手，考慮稍加改變以後會變成什麼樣子，還有沒有用處？這是創意的基本技巧。1893年，賈德森獲得拉鏈發明專利，將其用於高統靴，但沒有成功。瑞典人桑巴克於1913年改進了粗糙的「拉鏈」，用於錢包上，後又用於海軍服上，大受歡迎。之後，人們想到了拉鏈的更多用途。例如，一個奧地利外科醫生把一條拉鏈縫入一個男人的胃裡，還有人將拉鏈用於漁網苗棚上。拉鏈的生命週期隨著新用途的不斷發現而得到延續，並且各種新的拉鏈也不斷產生，形成了拉鏈產品系列。

2、能否模仿其他點子。創意者可以從類似產品進行比對，看一看能否借用其他點子，或者模仿其他產品。比如利用舊的曲調改寫新歌。

3、變動，改變後會怎樣？如果將產品進行改造，從形狀、顏色、氣味等等做出改變，後果會如何？

4、擴大與增加的技巧。對創意目標加上了某些東西以後會怎麼樣？比如延長時間、增加次數、加長長度等等，擴張以後，會帶來怎樣的價值變化。針對普通轎車容積小，開發出了加長轎車；針對漢堡體積較小，麥當勞生產出了巨無霸漢堡。而普林斯公司（Prince）透過擴大網球拍，大大地提高了利潤。

5、縮小與捨去的技巧。史蒂文生發明火車就曾運用了省略。過去，機車是用齒輪咬合著齒軌行駛的。學者們都認爲，如果不安上齒軌，機車就會在軌道上打滑和脫軌。當時，史蒂文生是一位司爐工人，他總在千方百計使機車跑快點。他製造了許多的模型，都是安有齒輪的，無論用什麼方法也不能提高車速。幾年過去了，他想，把齒輪取下來，換上輪子試一試。結果機車不但沒有打滑，而且提高了速度5倍至10倍，並且沒有脫軌。他申請了專利，並獲得了火車發明家的稱號。

6、代用技巧。有些東西可以用其他物替代，這種情況下效果會怎麼樣？替代者和原產品之間存不存在矛盾？替代既可以是物品，也可以是聲音、過程、方法甚至動力。

7、重裝或改裝技巧。比如換個造型，改變順序、日程，換種設計……究竟會帶來怎樣的後果？比如引擎裝在後頭、中式便餐改西式菜餚。

8、顛倒技巧。與原來相反會怎麼樣？正面和負面、上和下、前和後，完全使兩者相反，會產生什麼效果？

9、組合技巧。

考巴克認爲以上9項技巧可透過附加以下技巧來擴大範圍：增加、分割、排除、緩和、反轉、切斷、代換、一體化、扭曲、轉動、平伸、沉入、凍結、軟化、膨脹、繞彎、附加、扣除、減輕、反覆、加厚、展開、擠出、淘汰、防衛、拉開、合併、象徵、抽象、切斷。

「最容易使人上當受騙的是言聽計從、唯唯諾諾的人；我寧願用那種脾氣不好、但勇於講真話的人做為領導者，你身邊這樣的人越多，辦成的事也越多。」

——IBM第二代領導人小托瑪斯・沃森

從電報機到電話機
發明體現臻美法

臻美法是以達到理想化的完美性為目標的創意方法系列，既涵蓋聯想法、類比法，又包括各種列舉法，具有以下特點：把創意對象的完美、和諧、新奇放在首位；內容廣泛；將最高的品質、功能發揮到極限，進而讓核心競爭力強大得驚人。

1837年撒母耳‧莫爾斯發明電報機後，極大地方便了人們傳遞各種資訊。可是從中人們也感到了不足，因為傳送一份檔需要花費很長時間，而且不能即時交流。於是，人們想到要是發明電話，用電流傳達人們說話的聲音，隨時交流意見就好了。

這個想法激發了很多人的興趣，他們投入到實驗中。1860年，德國人萊斯第一次用電流傳送了一段旋律。這可是了不起的事情，他將自己發明的裝置稱作「telephone」，這成了後來電話的名字，一直沿用至今。

可是，「telephone」只能傳送旋律還遠遠不能滿足人們的需求，在此基礎上，人們依然勤奮地探究不止。

1873年，26歲的亞歷山大‧格雷厄姆‧貝爾在研究多路電報機時，意外發現電報機上的簧片被黏在磁鐵上，當拉開簧片時發出了聲音。這讓貝爾十分興奮，他想既然震動可以傳遞聲音，那麼人說話的聲音也可以透過震動傳遞，於是經過兩年時間鑽研，發明了一種傳遞單音的「電話機」。

貝爾的目標可不是到此為止，他追求完美的傳音效果，因此繼續刻苦鑽研，1876年，他和助手在兩個實驗室試驗發明的電話機時，助手第一次完整地

聽到了貝爾發送的一句話：「請到這兒來，我需要你！」從此，人類歷史上真正的電話機誕生了。

此後，許許多多的人又不斷地對電話機進行改進，將其逐漸完善。

從電報機到電話機，電話機從簡單到完善，這一系列發明創造體現出人類追求完美的天性。人人都渴望完美，在思維時以完美爲追求目的，就構成了臻美創意法。此方法理想化特色顯著，具有以下幾個特點。

1、把創意對象的完美、和諧、新奇放在首位

在創意中充分調動想像、直覺、靈感、審美等諸多因素，用各種方法實現創意目標，是臻美法的最突出特色。由於完美性意味著對創意作品的全面審視和開發，所以屬於創意方法的最高層次。

243

2、臻美法內容很多

聯想、類比、組合是臻美的可靠基礎，創意由它們走向臻美。而各種列舉法，像缺點列舉法、希望點列舉法，都是臻美方法的代表形式。不管找出作品或產品的缺點，還是提出改進的希望，目的都是使其更完美、更有吸引力。追求完美是無止境的，因此臻美法也是一個不斷努力的過程。

3、突出優點

臻美法的最終目的是突出優點，將最高的品質、功能發揮到極限，進而讓核心競爭力強大得驚人，這是產品向精度延伸的過程。

臻美法可以採用多種思維方法，比如聯想想像法、整體思維法、蜘蛛思維法、全息思維法等。

聯想想像法是根據某一點、某一則資訊，向不同的方向同時推進，是一種舉一反三的創意思維。一葉知秋，從一片秋葉聯想冬天要來，可以及早準備取暖產品。

整體思考，又名立體思維，是將各個思維要素統一起來，進行整體思考，避免思維中的單向性、片面和非聯繫性。創意如果沒有整體性，就如一盤散沙，很難發揮作用。

蜘蛛思考，指的是像蜘蛛一樣，透過建立網路，將任何現象、事物都看成是互相牽連的，是一種動態的、連動的創意思維。

全息思維是從某一點、某一資訊，向所有的點、線、面作輻射、滲透，向所有的行業領域輻射、滲透。這就像一塊寶石，可以向周圍反射光芒，由此形成無限完整的創意世界，無限美妙的色彩天地。

綜上所述，幾種思維方法都有助於臻美創意產生。

「創新靠的是集體的共同努力。」

——3M公司總裁L‧D‧德西蒙

中藥茶館的組合法

組合法又叫分合法，指按照一定的技術原理或功能目的，將兩個或兩個以上分立的技術因素，透過巧妙的結合或重組，而獲得具有統一整體新功能的新產品、新材料、新工藝等新技術的創造發明方法。在生活中，兩個或兩個以上的技術因素組合在一起的事物非常多見。以創意揚名全美的廣告大師詹姆斯，曾經一針見血地指出：創意完全是舊元素的新組合。

伊倉產業公司是日本有名的中藥企業，在20世紀70年代，他們面臨著嚴峻的市場挑戰。當時，人們普遍信奉西醫，逐漸冷落中醫，中藥根本賣不出去，為此公司經營十分艱難。

石川社長看到公司業務一日日萎縮，內心焦慮，絞盡腦汁地尋求改變良機。這天，他到一家茶館喝茶，看到店內熙熙攘攘，人來人往，忽然靈機一動：要是自己的中藥店也像茶館一樣，不是可以吸引更多顧客上門嗎？

這一想法讓石川社長格外激動，他急忙組織人員分析調研，並很快投入到實施之中。他們將位於東京的中藥店進行改造，按照茶館式樣做了裝飾，店內豪華氣派，格調高雅，並且裝設了空調、燈光、音響等現代設備。原來的中藥店搖身一變，既不幽暗深沉，也沒了濃重的中藥味，走進去後，只見牆壁綠瑩瑩的，給人清新之感；裝中藥的壁櫃乾淨明亮，上面陳設著各色中藥飲料，一眼望去，散發著濃郁的現代都市生活氣息。

這一全新的、生活化的經營模式立即吸引了大量顧客，特別是以前對中藥不感興趣的年輕人，他們紛紛前來體驗中藥茶館的感受。結果，店內常常座無

虛席，生意十分興旺。看到客人們在動聽的流行樂曲聲中，品味既能強身健體又合口味的中藥飲料，石川社長倍感欣慰。他知道，在這家店鋪帶動下，一定會帶來其他中藥店的繁榮。

果然，中藥茶館激發起人們對中藥飲料的信心，他們從四面八方寫信要求公司提供配方和訂單，結果，從前沒有人理會的中藥，一下子成了人們競相購買的珍品，銷售量迅猛提升。

開中藥店和開茶館是兩個不同的行業，把這兩個不同的行業組合在一起，產生了意想不到的效果。這體現出組合法的神奇作用。1961年，Gordon在《分合法：創造能力的發展（Synectics：The Development Of Creativity）》一書中指出一套團體問題解決的方法，此法主要是將原不相同亦無關聯的元素加以整合，產生新的意念、面貌。從此，分合法正式成為主要創意法之一。

分合法就是組合法，是指按照一定的技術原理或功能目的將現有的事物的原理、方法或物品，做適當組合而產生出新技術、新方法、新產品的創新技法。組合的方式分為： 同物組合，也稱同物自組，就是若干相同事物的組合。 異類組合，兩種或兩種以上不同領域的技術思想組合，兩種或兩種以上不同功能的物質產品的組合，都屬異類組合。在兩塊玻璃中間加入某些材料製成防震玻璃，在牙膏中加入某種藥物，製成了治療牙病的新牙膏，都是典型的異類組合。 重組組合，在事物的不同層次分解原來的組合，再按新的目的重新安排，此即重組組合。 同一組合，不同的或相同的事物共用同一原理，同一裝置等的組合。 概念組合，以命題和詞類進行的組合。 綜合，綜合是一種更高層次的組合，比如愛因斯坦綜合了物理、數學知識提出相對論。

在技術創新中，組合法常常使用，效果顯著。玻璃纖維和塑膠結合，產生了耐高溫、高強度的玻璃鋼；帶電子錶的圓珠筆、答錄機、電唱機等等，都是組合法的結果。以創意揚名全美的廣告大師詹姆斯曾經一針見血地指出：創意完全是舊元素的新組合。可見組合的方式很多，涵蓋面廣。

　　儘管組合法形式多樣，它們卻具有一致性。這就是不管哪種方式，都是由多個特徵組合在一起。大腦有不可思議的儲存資訊的能力一樣，也有一個相對的以新的方式重組資訊的能力，這種能力決定，用組合法創造新的思想並不困難。遍布世界的上千本不同的食譜，每一本書中的每一種烹飪法，都是已有配料的不同的組合。這個例子告訴我們，沒有新的成分，只有新的組合。

　　還有，所有特徵相互支援、補充，共同為改善、強化同一目的。幾乎所有小孩都喜歡玩積木，幾塊形狀不同的積木，可以組合成各式各樣不同的新形狀。這是一個典型舊元素的新組合的遊戲。這說明組合不難，同時也說明雖然不是每一次組合都能產生價值，可是所有組合都可能啟發新創意，所以組合是創意的重要來源之一。

　　每次組合都會產生新效果，達到1＋1>2的飛躍。華萊士·考勞什合成尼龍後，受到廣大女性歡迎，可是她們又依戀羊毛的鬆軟。科學家於是將兩者組合在一起，發明了一種新的混合物。彼得·德路克在《不連續的時代》中指出，組合是：「有系統、有組織地跳進未知，它不是建立在編織自己已有知識上的，而是組合自己未知的東西。」

　　總之，組合做為一種技巧，不但多見，而且大多實用，在很大的程度上是通向未來的鑰匙。新力公司把耳機與收音機組合後，發明了隨身聽。高壓炸熟的雞和一種特殊的調料相結合，成為我們的肯德基炸雞。尼龍與緊身短襪結合產生了連褲襪。通用汽車（General Motors）公司把分期付款和提供不同漆色的銷售方式結合起來，結果建立起了世界最大的汽車公司……數不清的組合案例告訴我們，生活中的重大突破都來自於全新的答案，它們來自於挑戰現狀，而不是接受現狀。

沒有智慧的頭腦，就像沒有蠟燭的燈籠。

——［俄］托爾斯泰

第五篇
創意實踐

大哥買扁擔
發現自己的創造潛力

只有激發創造潛能，才能讓它發揮更好的作用。首先必須激發自己。愛迪生為了能繼續工作，就以拼命多賺錢來激勵自己。其次，給自己壓力和緊迫感。每個人都有惰性，比如拖延時間，給自己規定一個期限，可以鞭策自己，以造成必要的壓力。最後，學會放鬆。過度緊張會產生反作用，變得小心翼翼，不利於理智放鬆自我。

古時候，有兄弟兩人出遠門旅行，他們每人都帶著一個大大的行李包裹。一路上由於行李太重，他們不得不左右手來回交替拿包裹，誰也幫不上誰。

當他們行進到一半路程時，哥哥忽然發現路邊有賣扁擔，他忙停下來買了根扁擔。弟弟不解地問：「行李都拿不動了，還買扁擔做什麼？」

哥哥說：「一根扁擔可以擔兩個包裹，這樣我們輪流挑扁擔，就省力了。」說完，他將自己和弟弟的行李分別掛在扁擔兩頭。

果然，一人負擔兩個包裹，反倒覺得輕鬆了很多。

每個人都有創造潛力，只是有的人懂得開發，有的人不懂得開發。法國內科醫生雷內克，他小時候玩過敲空心木向朋友示意的遊戲。從這一思想出發，他設想並最終創造了醫學聽診器。玩過這項遊戲的人太多了，可是只有雷內克受到啟發，這說明他注意開發自己的創造潛能。

只有激發創造潛能，才能讓它發揮更好的作用。愛迪生說：「任何不能賣錢的東西我是不會發明的。」他以賺錢做為激勵自己努力工作的動力。確實，

只有目的明確，願望強烈，才可能有創造的欲望。

　　不少人認識不到動力的作用，缺乏使命感和遠期目標，這無疑會掩埋很多創意潛能。而給自己壓力和緊迫感，是激發潛能的有效手段。每個人都有惰性，比如拖延時間，給自己規定一個期限，可以鞭策自己，以造成必要的壓力。卡爾‧塞根是天文學家、作家，他爲了激發自己的創意潛能，隨身攜帶一個答錄機，隨時隨地記錄自己的靈感，並將之稱爲心靈的「敲門聲」，認爲「敲門聲」會將自己「捲入激情，處於一種興奮狀態」。這種「敲門聲」就是新思想的閃現。

　　當然，壓力是有一定限度的，過度緊張會產生反作用，變得小心翼翼，不利於理智放鬆自我。必要時學會放鬆。富於創造力的人一般都表現出一種善於使理智放鬆的氣質，他們會採用適合自己的方法，如聽音樂、散步放鬆自己。

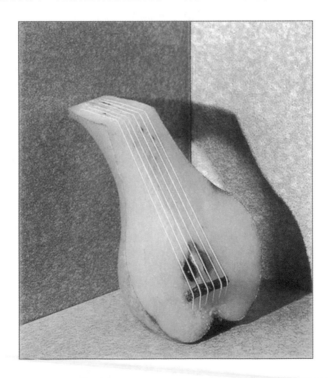

　　總之，激發潛能，就要透過各種手段刺激並捕獲新的思想。新思想、新發現，追根究底來自於舊的，在舊的基礎上進行有計畫的改變，就是創造性的表現。水壺燒開時會冒出蒸汽，瓦特據此發明了蒸汽機；牛頓從蘋果落地受到啓發，發現了萬有引力定律。如果把創造潛能當做智力肌肉，想一想吧，只有多運動，讓它多出力，多鍛鍊，才會強健起來。

　　實踐中，有意識開發潛能的活動，一般經歷以下步驟：

1、提出問題

　　問題是創新的發源地，提出問題，發現問題，是創新能力的表現。有一個問題需要回答、產品的外形需要改良、汽車的噪音太大等等，都是大腦中最初閃現的問題。這個想法是開發潛能的第一步。在製筆行業裡，有一個人發現到，只要是有筆的地方，就一定要有墨水，那麼爲什麼不把兩者結合起來呢？結果自來水筆誕生了。最初的問題帶來了最後的創造。

2、準備醞釀階段

　　盡可能多地收集與問題有關的資料，比如閱讀有關書籍、記筆記、和別人交談等。這是展開問題，調查各種可能性答案的階段，因此，要善於接受新東西，發散思維，讓潛意識活動起來。

　　艾克森石油公司和花旗銀行，這兩家公司的資深高級主管之間，在提案討論會上免不了相聚。這時，他們每人的講話聲調都提高了八度，時而聲嘶力竭的與人爭論，時而高呼小叫地發表自己的高論。在這種氛圍下，各種有關問題紛紛冒出來，大家的談論更爲激烈，肆無忌憚地互相駁斥、反對，或者贊同、交換意見，只要有異議，任何人都可以隨時打斷董事長、總經理、會議上其他任何人的話。

　　在艱苦的調查階段後，可以適當放鬆大腦，散散步，洗個澡，消遣消遣，把問題沉澱一下。正如作家艾德娜・費爾柏說的：「一個故事要在它自己的汁液裡慢慢燉上幾個月甚至幾年才能成熟。」

3、創意閃現

忽然間，眼前一亮，一個新想法出現了，所有的東西都形成系統的概念。這就是我們常說的生活中的「靈光一閃」、「超感覺」，是創意過程的最高階段。通常，這種想法是在具有無序性、非線性、跳躍性和非平衡性的情況下誕生的。達爾文發現進化論就是這樣的典型事例。他一直在為進化理論收集材料，然後有一天，當他坐在馬車裡旅行時，這些材料突然一下子融為一體，成為擺在「眼前」的一篇系統論文。事後，達爾文寫道：「當解決問題的思想令人愉快地跳進我腦子裡的時候，我的馬車駛過的那塊地方我還記的清清楚楚。」這就像我們平時說的「開竅」，是創造過程中最令人興奮和愉快的階段。

4、完善和核實

不管見識多麼高明，開竅時得到的啓示可能根本靠不住。為了完善和核實自己的創意，就要發揮理智和判斷的作用。這時運用到邏輯思維，它的特點是推理迅速，結論準確，幫助創意者回過來盡可能客觀地看待自己的設想。經過修正，設想趨於完善；經過核實，往往會得出更新更好的見解。

藝術家是一個容器，他可以容納來自四面八方的感情，可以是來自天上的，地下的，來自一張碎紙片，也可以是來自一閃即過的形象，或是來自一張蜘蛛網。
——[西]畢卡索

賈伯斯演繹
網路時代創新特徵

網路時代創造的新特點如下：創新活動範圍極大的拓展；創新已是公眾每個人都能參與的事；更多創新是集體智慧的結果；創新目的性轉變；創新活動功利性減弱。

史蒂夫‧賈伯斯21歲時，和26歲的沃茲在自己家的車庫裡成立了蘋果電腦公司，開發出了第一臺在市面上進行銷售的個人電腦。

當時，電腦產業剛剛起步，專業人才很少，從事此行業的人多數是半途出家的人才，他們在昨天可能還是藝術家、物理學者，可是一夜之間，他們成為電腦行家。因為他們對電腦懷有濃厚興趣，並不是為了賺錢進入此領域。賈伯斯也像這些人一樣，癡迷於電腦研究，但他從中獲利匪淺，不到10年的時間就擁有了一家市值20億美元的公司。也就在這時，他被自己的公司炒了魷魚。

這一事件鬧得沸沸揚揚，世人盡知。賈伯斯一度深感困惑，甚至想要離開電腦行業，可是他很快從失敗中振奮起來，決定重新開始，繼續自己的事業。於是，他先後開辦了neXT和Pixar公司，繼續做自己的電腦研究。

Pixar公司推出了暢銷動畫片《玩具總動員》和《蟲蟲危機》，蘋果公司收購了neXT，賈伯斯得以重返蘋果公司。回來的他發現，公司情況十分糟糕，每個人都被認為是失敗者。為此，他夜以繼日地工作，努力挽回頹廢的局勢。他迅速砍掉了沒有特色的業務，他對職員們說：「不必保證每個決定都是正確的，只要大多數的決定正確即可。因此不必害怕。」以此調動每個人的積極性。

　　這些明智的措施糾正了公司的錯誤，使得公司終於走上正軌。

　　賈伯斯的故事再現了網路時代創新的種種特色。可以說，如果不是電腦，他就無法實現自己從無到有、從有到無、再擁有的神奇歷程。下面，我們從多方面觀察分析網路時代的創新，究竟具有哪些濃厚特色？

1、創新活動範圍極大的拓展

　　網路時代極大地拓展了創新活動範圍，新的「未知」領域內逐漸沒有了專業統治這一概念，創新成為社會的最新最大需求點。創新活動從總體上來講是社會所需要的，是社會鼓勵的，是受到社會尊重的。Cisco是網路時代創新商業模式的實踐者和成功典範。Cisco總裁兼執行官錢伯斯堅信網際網路將改變我們的工作、學習和生活方式。Cisco公司無需建立新的製造廠就能擴大生產能力，並將產品週期縮短至1週至3週，將新產品上市的時間縮短了三分之二，僅需6個月左右。

2、創新已是公眾每個人都能參與的事

　　越來越多人投入到創新之中，出現專業業餘人群。同時，一個創新活動的成果可以直接受到公眾的評判和檢驗，以前那種由「權威」一言定局的現象會大大減少。Cisco公司網路還促進了內部資源分享，改善了處理日常事務的流程和效率。網站可供員工訪問的資訊超過170萬頁，內部員工每天使用量超過數千人。

3、更多創新是集體智慧的結果

創新已不是一個人獨力完成的事，而大量的是群體結合「知識共用」，「共同創新」的結果。Cisco在網上銷售複雜的網路設備，目前每天的銷售收入達到驚人的2,800萬美元，全年線上銷售額將超過50億美元。這個網路已經把Cisco內部各部門與供應商、合作製造商、裝配商以及貿易管道夥伴連爲一個整體，訪問這個網站的還包括現有客戶和潛在客戶。

4、創新目的性轉變

創新活動不再以經濟效益爲主，而首先會理性地考慮社會效益，首先會理性地考慮人與人之間的協調，人與自然界之間協調將成爲人人自覺遵守的法則，如果違反這一法則，你就極少有成功的可能。

5、創新活動功利性較弱

創新活動將大大減少功利主義的色彩，娛樂性、消遣性大大增加，更大地滿足個人的社會認可性。創新活動將使個性在理性的指導下發揮出最大的魅力，更富人性化特色。創新活動將有機地和你的生活、工作和娛樂結合在一起。

綜上所述，電腦時代的「未來」創新活動與以往有了較大區別。

知識是一種快樂，而好奇則是知識的萌芽。

——[英]培根

從背面拼圖的兒子
找到新的表現手法

像達文西畫蛋一樣，只需稍稍轉換角度，呈現在畫面上的表現內容就會有所偏差。所以，只有在最恰當的角度看待「點」，才能獲得最佳效果。很多時候，對於創意人員來說，最難找的不是點，而恰恰是表現手法。一個新穎出眾的點會由於低俗平庸的表現手法而導致失敗。

一個陰雨連綿的週末，有位牧師正在家裡準備講道的文稿。他翻來覆去地琢磨，腦子裡卻沒有什麼辭彙和概念，為此十分煩惱。恰在這時，他不滿5歲的兒子又在不停地吵吵鬧鬧，真是讓他無法忍受。

為了能夠安靜地思索一會兒，牧師衝著兒子又叫又嚷，可是根本沒有效果，反而更增添了吵鬧聲。後來，牧師有了點子，他抓起一本雜誌，從上面撕下一頁世界地圖，將它撕成小片，扔到地板上對兒子說：「看見了嗎？這是一張撕壞了的世界地圖，你要是能把它拼起來，我給你獎勵。」

兒子接受了挑戰，一屁股坐在地板上埋頭拼起來。牧師很得意，他想：「這下子好了，我可以安靜地準備講稿了。要想拼好那張撕碎的地圖，我看他最少也得半天時間。」

然而，牧師還沒有來得及從得意中恢復思考，敲門聲響起，兒子站在書房外說：「爸爸，我拼好地圖了。」

牧師吃驚極了，連忙打開房門問：「真的嗎？我看看。」當他拿過地圖時，才發現兒子果真完成了任務，整幅地圖又恢復了原狀。他看看牆上的鐘，時間過去了不到十分鐘，不由驚奇地問兒子：「兒子，這是怎麼回事？你怎麼

這麼快就拼好了呢？」

兒子歪著腦袋，不以為然地說：「這幅地圖的背面是一個人的圖像，我參照這個人很快就拼好了，很簡單啊！」

牧師翻過地圖一看，果然是一個完整的人像，他明白了，心裡一陣喜悅，忍不住笑了。他給了兒子獎勵，然後急忙回到書桌前準備講稿，因為他從這件事中受到啓發，有了講稿的題目：假使一個人是對的，他的世界也是對的。

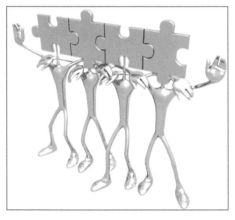

從地圖的背面入手，兒子找到了一個全新的、簡單的拼圖方法。這說明創意中表現手法的重要性，像達文西畫蛋一樣，只需稍稍轉換角度，呈現在畫面上的表現內容就會有所偏差。

在廣告創意實踐中，有一個有趣的現象，市面上同類型產品越是多，由此產生的精彩廣告也越多。這樣就逼迫創意人去找尋更新穎更出眾的點來完善廣告。於是廣告戰打得非常熱烈，戰火彌漫，殺聲陣陣。可是，大多數廣告顯得過於直接蒼白，戰鬥力並不強大。為什麼會造成這種結局？並非創意點不夠突出，而是手法存在問題。

很多時候，對於創意人員來說，最難找的不是點，而恰恰是表現手法。不管一個點多麼新奇出色，由於表現手法缺少新意、沒有特色，也會失敗，這樣的例子屢見不鮮。有家較著名的化妝品牌推出新產品，科技含量非常高，廣告創意點也找得非常之準，可惜的是廣告表現手法過於平庸，毫無新意可言，結果完全沒有表現出化妝品所具備的質感，無法吸引消費者，只好以失敗告終。日本有位學者談到創意和表現手法的關係時，將它們比做鑽石與金鍊。他說：

只有合適的金鍊才能把鑽石串起來，形成一條金光閃閃價值連城的鑽石金鍊。

創意的表現手法多種多樣，從不同的角度觀察，就會有不同的感覺和考慮，這是表現手法的內涵所在。一般來說，在找準創意點之後，從消費者、產品定位、市場情況綜合考慮，迫使創意人員從大局著眼，會產生較好的效果。

廣告大師大衛‧奧格威為「勞斯萊斯轎車」做的廣告創意，可算尋找到恰當表現手法的經典之作。這則廣告以「在時速60英里的時候，這輛新勞斯萊斯車上最大的噪音來自車上的電子鐘」為標題，讓觀眾一目了然，體會到車內的安靜狀態。因為在常人的思維中，只有在極度安靜的環境裡，才能聽到滴滴答答的電子鐘的聲音，現在高速奔馳的勞斯萊斯汽車內也能聽到電子鐘聲，只能說明汽車的品質太高了、雜音太低了。可是，勞斯萊斯的資深工程師看了這則廣告後，卻另有所感，他直接指出電子鐘噪音太大了，所以才會產生這種效果。

工程師的看法讓我們理解到廣告背後的真相——不是車好，而是廣告找到了最佳的表現手法，進而引導觀眾產生了全新感覺。實際上，大衛‧奧格威認為勞斯萊斯轎車的品質不怎麼樣，因為後來他再也沒有為它做過廣告。

在實踐中，創意是靈活的、多變的，表現手法也會多種多樣。但是不管怎麼說，表現手法都是為創意服務的，不能喧賓奪主，更不能為了表現而表現，不去顧及創意的目的。

另外，創意點和表現手法之間沒有固定的先後順序，甚至事先有了一個絕妙的表現手法，再根據此表現手法想出一個點來。由此可見，創意無絕對之說，只有結合實際情況，展開多種思索，才會所有創造。

構成我們學習最大障礙的是已知的東西，而不是未知的東西。
——[法]貝爾納

259

羅斯福告誡兒子
踏入無人問津之地

一個創造性人才往往是叛逆者，他勇於踏入無人問津之地，解決遇到的任何問題。他不陷入別人描繪的事實泥坑中、他針對目標，眼光能摧毀舊圖畫。新手由於無知而從更開闊的角度看待問題，他們見到森林，而不是樹木，他們能以「簡單」的答案來解決複雜的問題。

二戰開始後，美國總統羅斯福將自己的四個兒子全都送上了戰場，告誡他們說：「拿出良心來，為美國而戰！」四個兒子不負父望，作戰勇敢，立下軍功。這時，戰鬥愈加激烈了，兒子們不免有些心虛和徨恐，就問父親羅斯福該怎麼辦。

羅斯福回答兒子們說：「不要問我怎麼做。你們的事是你們自己的事，我從不干預。」他以無比堅定的品格感染著兒子，要他們勇於追求獨立的人生，勇於解決遇到的任何問題。為此，他竭力反對孩子依賴父母過寄生的生活，從不給兒子們任何資助，讓他們憑著自己的能力去開闢事業，賺他們該賺的錢。

有一次，他的一個兒子外出旅行時，相中一匹駿馬，就不惜所帶錢財購買下來，結果連回程的船票都買不起了。無奈之下，他只好給父親打電話請求資助。沒想到，羅斯福了解到事情經過後，毫不客氣地說了一句：「你和你的馬游泳回來吧！」說完掛斷電話，再也不理會兒子的任何請求。

兒子沒有辦法，只好忍痛割愛，賣掉駿馬買票回家。

一位創造性人才往往是叛逆者，他勇於踏入無人問津之地，解決遇到的任

何問題。這是他區別於常人的品質，他不陷入別人描繪的事實泥坑中，他針對目標，勇往直前。

很多時候，新思路易得，要想用它解決問題卻不易，這需要勇氣。一般來說，只有強烈自尊和自信的人，才能面對傳統的挑戰而不喪失自我，他們無視同行和對手的強烈反對和敵視。瑪丹娜成名後，被人貶稱爲「都市妓女」和「物質女孩」，面對侮辱，她沒有退縮和沮喪，相反地，她將此視爲一種榮耀，一種美稱，一種激勵自我前進的動力，進而取得更大的輝煌。

每一位創造人才都具有探索和冒險精神，他們的創造行爲不僅爲他們帶來財富，更是對社會做出的貢獻。但是絕大多數人才不去關注危險或者財富，而是一往直前地走向成功，好像他們天生知道成功在「哪裡」等著自己。

成功的創意人才不止是專家，在很多領域，新人往往更容易發現新事物、新概念。這是由於專家們侷限於正確的教義之中，懼怕新鮮東西，而新人則會因無知而無畏，以驚人的速度和準確性奔向目標。日本的奧野塑膠用品公司，

為了獲取新創意，不惜高薪聘請了好幾名普通的家庭主婦。她們對塑膠用品的生產研製知識一無所有，但卻從外行和消費者角度發現問題，提出建議，為此公司帶來明顯效益。

新手由於無知而從更開闊的角度看待問題，他們見到森林，而不是樹木，他們能以「簡單」的答案來解決複雜的問題。網路專家認為有線電視網是個愚蠢的想法，但是泰德·透納的革新改變了電視，進而成為那些預言他死期的網路公司的強勁對手。

實際上，不少公司經常聘請兼職創意人員，這些人一定不具備本公司的專業知識，只是一個普普通通的外行，讓他們為公司產品和發展構想新的創意。

創造性人才看到宏大場景，但以一種簡單的眼光貫徹他們的目標決策。太多的知識有礙於創造成就，他們不理會那些保護性地將其自我投於已知領域的微觀眼光的專家。英國的政治霸頭認為柴契爾夫人是時代的異己分子，會構成重大危險，但她相信自己的命運，攀升到英國政界的頂峰。

最重要的一點是，當新的念頭出現時，創造性人才從不運用判斷力。他不會一邊拼命踩油門，一邊刹車。

打破常規，逆流而上，另闢蹊徑，不受制於陳規陋習。如果有人以一種方式行事，你就有極好的機會反其道而行之。

——塞姆·沃頓

校長弱化思維定勢
「懲罰」學生

思維定勢是指人們在解決新問題或拓展新領域時，受到原有思考問題成功的侷限而處於停頓的心理狀態。消極思維定勢的表現方式包括：經驗型、權威型、從眾型、書本型、自我中心型、直線型六種。弱化思維定勢，是創意思維中常常採用的訓練方法之一。

麥克勞德是著名的解剖生理學家，曾與他人合作發明了胰島素，為此獲得了1927年諾貝爾醫學獎。說起自己的成就，他總是對小時候的一件事念念不忘，認為是這件事促成了自己一生的成功。

那時，他還上小學，不僅頑皮，而且充滿好奇心，什麼事情都想探個究竟。有一天，當他和夥伴們從學校走出後，看到一隻小狗搖著尾巴跑過去。這時，他忽然產生了奇怪的想法，想看看狗的身體裡面是什麼樣子。

他的想法得到夥伴們響應，他們熱切地討論著，並找來繩子、刀子，合夥捕獲小狗，並把牠帶到空地裡宰殺了。他們將小狗進行「解剖」，細心地觀察牠的每件內臟，就像專業人士一般，根本沒有考慮到問題的後果。

然而，狗的主人很快找來了，他不是別人，正是麥克勞德所在學校的校長。校長看到心愛的小狗被學生們宰殺了，十分氣憤。麥克勞德和夥伴們嚇壞了，他們心想，這下完了，校長肯定會開除他們。

可是出乎他們意料的是，當校長聽他們說明宰殺小狗的原因後，反而平靜下來，對他們做出了一項特殊的懲罰：讓麥克勞德畫一張狗的骨髓結構圖和一張狗的血液循環圖。

麥克勞德簡直難以相信這樣的結局，於是全力以赴繪圖。結果他繪製的圖畫交給校長後，校長認為畫得很好，就不再追究殺狗事件。這次事件給麥克勞德深刻的影響，從此他真正喜歡上解剖生理學。

校長的「懲罰」頗具新意，體現出弱化思維定勢的特色。思維定勢是指人們在解決新問題或拓展新領域時，受到原有思考問題成功的侷限而處於停頓的心理狀態。消極思維定勢的表現方式包括：經驗型、權威型、從眾型、唯書本型、自我中心型、直線型六種。

弱化思維定勢，是創意思維中常常採用的訓練方法之一。

1、**弱化經驗型思維定勢**。經驗型思維定勢，是指人們不自覺的用某種習慣了的思維方式，去思考已經變化的問題。比如辦案人員在破案時肯定先考慮有前科的、平時行為不軌的人，可是事實恰恰相反，罪犯常常是個極老實的人。弱化此種思維定勢，就是要打破常規，勇於提出相反的、不同的想法。美國三藩市曾經開辦過一家逆向教育學院，採取與傳統教育相反的方法教育學生，目的是為了降低專業人才的專業水準，進而弱化他們的經驗思維。

2、**弱化權威思維定勢**。權威思維定勢是指人們對權威人士言行的一種不自覺的認同和盲從。可從以前的、外地的、其他領域的權威加以訓練，找出他們依賴於權威效應的地方，以及與自身利益有關的地方，進而淡化權威對自己的影響，進而勇於挑戰權威，提出新的思路和解決方案。

3、**弱化從眾定勢的訓練**。從眾思維定勢，就是個體習慣服從大眾的心理和行為，不敢有所逾越。要想打破這種思維慣勢，除了有意識地提出與眾不同的觀念外，還可以參與各種強化訓練，有人曾經提倡過「傻子」行動。在集會

上由一人扮演傻子，完全採取與衆人不同的想法、行爲，儘管這一做法滑稽可笑，卻打破了團體一致的思考方法，弱化了從衆定勢。

4、弱化唯書本定勢。人對書本知識的完全認同與盲從，是唯書本定勢思維。有個故事說，有位學子外出求學，學到了很多知識，但他很苦惱，因爲學得越多，他就覺得自己越無知和淺薄。於是他向一位高僧請教。高僧反問他：「你求學的目的是爲了求知識還是求智慧？」他才恍然大悟。知識不是智慧，有限制思維的缺點。要想打破書本定勢，可以假定書中所有的觀點都是錯誤的，在此基礎上，提出不同見解；也可以設想多種答案。愛因斯坦提出相對論，對此，大數學家希爾伯特幽默地說：「我們這一代人一直在探討關於時間和空間的問題，而他說出了其中最具獨創性、最深刻的東西；我認爲這是因爲愛因斯坦沒有學過任何時間和空間的哲學和數學。」

5、弱化自我中心思維定勢。自我中心型思維，是指人想問題、做事情完全從自己利益與好惡出發，主觀武斷地不顧他人的存在和感覺。創意最害怕視角凝固，自我爲中心，有些人卻偏偏喜歡從自己的成功出發解決問題，這是危險的舉動。實際情況是，成功者一旦思想僵化，只會碌碌無爲，而一位最具創意的人才，永遠都是「什麼都不知道的人」。

6、弱化直線型思維定勢。直線型思維，是指人面對複雜多變的事物，仍用簡單的非此即彼或者順序排列的方式去思考。弱化此種思維定勢，可以參考在駕駛員考試中常常出現的相關題目。比如有道題目就是：「在一條公路中間，左邊是一個人，右邊是一條狗，眼看就要撞到他們了，試問，你是撞人還是撞狗？」不管回答撞人還是撞狗，都是直線型思維的結果。而想有所創造，就必須弱化直線型思維定勢。

> 我們應懼怕「知道」，而不是害怕「無知」。
>
> ——迪派克‧喬伯拉，M.D.

老人扔鞋
扔出創意產業的特徵

創意產業的興起，是產業發展演變的新趨勢，它既具備知識服務業的業態，又有如下特徵做為其標誌：創意產業是智力勞動的結晶；創意產業來自技術、經濟和文化的交融，具有很強的滲透性；創意產業為創意人群發展創造力，提供了根本的文化環境，因此又往往與文化產業概念交互使用。

在一輛高速行駛的火車上，有位老人不小心把剛買的新鞋從車窗掉出去一隻。周圍的人見此，紛紛發出惋惜聲，還有人好言勸慰老人，要他想開些。

老人果真很想得開，不但沒有難過，反而笑呵呵地拿起另一隻新鞋，唰一下從窗口扔下去。那些人十分詫異，幾乎齊聲追問：「你這是幹什麼？這可是新鞋啊！」

老人依舊笑咪咪的，對著大夥說出了自己的想法。原來，他的鞋丟了一隻，那麼剩下的這隻鞋不管多麼昂貴，對他來說都沒有價值了。但是，如果他把這隻鞋扔下去，與剛才丟掉的鞋相距不遠，萬一有人撿到的話，還可以穿。

成功者善於放棄，善於從損失中看到價值。這道出創意產業的一些特徵。創意產業，一方面是指那些以個人創造力為基礎，透過創意獲得發展動力的企業；另一方面則是指透過開發創意思維，進而創造財富和機會的各種活動。創意產業又叫創意工業、創造性產業、創意經濟等，廣泛深入到各個領域中，既包括經濟行業，也包括文化、建築等行業。實際上，創意產業的本質就是促成

不同行業、不同領域的重組與合作。這種重組、合作無疑會產生新的發展點，成爲推動社會進步的力量。

創意產業的興起是產業發展演變的新趨勢，它既具備知識服務業的業態，又有如下特徵做爲其標誌。

1、創意產業是智力勞動的結晶，是創造力和智慧財產。

從事創意產業的人員主要是知識型勞動者，他們具有相關的知識和專業特長，他人往往不可替代。同時，這類人才還必須頭腦靈活，能夠迸發靈感，產生與衆不同的想法。這一特色模式，體現出創意產業中腦力勞動與體力勞動，以及資訊化結合的重要特徵。

2、創意產業來自技術、經濟和文化的交融，具有很強的滲透性。

創意產業不是孤立存在的，它常常與各傳統行業並存、交融。這是由於創意是一種複雜的過程，涉及到多個領域，而創意的產物也是多種多樣，無所不包。

3、創意產業與文化產業緊密相關，常常交互使用。

創意，可以從根本上改變環境，創造新的文化氛圍，這一特性決定它與文化產業密不可分。實際上，很多創意產品都是科技與文化結合的產物。

比如電影、音樂等，它們的價值遠遠超出自身科技價值，衍生出來的附加價值更為重要。

除了上述三個基本特點外，隨著網路興起，創業產業又具備了一些新的特色。

1、創意產業組織呈現集群化、網路化特色。

隨著網路興起，創意產業普及到大眾之中，不再是專業人才的特權，也不再是專業組織的行為，集體的互動性正在逐步形成集群化的大環境。同時，創意產業轉化為以小公司為主，更加靈活和多樣性。在這些公司中，創意人員處於主導地位，對相關生產、銷售等領域起著帶動作用。

2、創意產業技術向數字化、知識化、視覺化、柔性化方向發展。

在科技高度發展的今天，創意勢必受到科技影響，這一影響的結果促進了創意在數字化、資訊化方面的進度，進而使得創意行為更為激進和徹底。另外，高科技作用下，創意的表現形式以及操作性也更為明顯，人性化特色更為突出。

3、創意企業管理向資訊化、網路化、知識化管理的方向發展。

在創意管理方面，隨著網路興起也出現一定改變。創意靈感是零亂的、沒有系統的，如何將之整合和集成，是網路出現之前的難題。如今，網路為創意管理提供了快速便捷的條件，可以更快、更好地創造出市場需要的產品和企業的最大效益。

才能是來自獨創性。獨創性是思維、觀察、理解和判斷的一種獨特的方式。

——[法]莫泊桑

龍蝦發現創新的金鑰匙

事實上，世界各大知名企業都是靠創意而成功。有人指出企業競爭的時空，已經從1990年的資訊時代走向2000年的創意時代。腦力競爭成為未來趨勢，創意已成為最重要的經濟投入。最重要的，不再是你知道什麼，而是你發明什麼。

龍蝦和寄居蟹都生活在大海裡，牠們有著不同的生活習性。龍蝦經常脫掉硬殼，然後再長出更新更堅固的外殼；而寄居蟹則終日避居在礁石下面，從來不想讓自己長得更強壯。

有一天，龍蝦剛剛褪掉一層舊殼，恰好寄居蟹見到了，吃驚地説：「哎呀，你怎麼把保護自己的殼弄掉了？瞧你一身粉嫩的身軀，小心被大魚一口吃了！」

龍蝦卻不慌張，牠説：「我褪掉舊殼，是為了長出更堅固的新殼，更好地面對各種危險，是為以後做準備。如果總是一身舊殼，時間久了，就不結實了，怎麼保護自己？」

寄居蟹一聽，不由打量一下自己終年不變的殼，心想，我怎麼從來沒想到換掉外殼呢？怪不得我整天都要找地方避居，原來自己沒有發展的心思啊！

只有不畏險阻，勇於創新，才會不斷成長和成功。在現代社會中，企業要取得成功其關鍵所在就是要提高「創新能力」。

法國作家拉封丹寫過的一則寓言：北風和南風比威力，看誰能把行人身上的大衣脫掉。北風首先來一個冷風凜冽寒冷刺骨，結果行人把大衣裹得緊緊的。南風則徐徐吹動，頓時風和日麗，行人因爲覺得春意上身，始而解開鈕

扣，繼而脫掉大衣，南風獲得了勝利。

這則寓言在商界被人稱作「南風」法則。只有「創新」，才有生命力，才能在優勝劣汰的激烈競爭中求得生存發展。

事實上，世界各大知名企業都是靠創意而成功。企業之間的競爭已從資訊時代進入創意時代。這一現象說明，創意已成為未來最重要的經濟投入。也就是說，知道什麼已不重要，而創新發明才是最重要的。

在這個日新月異的時代，經濟不再決定一切，市場需求的個性化和多樣化，使得大批量重複性生產變得不合時宜。有家汽車公司投鉅資建立生產工廠，效益卻很一般。這是什麼原因造成的？分析發現，汽車行業的資源分配早已發生巨大改變，20世紀20年代，汽車的成本主要用於支付生產者和投資者，佔據85％以上的高比例，而如今這兩種人得到的比例不到6％，其餘絕大部分都給了設計師、戰略家以及廣告商和銷售人員等。所以這家汽車公司只注重生產投入，而不強調創新計畫，自然效果不佳。

創新已是企業發展的金鑰匙，如何尋找並擁有它，才是現代企業最大的問題。

1、吸引消費者的注意力。

快節奏的經濟時代，每個人都忙於工作，生活緊張。企業要吸引現代人的

注意力，變得越來越困難。在這種情況中，注意力成了稀有商品。如果抓住消費者的注意力，是創新的焦點。

2、塑造品牌形象，突出品牌承諾。

每個行業的市場競爭都很激烈。高科技發展促使多種行業快速誕生、發展，形成行業競爭劇烈的格局。幾乎每個企業的產品、服務都同樣好，具有同樣高的標準，價格也一樣便宜。怎麼樣從中脫穎而出？

可口可樂公司是百年企業，在它的經營過程中，曾經出現過一次引人深思的事件，被後人稱為「品牌情感」效應。隨著對手百事可樂的崛起，可口可樂公司決定推出新口味產品與之對抗。1985年4月23日，新口味可口可樂上市了，以圖為消費者帶來欣喜，與競爭對手競爭。然而出乎意料的是，消費者極其失望，他們不認同新口味產品，認為可口可樂公司背叛了自己，紛紛要求換回老配方可口可樂。這一事件有力地證明了品牌在消費者心目中的地位。

3、消費者越來越難「打發」，掌握他們的需求是關鍵。

消費者的期望不斷增高，似乎永不知滿足。在這種情況下，加上同行業競爭激烈，不少消費者一旦得不到滿足，就會轉向他人。因此，如何掌握消費者需求，快速適應他們的改變，是企業必須考慮的問題。不少成功的公司都捨得在研究消費者需求上下工夫，他們透過詢問消費者對產品包裝、味道、顏色等等方面的意見，做出相對改變，更容易滿足消費者的需求。

總之，人是企業生命力和競爭力永不枯竭的源泉。在電腦逐漸普及的今天，知識含量已經不再重要，一個人如何有效地創造性地運用知識，才是創新的重要途徑。

在任何一個成功的後面，都有著十五年到二十年的生活經驗，要是沒有這些經驗，任何才思敏捷恐怕也不會有，而且在這裡，恐怕任何天才也都無濟於事。

——[俄]巴甫連柯

不怕不悔的創新機遇來源

存在於企業內部的創新機遇有四大來源：意外之事、不一致之事、基於程式需要的創新、每一個人都未注意的工業結構或市場結構的變化。

有個年輕人準備離開故鄉到外地開創事業，臨行前，他來到了族長家裡，恭敬地說：「我就要遠行了，請您給予指示和教導。」

老族長正在練字，看到年輕人前來辭別，十分感慨，揮筆寫下三個字：不要怕。然後，他將寫著字的紙折好，交給年輕人說：「記住這三個字，相信你一定會有所成就。」

年輕人到了外地後，時刻想起老族長送給自己的三個字，並以此為動力積極做事，勇於奮鬥，終於開創了一片屬於自己的事業。這時，他已經年過半百，早已經歷了很多人生是是非非，不免心生傷感，打算回鄉探望親人。

當他來到故鄉，特地去拜望族長。族長的家人告訴他，老族長已經去世了，臨死前他留下一個信封，要家人交給這位歸鄉的遊子。他接過信封，打開一看，上面寫著三個字：不要悔。

他明白了，老族長告誡他，人生在世，中年以前不要怕，中年以後不要悔。

不怕不悔，是抓住創新機遇的主觀因素。對於一個企業家來說，創新是他的特殊手段。這是因為創新會帶來新的能力，新的收穫。實踐證明，只有賦予一件物品經濟價值時，它才是有價值的資源。如何賦予它經濟價值？答案是創新。

在現代企業中，創新機遇來自於哪裡？怎麼樣抓住它們呢？

莎士比亞說過：「聰明的人善於抓住機遇，更聰明的人善於創造機遇。」在經濟領域中，「購買力」可以說是最重要的資源，如何發掘購買力，就是企業家創新的機會。麥克科密克在19世紀初發明了收割機，卻發現農民無力購買。為此他想出分期付款的購銷方式，結果農民們有了購買收割機的能力。這種能力是創新的結果，它改變了資源的產出，為消費者帶來價值和滿足。

創造機遇，可以從企業內部和外部共同入手，從中有目的、有組織地尋找變化，進行系統的分析。實際上，機遇無處不在，只是有些人善於發現，有些人卻視若無睹。A、B、C三人都在外資公司上班，他們都想見到總裁，並展示一下自己的才華。A只是天天想，並沒有行動；B則主動打聽老闆上下班的時間，並在電梯旁刻意去守候，希望有機會遇到老闆，打個招呼；C與他們不同，他詳細了解總裁的經歷和喜好，精心設計了簡單而有分量的開場白，然

273

後，在算好時間乘坐電梯時，終於見到總裁，並如願表達自己的想法，得到總裁賞識。

在現代企業中，不管來自企業內部的，還是來自外部的，所有的機遇都是創新的源泉，是創新的機會。比如意外的成功，意外的失敗，來自環境的變化等。接受這些變化，並從中尋求創新，是企業家們的創新素質之一。

為了獲取更多資訊，法國億而富（Total Fina Elf）機油前總裁有一個獨特的辦法，他每年都會與1000人交換名片。因為他認為認識的人越多，接觸的資訊就越多，創新的機會就越大。

在企業中，公司總裁是製造各種決策的人物，如同製造某種產品時，一定需要原料一樣。怎麼得到這些原料呢？一個很好的辦法就是從別人那裡「傾聽」許多資料，然後化為有用的創造力。觀察身邊的每個人，就會發現越成功的人，越懂得「鼓勵別人說話」的藝術；而那些失敗者，往往都是滔滔不絕、口若懸河的人，根本不去注意他人的言行。

當然，所有的機遇都存在風險性。這是自然界的客觀規律，通常情況下，風險性越大，機遇就越多。比如生物領域，是目前科技創新風險最大的行業。可是，高風險背後，往往蘊藏著高回報。所以，只有不懼風險，才會獲得更多創新機遇。

知道事物應該是什麼樣，說明你是聰明的人；知道事物實際是什麼樣，說明你是有經驗的人；知道怎樣使事物變得更好，說明你是有才能的人。

——［法］狄德羅

螞蟻搬物
搬出企業管理創新能力

在科技快速發展的當今社會，開發自己的技術，提高本國和本企業的創新能力，是新經濟時代的基本要求。在此情況下，企業管理就不再是一般意義上的資訊管理，而是創新管理，並把透過管理提高企業的創新力和創造力作為經營的核心。

有兩隻螞蟻，共同發現一塊麵包渣，牠們費了很大力氣，卻不能把它拖回巢穴。於是，牠們分頭行動，沿著兩條不同的路線回去「搬兵」。牠們邊走邊釋放出一種牠們自己才能識別的化學外激素做記號。令人意想不到的是，先回到巢穴的螞蟻會釋放更重的氣味，這樣，同伴去搬運食物，就會走最近的路線。

螞蟻們快速靈活的運轉能力，引起人類學與社會學者深深的關注，他們研究發現，螞蟻不但有嚴格的組織分工和由此形成的組織框架，而且牠們的組織框架在具體的工作情景中，有相當大的彈性，比如牠們在工作場合的自組織能力特別強，不需要任何領導人的監督，就可以形成一個很好的團隊而有條不紊地完成工作任務。

一隻螞蟻搬食物往回走時，碰到下一隻螞蟻，會把食物交給牠，自己再回頭；碰到上游的螞蟻時，將食物接過來，再交給下一隻螞蟻。螞蟻要在哪個位置換手不一定，唯一固定的是起始點和目的地。

螞蟻搬物的研究表明：提高團隊工作效率，必須解決工作鏈上的脫節和延遲問題。每項工作都不是獨立存在的，都需要與他人的合作，互相支持。在這種合作過程中，如果不能發現和剪掉多餘環節，勢必影響工作效率。

　　有一個收廢品的，成天在社區裡高叫「有廢鐵、報紙、玻璃拿來賣」。一天，有人建議他說：「如果你改成吆喝『收廢鐵、報紙、玻璃』，這樣大家也能聽明白你的意思，不是更省事嗎？」他採納了建議，發現果然不錯。又過了幾天，又有人對他說：「其實，你直接叫『廢鐵、報紙、玻璃』，大家也都明白你是來幹什麼的，何必多加一個『收』字？」他又聽取這人的意見，結果發現減少了不必要的動作，既節省了時間，又提高了效能。

　　減少多餘環節，提出了企業的創新管理問題。企業間競爭實力，很大程度體現在管理創新能力上。目前，不少企業將創新管理做為經營的核心，1999年，美國《商業週刊》評出全國業績最優秀的50家公司，它們共同的、最突出的特點就是在經營管理方面積極創新。創新成為評價公司的標準之一，美國《財富》雜誌更是指出，創新必須滲透於企業管理上才能發揮作用。那麼，什麼是創新管理？

　　創新管理包括三層互相聯繫的內容：1、管理的創新；2、對創新活動的管理；3、創新型管理。

　　世上沒有一個一成不變、最好的管理理論和方法。Intel總裁葛洛夫（Andrew Grove）的管理創新有兩方面內容：（1）產出導向管理：產出不限於工程師和工廠工人，也適用於行政人員及管理人員；（2）在Intel，工作人員不只對上司負責，也對同事負責：打破障礙，培養主管與員工的親密關係。

　　對創新活動的管理，是企業總裁的核心任務。通用汽車公司總裁傑克·韋爾奇頗懂創新管理的重要性，他說：「在目前這個競爭激烈的新經濟時代，一個企業家最差勁的表現就是缺乏創新、不思進取。」如果無法正確引導各種創新活動，不能調動發揮每位員工的創造性，這位總裁必定是失敗的，無法勝任的。西方企業界流行一句話：「不創新，即死亡。」一個企業的總裁不能宣導知識和技術創新，是非常危險的致命信號，創新型管理是相對於守舊型管理而言。在這種管理過程中，創新無處不在，深入整個組織和成員的頭腦中。在美國，大多數企業積極推行創新型管理，進而在高科技領域保持領先地位，不斷推出新產品，形成全球性「新經濟」浪潮。

我的箴言始終是：無日不動筆；如果我有時讓藝術之神瞌睡，也只為要使祂醒後更興奮。

——[德]貝多芬

向和尚推銷木梳的創新環境

創新環境主要是指在企業內建立一種有利於創新者的寬鬆、自由的氛圍，例如鼓勵每個員工都參與創新、不要打斷創新、創建創新文化等，都是創新環境的良好措施。

　　四個人都去寺廟向和尚推銷木梳，第一個人很快回來了，他一把都沒賣掉，他說：「和尚沒頭髮，不可能使用木梳。」第二個去了後，看到不少前來寺廟燒香的香客，他們的頭髮被風吹亂了，沒法梳理。他見機行事，向他們推銷木梳，結果賣了十來把。第三個人來到寺廟，觀望一會兒，有了點子，他站在廟門外，將木梳做為紀念品向香客兜售，居然賣出去一百把。

　　輪到第四個人啦，他到了寺廟，竟然賣出去一千多把木梳！其他三人十分好奇，不明白他是如何做到的，其中一人問：「你把木梳賣給誰了？你一定不是賣給和尚的。」

　　「不，」第四個人回答：「我推銷的主要對象是和尚。」

　　「和尚？」其他三人越發奇怪，「哪有那麼多和尚需要木梳？」

　　第四個人笑著解釋道：「我將木梳刻上對聯和方丈的名字，用作方丈回贈香客的紀念品。」

　　第四個人創造了一種全新的銷售環境，進而大獲成功。任何創新都離不開一定的環境因素，反過來，創造創新環境才是興旺發達的基礎。

　　一個現代企業，如何滿足並創造和引導需求，成為驅動市場型的企業，必須對環境有充分的了解，並創造一個適合創新的良好氛圍，才能有效利用消費者的消費心理特徵和消費行為，關注細節和執行，透過創業去提升企業的競爭能力，促使企業在激烈的競爭環境下健康成長。

　　1、樹立全方位創新理念，建立創新激勵機制。

　　做為公司，只有為員工提供自由的空間和時間，從立項、資金各方面予以充分支援時，才能從根本上激勵員工的創新激情。公司可以透過以下幾條方法激勵員工：①允許員工用自己的方法創新，不打斷他們的行動，不給與指示、命令等，也不要求他們作出解釋。②當某位員工進行一項創新時，堅持由他負責到底，不要隨便更換創新者。③鼓勵員工的自我創新意識，讓他們自由選擇創新項目，不要指定某人從事某項創新。

　　德國農民漢斯的故事耐人尋味，每當馬鈴薯豐收的時節，他和其他農民一樣，也要趕往城裡去賣。為了賣個好價錢，大多數農民都會將馬鈴薯分成大中小三等。不過這項工作比較麻煩，也很費時。而漢斯從不分馬鈴薯，卻照樣賣得不錯。因為他很聰明，想到了一個省時省力的好點子：他將馬鈴薯裝進有個小洞的麻袋，順著顛簸不平的山路進城，一路上小馬鈴薯落到下面，大馬鈴薯自然也就在上面了。

　　不管工作多麼平凡，都有創新的可能，除了提供創新所需資金外，公司還要拿出一定資金獎勵創造力和創新。如設立公司研究員，對富有成果的創新者給予高薪和相對的權力，使其可調配公司的人力、物力從事他們所希望的研究工作，並設立公司內部的諾貝爾獎等。

　　2、企業具備鼓勵創新的開放系統，宣導學習和提升個人工作技能。

　　創新，是一種冒險，不可能不犯錯誤。成功的創新過程中，一般也總會包

含有若干個錯誤的環節。因此，不要輕易否定創新者，也不要輕易解雇他，而是鼓勵他繼續努力並適當擴大他的許可權。最好讓創新者嘗試的次數多些。

新設想幾乎總是不受公司現有規模的約束，所以由嫉妒所引起的明爭暗鬥會阻礙創新。公司可以成立由各職能部門有關人員組成的小組，可以解決創新中的許多基本問題。

訓練員工進行創新的方法，並鼓勵他們使用這些方法。如橫向思考以及抓住和解釋各種夢想。有的公司為了培養創新者，專門開辦一種企業家學校，對天資聰穎的雇員進行培養。學員參加培訓的期限通常為6個月，他們邊學習邊在公司工作。

3、創造良好的創新文化，營造集思廣益的氛圍。

要想努力促使創新者保持創新的動力，就要透過各種管理方法來刺激創新者，追根究底就是要找到他們的動力所在。這時，除了物質獎勵和精神表揚之外，建立切實可行的創新文化很有必要。如微軟公司的管理方式是：使經理人員盡可能不影響軟體開發人員。公司總部就像是一個大學校園，員工既可忘我工作，同時也能玩得痛快。

4、創造各種新機遇。

公司可以根據行業情況，有預見性地創造一些機遇，利於創新發生。例如美航空公司以其薩帕系統為航空業確立了預訂機票制度的標準，進而改變了這個行業預定座位的方法，並使公司獲得了巨大的戰略優勢。

獨闢蹊徑才能創造出偉大的業績，在街道上擠來擠去不會有所作為。

——［英］布萊克

打開窗子迎接陽光的
開放式創新

開放式創新針對封閉式創新，企業不僅自己進行創新，也充分利用外界的創新；不僅充分實現自己的創新的價值，也充分實現自己創新「副產品」的價值。在開放式創新模式下，企業對市場機遇與技術機遇的認識都是從外部出發的，這使得「有效供給」更為可能；使得以更快的速度、更低的成本，獲得更多的收益與更強的競爭力成為可能。

有位母親，帶著兩個不滿5歲的兒子生活。由於他們家境清貧，母親不得不外出工作，並把他們鎖在家中的臥房裡，關閉門窗，不讓他們隨意出去。

有一次，兩個兒子趁著母親做飯時，走出房間，來到大街上，他們看到外面陽光燦爛，十分溫暖舒適，商量說：「要是我們家裡也有陽光就好了。我們掃點陽光回家吧。」

他們跑回家，拿來掃帚和畚箕，到大街上掃陽光。可是等他們把滿滿一畚箕的陽光搬回房間時，裡面的陽光就沒有了。他們只好再出去掃，這樣一而再再而三地掃了許多次，屋內還是一點陽光都沒有。

正在廚房忙碌的母親聽到動靜，出來詢問怎麼回事。兒子們據實回答，母親聽了，俯身摟住他們說：「兒子，只要把窗戶打開，陽光自然會進來，何必去掃呢？」

打開窗子，陽光普照，拋開偏見，就會迎來嶄新的開放式創新。在今天，企業僅僅依靠內部的創新，已經不可能應對來自供應商、消費者、競爭者日益

增大的壓力。於是，企業的創新模式從封閉式創新走向開放式創新。

為什麼出現了這種變化？下面我們從封閉式創新的特點入手進行分析。

封閉式創新，指的是企業在擁有一項核心技術時，對外保持神祕感，透過「一招鮮吃遍天」贏取高額利潤。這一模式在20世紀80年代以前普受歡迎，幾乎是企業創新的通用模式。然而，這一模式具有自身的缺點和侷限性，不可避免帶來了很多負面影響。比如，由於對外封閉，企業之間無法交流一些科技成果，造成部分技術與市場脫節，諸如此類的現象，被人們總結為「矽谷悖論」：最善於進行技術創新的企業，往往也是最不善於從中贏利的企業。施樂的PARC是封閉式創新最典型的例子。他們的科研目的本來是影印機業務，結果大多數創新在計算領域就大顯身手，遠遠超出了主營產品。

另外，在封閉式創新模式下，創新開發需要鉅資投入，這限制了很多中小企業發展；而一些大企業，為了創新，必須面臨巨大風險，甚至陷入困境。這樣一來，勢必出現新模式創新來取代封閉式創新，於是開放式創新應運而生。哈佛教授亨利・切薩布魯夫是開放式創新的首創者，他在《開放式創新》一書中指出：現在競爭優勢往往來自於更有效地利用其他人的創新成果。這道出了

開放式創新的精神內涵。

　　與封閉式創新相比，開放式創新的特點是：企業的創新不再神祕，既可以進行內部創新，也可以利用外界創新，在這種創新模式下，不僅企業內部員工是創新的主體，顧客、供應商以及競爭對手都可能帶來創新資訊，這些來自外部的資訊會促發創新速度、降低成本，進而增強企業競爭力。

　　在開放式創新背景下，中小企業的創新活動發揮了越來越重要的作用。以美國為例，進入20世紀90年代後，申請專利的情況發生了明顯變化，中小企業申請的數額佔到55％，研發效率首次高於大企業。而大企業不斷削減研發經費，轉為向中小企業購買技術成果，進行再開發。這一轉變體現出開放式創新的巨大魅力，為企業降低了風險，提高了效率。

　　同時，由於開放式創新鼓勵企業外部人員的介入，進而擴大了創新範圍和力度。比如大部分新產品來自於顧客提出的創意。顧客的需求是創新的基本點，由他們參與後，企業的創新目的性更明確、實用性更強。再有讓供應商參與創新，可以為整個項目節省資金。NIKE公司除了產品設計與行銷外，將其他的工作交給世界各地企業來做，這正是開放式創新模式的表現。

　　從上述內容可以得出結論：開放式創新特色鮮明，能夠整合各種要素，降低成本，創造更適合市場和消費者的產品、服務。這一過程中，公司不僅要鼓勵員工的創新精神，還要團結其他相關人員，包括競爭對手，建立更強大的創新體系。

不斷變革創新，就會充滿青春活力；否則，就可能會變得僵化。

——［德］歌德

只看到駱駝者
主宰創新的核心

企業家負有將目標具體化、量化的責任。有了明確、具體的目標，才能讓全體成員明確下一步努力的方向，才能對全體成員產生巨大的激勵作用。在創新過程中，企業家應充分發揮自己的核心作用，明確創新的目標。

有位獵人收了三個徒弟，有一次，他帶著徒弟們到沙漠獵殺駱駝。

經過長途跋涉，他們到了目的地。略作安頓後，師父帶著徒弟們，攜帶獵槍來到了駱駝出沒的地方，師父看了看遠處，回頭問大徒弟：「你看到了什麼？」

大徒弟張望幾下，握緊手裡的槍回答道：「我看到了獵槍、駱駝，還有一望無際的沙漠。」

師父聽了，搖搖頭又問二徒弟：「你看到了什麼？」

二徒弟心想，師父對師兄的回答的不滿，肯定是他看到的太少了，於是回答說：「我看見了師父、師兄、師弟、獵槍，還有沙漠。」

師父一聽，頭搖得更厲害，轉身問三徒弟看到了什麼。

三徒弟目不轉睛地盯著駝群，回答：「我只看到了駱駝。」

師父終於露出了微笑。

成功的獵人必須目標明確，才會有所收穫。對於企業而言，做為自主創新的主體，制訂目標而能產生效果，祕訣就是「明確」二字，成功的目標，必須是明確的。

享譽全球的貝爾實驗室，獲得了11人次的諾貝爾獎，他們為何取得如此卓著的成就？原因在於他們把新技術、新產品做為實驗室的目標，而將諾貝爾獎當做一個副產品。在競爭激烈的市場中，要想把握方向和機遇，需要企業家將目標明確化、具體化，並不畏險阻地帶領員工朝著目標努力奮鬥。

明確創新的目標，企業家需要做到：

1、關注科學技術發展的趨勢，了解需求的先端。

只有了解了最先端的科技，才能結合國內的情況和需求超越他們。企業家本身不一定懂得技術，但他應該大力支持技術創新。麥克米勒是位管理專家，他創建了SUN公司。由於他本人不懂技術，差點造成高科技人才流失。有位職員發明了Java語言，卻始終得不到發展，一怒之下提出辭職。麥克米勒了解情況後十分震驚，挽留職員並為他提供最好的條件發展新技術。現在，Java語言已經超過C語言，成為最普及的電腦語言體系。

2、發現不足，發現機會。

企業家應該是具有非常的創新能力、整合能力、勇於冒險的一類人，他們一旦發現最新產品的某些不足，會非常高興，因為機會來了。市場出現了新需求，技術出現不足，兩者相加就是創新的動力和源泉。

3、組建一支團結有力的創新團隊。

技術創新專業性強，比如在IT領域，創新需要紮實的數學基礎和工程實踐的結合，才能使創新成為可能。

4、了解市場需求，以及與創新之間互相影響變化的關係。

企業家需要了解市場發展趨勢，掌握顧客需求。需求是創新的根本目的，可以幫助企業家明確方向，不走冤枉路。

同時，創新成果進入市場後，一定產生回饋資訊，這些資訊會告訴技術人員下一步的發展方向。這就形成了市場與創新之間互相影響，互相刺激的關係。比爾·蓋茲說：「創新和市場要形成一種正回饋作用。」只有形成良性循環時，創新才會持續並且有力。

總之，只有企業家找準了目標，發揮出自己的核心作用，才能促使技術與市場的有效結合，最終走向成功。

只有慢慢重新認識自己，才能走向創意之道。

——[臺灣]賴聲川

鏟除雜草者破壞了創造源

傳統上，人們一直認為產品創新都是由產品的製造商實現的。然而，這一基本假設常常不符合實際。商業實踐表明，創新源多種多樣，五花八門。有的領域，產品的使用者（用戶）開發了大多數創新；另外一些領域，與創新有關的部件和材料供應商是典型的創新源；還有些領域，傳統的見解依然有效，產品製造商確實是典型的創新者。除此之外，還有許多其他類型的創新源。

有對夫婦，曾經購買一棟附花園的房子。當他們搬進去時，恰逢冬季，花園裡枯草敗枝，很不整齊，他們想，應該趁現在清除雜草，全面整頓，那麼明年春天一到，就可以栽種很多新品種，整個花園就會乾淨整潔，花草爭豔了。

他們按照計畫行事，第二年春天，改種了很多新花卉。有一天，房子的舊主人來訪，他走進花園後不由大吃一驚：「那最名貴的牡丹哪裡去了？」

這對夫婦這才發現，他們竟然把牡丹當草給鏟了。

後來，他們再次購屋時，汲取上次的教訓，儘管院子裡很雜亂，可是他們沒有進行大清除。第二年，院子裡呈現一派生機，春天時的雜草，夏天開滿鮮花；一直光禿禿的小樹，秋天時綴滿果實。他們經過一年時間，終於認清了哪些是無用的雜草，哪些是珍貴的花木。

並非所有雜草都可以剪除，它們可能是極有價值的物種。從這個故事中我們了解到一個新問題：創新源管理問題。每個創新都有來源，這些創新的源泉有一個主題，即「誰是創新者或者創新概念、構思從何而來」。

傳統上，人們一直認爲產品創新都是由產品的製造商實現的。然而，這是不合實際的想法。商業實踐證明，創新源多種多樣，五花八門。有的領域，產品的使用者開發了大多數創新；另外一些領域，與創新有關的部件和材料供應商是典型的創新源。除此之外，還有許多其他類型的創新源。

1942年，英國爲了對抗德軍入侵，在全國各地建立雷達觀測站，可是這些雷達信號常常遭到干擾。這是怎麼回事呢？在大家百思不得其解之時，一位美國工程師卡爾‧詹斯基也遇到了相同麻煩。他負責檢查越過大西洋電話通訊的靜電干擾情況，也發現了一種類似的弱雜訊。於是人們開始努力研究噪音是怎麼造成的，最終得知元凶竟是太陽，是太陽放射的電磁波干擾了雷達系統。在此研究基礎上，人們進一步發現星雲間、銀河系也會發射電磁波，進而開創了射電天文學。這一事例說明創新源的多樣性。

創新源是創新的重要問題，對企業戰略、創新管理、研發、創新相關研究、政府創新政策和科技政策產生重大影響。在實踐中，很多企業透過假設創新源，並據此來組織或鼓勵創新。20世紀80年代，美國企業界一度認爲生產半導體工藝設備的企業正從領導先端後退，有人從傳統觀念理解這一現象，認爲政府應對這些企業予以強化，幫助它們加強創新，不至落後於其他國家的先進企業。但是調查結果顯示，這一問題與生產商關係不大，因爲大多數半導體工藝設備創新，都是消費者開發的。這表明美國半導體設備製造商之所以落後，是因爲它們所服務的用戶群體正在落伍。所以，這裡的創新源不是生產者，而是設備用戶，只有讓他們再度處於半導體技術創新領先地位，才可能促進半導體技術進步。

對創新源的精確理解，可以讓企業家更有效地指導和加強創新活動。有助於提高企業和國家的創新能力。

> 偉大的才能比偉大的成功更不尋常。
>
> ——[英]沃維納格

怕燙的猴子
印證創新精神的衰退

恪守經驗，依循舊制，是創新精神衰退的表現。這是企業經營的大忌，雖然事過境遷、環境改變，大多數的組織仍然恪守前人的失敗經驗，平白錯失大好機會。

有位馴獸師，只用一根繩子拴著一頭大象。有人很擔心：「你不怕大象掙斷繩子跑了嗎？」

馴獸師說：「不會，我從小把牠養大，知道如何馴服牠。」

原來，象很小的時候，馴獸師就用沉重的鐵鏈拴著牠，每次牠想逃走，只要用力一拉，就會感到無比的疼痛。時間久了，象產生了逃走就會疼的印象，因此再也不敢逃走了。所以，只用一根普通的繩子就能拴住牠了。

科學家做過一個實驗，很好地印證了這個故事闡述的道理。他們把四隻猴子關在一起，不給牠們東西吃。幾天後，他們從一個小孔放進去香蕉，這時，餓得頭昏眼花的猴子就會爭先恐後衝過來搶。可是，當牠們還沒有拿到香蕉時，就會觸動設好的機關，滾燙的熱水劈頭蓋臉澆下來，燙得牠們全是傷。

這樣幾次後，猴子們再也不敢去拿香蕉了。

更有意思的是，當實驗者放出一隻猴子，將一隻新猴子換進房內，同樣讓牠挨餓。當新猴子餓得也想去吃香蕉時，立刻被其他三隻老猴子制止，並示意有危險，千萬不可嘗試。

實驗者再換一隻猴子進入房間內，當這隻猴子想吃香蕉時，有趣的事情發

生了，這次不僅最早剩下的兩隻猴子制止牠，就連沒被燙過的那隻半新猴子也極力阻止牠。

　　實驗繼續著，當所有猴子都已換過之後，沒有一隻猴子曾經被燙過，上頭的熱水機關也取消了，香蕉唾手可得，然而這時，卻沒有一隻猴子敢前去享用。牠們只是餓得亂叫，誰也不嘗試取下香蕉。

　　恪守經驗，依循舊制，是創新精神衰退的表現。在企業經營中，缺乏創新精神是大忌，很多公司在事過境遷、環境改變的情況下，仍然恪守前人的失敗經驗，平白錯失大好機會。是什麼原因造成創新精神衰退呢？

　　1、環境因素

　　創新精神受到環境影響，當一個環境相對舒適時，人們很容易喪失創新品質，會慢慢變得保守甚至固執起來。創新的本質是突破傳統，創造一種前所未有的事物，熊彼得說：「所謂『創新』，就是建立起一種新的生產函數。」當缺乏外界刺激，失去進步動力時，一個人的惰性必定凸顯出來。美

國學者Michael L. Tushman指出：成功企業家對創新有一種「成功綜合症」，意思是說，在成功之後，他們因爲失去創新的興趣，進而走向失敗。

爲什麼會產生這種結局呢？這是由於：一，成功後的企業，一般結構穩固，制度完備，人員固定，思路成熟，這時，員工們只要按部就班做事就行了，所以很容易僵化思想，使大腦進入「睡眠」狀態。二，人們對於成功往往有崇拜心情和認同感，這樣就會滋生一定的文化氣氛，進而形成對以往經驗的依賴情緒，依賴情緒越重，創新的可能性也就越小。

2、個人因素

創新者具有很強的機會意識，能夠敏銳地發現和利用各種時機。比如他們可以從消費者身上了解市場訊息，從技術人才那裡獲取技術資訊。然而，書本主義和教條主義禁錮了思維的發展。在外部環境變化的情況下，企業家喪失了冒險精神，不敢越雷池一步，在面對諸多變化時，不能明確做出決策，失去創新的時機。

創新精神的衰退影響巨大而深遠，會直接導致整個組織將不可避免地走向衰敗與解體。因此，放下書本，丟棄教條，才是創新精神活力四射的保障。實際上，在創新精神高漲的國家和民族中，他們的進步有目共睹。20世紀初凱恩斯的國家干預理論，爲美國總統富蘭克林‧羅斯福走向「現代市場經濟」的道路奠定了基礎。從此，具有宏觀調控的現代市場經濟制度，爲二戰後西方世界基本擺脫全局性的經濟危機。

成功好比一張梯子，「機會」是梯子兩側的長柱，「能力」是插在兩個長柱之間的橫木。只有長柱沒有橫木，梯子沒有用處。
——［英］狄更斯

蜘蛛和青蛙的故事揭示
全球創意經濟及對中國的影響

英國著名經濟學家約翰‧霍金斯，被譽為「創意經濟」之父。他說：「擁有創意的人，要比只懂得操縱機器的人強大，而且在多數情況下也比那些擁有機器的人強大。」因而可以說，創意是最重要的自然資源，也是擁有最高價值的經濟產品。

有兩隻蜘蛛，生活在一座破舊的寺廟裡。牠們一隻選擇在屋簷下結網，一隻選擇在佛龕上生活，不少飛蟲路過這裡，落到網上，成為牠們的口中美食。

忽然一天，舊廟的屋頂塌了，兩隻蜘蛛驚慌之餘，慶幸自己沒有受傷，於是繼續在自己的地盤上忙碌地編織著、等待著食物飛臨。

可是一連幾天，佛龕上的蜘蛛有些受不了了，牠的蛛網不是被風吹破，就是被鳥弄壞，這讓牠忙碌半天，卻什麼也吃不到。眼看著屋簷下的蜘蛛一如既往地過著安詳日子，牠有些憤憤不平了，向對方抱怨道：「這是怎麼搞的，咱們的蛛絲是一樣的，住的地方也沒有變化，怎麼我的網總是壞，你的網還和從前一樣呢？」

屋簷下的蜘蛛早就瞧出了端倪，牠抬頭看看坍塌的屋頂說：「屋頂塌了，環境變了，所以你的網面臨的危險多了。而我，還有屋簷為我擋風遮雨，自然安全得多。」

這則小故事道出了環境變化帶來全新改變的道理。19世紀末，美國康乃爾大學做過一次有名的青蛙實驗，也說明了這個問題。

實驗者把一隻青蛙冷不防丟進煮沸的油鍋裡，激燙之下，青蛙沒有死，而

是奮力跳出油鍋，安全地逃到地面上。

　　同樣，實驗者把這隻死裡逃生的青蛙放進冷水中，慢慢用火燒烤鍋底。水溫逐漸增高，青蛙在水中顯得十分愜意，盡情享受。水越來越熱，漸漸無法忍受了，這時青蛙掙扎著跳出來，卻發現早已沒有力氣。最後，牠在熱水中被燙死了。

　　企業離不開外部環境影響，一個高明的管理者應該有深遠而犀利的洞察力，能夠應對不斷變化的社會環境，才能讓企業始終保持高度的競爭力，不至於在渾渾噩噩中度日，更不可躲避在暫時的安逸中，成為那隻在不斷加熱的鍋裡死去的青蛙。

　　在全球一體化的今天，世界創意經濟的發展日新月異，取得明顯效果。英國著名經濟學家約翰·霍金斯，被譽為「創意經濟」之父。他說：「擁有創意的人，要比只懂得操縱機器的人強大，而且在多數情況下也比那些擁有機器的人強大。」因而可以說，創意是最重要的自然資源，也是擁有最高價值的經濟產品。眼下，全球創意經濟的發展具有以下特色：

　　1、創意經濟方興未艾

　　據統計，2005年創意產業的產值達2.7兆億美元，佔全球經濟的6.1％，而且以年均6％的速度持續增長。這一結果說明，在全球經濟一體化的今天，創意在經濟發展中的優勢越來越明顯，越來越突出。目前，很多知名公司不再以生產看得見、摸得著的產品為主要贏利專案，他們生產有創意的服務，讓消費者享受創意帶來的種種便利，進而生活的更美好。這些創意為公司創造了巨大的贏利空間，推動新一輪經濟的高速發展。

　　2、以創意為主的產業發展迅猛

　　從創意產業的產值來看，它已經成為僅次於金融服務業的第二大產業，發展速度不容忽視。而從事相關創意產業的人員和企業也是數量激增，涉及包括

出版、時裝、藝術以及房地產等在內的諸多領域。從專業設計人才到普通消費者，無一不可以進行創意發明。

從創意經濟的特點可以看出，創意在經濟發展中的作用已經越來越受到人們重視。南非前總統曼德拉先生說，我們要為當今世界做出貢獻，要和當今世界聯繫起來，我們就必須要有創意。創意不難，只有發揮想像力就會有所收穫，誠如一位指揮家所言：「我因為非常有好奇心，所以就有創意。」世界是豐富多彩的，如何透過創意與世界聯繫起來，對於中國來說，需要從以下方面加以注意：

①支持、鼓勵、刺激各種創意活動。

從管理上制訂激勵創意的措施，為創意產業發展開闢空間。目前，不少國家提出很多措施，給企業更多自由和機會，他們還即時與國外合作，為本國企業發展尋找更快捷和方便的道路。

②注重產權保護，激勵創意行為。

創意成果是個人的財富，政府需要給予合理的保護，不得隨意使用和買賣，這樣才能激發創意者的積極性，並激勵他人的創意行為。有人將產權比做貨幣，保護產權比做銀行，銀行具有管理貨幣的責任和義務，只有管理恰當，才會使貨幣良性循環，帶來經濟效益。

當然，保護產權並非將之束之高閣，或者一味地限制使用，還要合理開發，懂得共用的重要意義。如今是全球一體化時代，開放式創新正在取代封閉式創新，所以學會與他人共用，無疑是產權的出路之一。

綜上所述，創意經濟既有競爭性，又有協作性，要想有更多更好的創意，就要勇於夢想，融合文化、科技和創造力，享受成功。

有些人本身沒有天才，可是有著可觀的激發天才的力量。
——[英]柯南道爾

錯開窗戶提示中國企業
創新應走哪條捷徑

要想了解先端技術走勢、開闊發明視野、啓發創新靈感和思路，不妨從專利文獻入手，從中比較和吸收國外先進技術思路，選擇正確的技術途徑，藉以提高研發起點和專利技術的含金量。

有個小女孩病了，只能坐在床上透過窗子觀察外面的世界。有一天，她從後面的窗子望出去，看到自己心愛的小狗死了，大家正在挖土埋葬牠。小女孩傷心極了，淚流滿面。

這時，小女孩的爺爺走進來，看到她痛苦的樣子，明白了怎麼回事，他沒有勸慰她，只是說：「孩子，妳從前面的窗子往外看。」小女孩轉過頭，從前面窗子望出去，只見院子裡鮮花盛開，正是春光明媚的大好時節。她看了一眼，心情頓時好起來。

爺爺見此，笑著對小女孩說：「孩子，妳開錯了窗戶。」

從不同的窗戶向外看，會看到完全不同的景致，得到完全不同的收穫。這一簡單有效的創新手段運用的企業中，無疑是一條捷徑。目前，世界創意經濟大潮風起雲湧，臺灣創新體系已經逐步走向正規，並對中國企業產生了很大影響。下面，我們從中國企業面臨的現狀入手，分析他們應該怎麼樣走一條創新捷徑？

首先，在中國舊的商業模式、產品及工藝流程正在迅速衰落，新生事物正在蓬勃興起，這是創新的大好時機。中國在諸多重要領域面臨機會與挑戰，主

要包括：能源、環境、基礎建設、人口密度、老齡化、生物技術，以及移動設備等。以此開展創新活動，必將帶來非同凡響的創新機遇。中國擁有六億移動電話用戶，這為微軟和google提供了在諸多領域施展最新科技的非凡機遇。中國完全可以以此為突破口，從中分得一杯羹。

其次，中國企業技術相對落後，引進技術又會花費巨大資金投入。這時，如何充分利用國外專利文獻，成為吸收國外先進技術經驗的捷徑。2001年，一份調查顯示中美兩國在專利申請方面的差距：中美以企業為主體申請的職務發明專利分別為14774件和31866件，比重各為49.3％和95.8％，增幅分別為17％和25.8％，申請量相差1.16倍；同年，中美以企業為獲權主體的職務發明專利分別為2612件和10457件，比重各為48.5％和95.9％，增幅分別為7.5％和68.1％，獲權量相差3倍。

統計比對表明，在美國，企業是以發明創新爭佔市場的絕對主體。擁有相對的專利才有保持市場競爭優勢的技術儲備。只有強化專利競爭意識，努力加大創新步伐，藉助專利爭佔制高點，學會運用專利戰略，才能贏得國際市場競爭的主動權與技術優勢。在這種情況下，各個國家的專利文獻成為一大吸引點。

要想了解先端技術走勢、開闊發明視野、啓發創新靈感和思路，不妨從專利文獻入手，從中比較和吸收國外先進技術思路，選擇正確的技術途徑，藉以提高研發起點和專利技術的含金量。比如專利說明書，就是公開的技術文獻。獲取專利文獻，可以進入各國專利商標局網站，也可以閱讀大量國外文獻。事實證明，很多創新都是在他人基礎上發展起來的。JVC公司發明了3小時的錄影帶，以此擊敗新力公司而確立了國際規格——因為特長的錄影帶使購買者能夠錄下完整的體育比賽。

當然，創新的捷徑絕不是模仿，而是從他人的經驗和教訓中有所啓發，有所創新。一個假冒仿製品，既走不長遠，最終也會競爭乏力，難免被淘汰。

沒有某些發狂的勁頭，就沒有天才。

——[意]塞涅夫

不落的秋葉
與國外創意思維訓練

越來越多有眼光的人們已經認識到，隨著未來社會的高速發展，手藝有可能因為先進技術的出現而遭到淘汰，知識有可能因為不斷爆炸而變得老化，唯有充滿創意頭腦永遠不會枯竭，忠實地為我們出謀劃策。

美國作家歐‧亨利在他的小說《最後一片葉子》裡講了個故事：

病房裡，一個生命垂危的病人從房間裡看見窗外的一棵樹，在秋風中一片片地掉落下來。病人望著眼前的蕭蕭落葉，身體也隨之每況愈下，一天不如一天。她說：「當樹葉全部掉光時，我也就要死了。」一位老畫家得知後，用彩筆畫了一片葉脈青翠的樹葉掛在樹枝上。

最後一片葉子始終沒掉下來。只因為生命中的這片綠，病人竟奇蹟般地活了下來。

一片畫上去的樹葉，拯救一位垂危病人。這種創意是非常了不起的，在國外，為了提高創意思維能力，人們經常參與各種訓練活動。創意思維訓練經歷了一定歷史發展過程。

創意思維訓練開始於美國。早在1936年，美國通用電器公司率先對職工開設了《創造工程課》，這是創意思維訓練的開山之作。5年後，奧斯本提出了「智力激勵法」，並出版《思考的方法》一書，進而掀開了創意思維訓練的序幕，為他在布法羅大學開設「創造性思考」學校奠定了基礎。1953年，奧斯本又出版了《創造性想像》。這本書轟動全球，為他迎來意想不到的收益，也改變了成千上萬的生活。

　　創意思維訓練的神奇效果引起越來越多人的關注，哈佛、加州、史丹佛大學，以及許多軍事、工商企業相繼開設了「創造性」理論及創造訓練工程。到60年代以後，先後湧現出幾十個創造、創意研究中心。

　　接著，專門從事創造性研究的公司出現了，到1978年，這類公司已經多達幾千家，他們向各類組織提供各種創造性的諮詢，開設了2天──全年的各種創造學課程。

　　美國在創意思維訓練方面的成果吸引許多國家的目光，其中日本人反應最為敏捷。他們不僅在大學開設有關課程，而且在社會上先後建立了創造性研究會、創造工程研究所、創造學會等組織。不少地方還舉辦了「星期日發明學校」，電視臺創辦了「發明設想」專題節目。從20世紀70年代起，日本在創意方法及創造學的研究及應用方面，已超過了美國，成為最重視培養創意人才的

國家之一。

在日本，創意思維培訓活動形式多樣，十分活躍，他們把每年的4月18日定爲「發明節」。在這一天，全日本要舉行表彰和紀念成績卓著的發明家的活動。除此之外，還創辦了一些專門的刊物，如《創造》、《創造的世界》、《創造學研究》，爲創意學校創造學的研究和發展，提供了廣泛的天地。

在全社會參與下，日本的創意發明日新月異，成效顯著。松下電器公司的「創意冠軍」孤口啓三，一年內提出3106項創造發明設想。豐田汽車公司設立了「創造發明委員會」、「創造發明小組」，透過一些列「創意設想運動」的開展，取得了巨大的經濟效益。

從以上分析可以看出，美國和日本在創意思維訓練方面做出的努力。今天，更多的國家和個人已經意識到，只有創意是永不枯竭的能源。托夫勒是享譽全球的未來學家，他提創了「三次浪潮理論」，是他的「資訊化浪潮」把全球淹沒在資訊化的海洋中。如今，他做出了新的預言：資本的時代已經過去，創意的時代正在來臨。

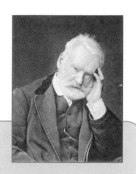

天才的特徵之一，就是把相距最遠的一些才能結合在一起。
——[法]雨果

299

野狼磨牙的芬蘭
發展創新之路

一個國家在創新戰略上、技術層面的實現相對較容易，比如建立相對的創新體系，研發某種產品。可是文化思想層面的創新共識卻不容易達到。

在一個大森林的某處角落，生活著野狼和狐狸，牠們是朋友，常常一起外出獵物。

有段時間，天氣晴朗，溫暖適宜，既沒有獵人前來打獵，凶猛的老虎也遠去了。為此，大多數野狼和狐狸吃飽喝足之後，很愜意地躺在草地上休息娛樂，生活十分自得。

偏偏有隻野狼與眾不同，牠沒有加入娛樂的行列，而是臥在一邊勤奮地磨牙。有隻狐狸注意到牠，走過去問：「現在生活安逸，大家都在乘興娛樂，你那麼費勁地磨牙幹什麼？」

野狼停止磨牙，抬眼望著遠方，意味深長地回答：「是啊，眼下是沒有危險，可是獵人和老虎最終會回來的，牠們會追趕著要我們的命。到那時，如果我沒有鋒利的牙齒，再想磨牙就來不及了。」

野狼磨牙的故事，很好地再現了芬蘭的創新發展之路。在各國紛紛發展創新的時候，芬蘭走出一條與眾不同的道路。

芬蘭是一個小國家，人口只有520萬，他們體認到自身的不足，選擇了資訊技術與生物技術為創新突破口，將發展的目光盯住全球市場，結果取得了重大

成就。做爲國家創新體系，芬蘭國家技術局連續5年獲得全球競爭力排名第一，對此，他們只是說：「第一，當然是令人高興的，可是保住第一並不容易。我們要更多地看看未來。」

以技術立國，以創新立國，芬蘭人抓住很重要的一個契機。這就是20世紀80年代初，世界經濟出現重大變革，擺在芬蘭人面前有兩條道路：一是利用現有條件，透過森林資源發展木材、造紙業。二是大力發展知識經濟產業。他們經過分析認爲前者會破壞環境，造成資源枯竭，因爲必須選擇後者。

芬蘭的選擇對了。他們將創新提升到發展戰略的位置，在國家技術局的指導下，創建了企業、高等院校和研究機構互相結合的創新體系。這一體系使勞動生產率大爲提高，也使大中小企業納入創新的軌道之中。在專業機構參與下，企業創新能力得到很大發展。

　　芬蘭注重研發投資，不惜本錢地鼓勵各種創新活動。國際著名企業「諾基亞」是芬蘭企業的代表，他們在研發上的投入可想而知。然而，這一投入水平只是與芬蘭整個國家在創新方面的投入持平，可見芬蘭在創新上的投資有多大。一組資料可以說明這一問題，2004年，芬蘭在研發方面的投入佔GDP的3.5%，在世界上排名第三，僅次於以色列和瑞典。

　　先進的創新體系、鉅資投入，爲芬蘭創新鋪平道路。不僅如此，芬蘭人從更深層的角度認識創新，他們認爲創新是一種態度，永遠不能滿足於現狀，要注重未來，看到明天。在芬蘭，有一個詞叫「SISU」，大意是，「知道情形很難，但不言放棄，努力去做」。這樣勇往直前的民族精神恰是創新的必需品。世界在變化，社會在發展，要想趕上時代的步伐，唯有創新一法。

　　在這種創新精神感召下，芬蘭注重從文化層面上發展創新，努力形成一種創新文化氛圍。國家不遺餘力地引導創新工作，義務爲公民宣傳世界情況，讓他們了解芬蘭之外的變化，以給予警示，積極跟上時代步伐，不至於落後淘汰。

　　積極創新的態度，與世紀緊密結合的努力，促使芬蘭人不斷地有所發現，有所創造，緊跟世界潮流，走出一條獨特的創新之路。

天才人物的條件之一是要有創造發明，發明了某一種形式、某一個體系或某一種原動力。

——[法]巴爾扎克

害怕雞叫的獅子
展示瑞典的創新特色

瑞典的創新最具特色的地方，是與環保結合。地處北極圈內的礦山之城基律納，高科技投入是礦山連年高產和安全生產的重要保障。經營礦業的LKAB公司與瑞典和多國的科研機構建立了密切聯繫和合作，僅在北部的呂律歐工學院就投資1億瑞典克朗，專門研究自動化控制技術。這座鐵礦已經成為瑞典科技創新的一個縮影。

獅子素有森林之王的美稱，體格雄壯威武，力氣強大無比，足以統治整座森林。可是牠也遇到了麻煩。這天，牠來到了上帝面前，吞吞吐吐地說：「我很感謝您賜給我的一切。」

上帝聽了，微微笑道：「但是我認為這不是你今天來找我的目的！看起來你似乎為了某事而困擾呢！」

獅子低低吼了一聲，說：「您真是了解我啊！我今天來的確是有事相求。因為儘管我的能力再好，但是每天雞鳴的時候，我總是會被雞鳴聲給嚇醒。萬能的上帝啊！祈求您，再賜給我一個力量，讓我不再被雞鳴聲給嚇醒吧！」

上帝明白了，他給了獅子一個答覆：「你去找大象吧，牠會給你一個滿意的答案。」獅子一聽，興匆匆地跑到湖邊找大象，可是牠還沒見到大象，老遠就聽到大象跺腳所發出的「砰砰」響聲。

獅子加快速度，牠看到大象正氣呼呼地直跺腳。獅子奇怪地問大象：「誰惹你了？你幹嘛發這麼大的脾氣？」

大象拼命地搖晃著大耳朵，吼道：「有隻討厭的小蚊子鑽進我的耳朵裡，害得我都快癢死了。」

獅子無法從大象那裡得到答案，只好離開牠走了。回去的路上，獅子心裡暗自想著：「體型這麼巨大的大象，還會怕那麼瘦小的蚊子，真是好笑。」想到這裡，牠心裡忽然一亮：「既然大象害怕蚊子，那我還有什麼好抱怨呢？畢竟雞鳴也不過一天一次，而蚊子卻是無時無刻地騷擾著大象。這樣想來，我可比他幸運多了。」

獅子一邊走，一邊回頭看著仍在跺腳的大象，暗暗自語：「上帝要我來看看大象的情況，應該就是想告訴我，誰都會遇上麻煩事，而祂並無法幫助所有人。既然如此，那我只好靠自己了！反正以後只要雞鳴時，我就當做雞是在提醒我該起床了，如此一想，雞鳴聲對我還算是有益處呢！」

適應環境，轉變觀念，事情就會出現完全不同的結局和轉機。這一思想體現了世界創新強國瑞典的創新特色。

瑞典特別重視創新，他們的發明創造無處不在。比如乘車用的安全帶，後向式兒童安全座椅、高位刹車燈等都是瑞典人的發明。有人說「走進瑞典，就走進了一個發明之國」。他們的發明與生活息息相關，拉鏈、電冰箱、活動扳手、安全火柴、三相交流電系統、滾珠軸承……這些生活中司空見慣的事物全部來自瑞典，是瑞典人勤於創新的體現。

實際上，瑞典的創新能力是享譽全

球，眾所矚目的。2004～2006年，瑞典在世界經濟論壇發布的國家競爭力排名中，連續三年均排名全球第三。這是實力的象徵，證明瑞典在創新方面的能力已經相當穩定。

做為創新強國，瑞典人的創新具有一個重要特色，這就是他們注重與環境密切結合，創建了一條環保創新之路。

在瑞典地處北極圈內的基律納，被稱作「礦山之城」。一直以來，為了保障高產和安全生產，許多經營礦山的公司持續進行高科技投入。LKAB公司就是其中一家有名公司，他們為了環保生產，與瑞典和多國的科研機構建立密切聯繫和合作，不惜投入鉅資開發研究各種高科技。如今，基律納已經成為瑞典科技創新的一個縮影。

除了大公司、大企業注重環保科技外，瑞典的普通大眾也注重環保創新。在斯德哥爾摩很多社區，居民們為了節約能源，使用出自沼氣的新型的燃氣設備，每天透過自身代謝的排泄物，就可以產生一天做飯用的能量。這一做法可以節省多少資源呢？據統計，瑞典在1970年時，有77%的能源來自石油，到目前這個比例減少到了32%。

瑞典人還十分注意資源再利用，他們不會浪費鋸木屑、秸稈等「邊角料」，也不會隨意浪費垃圾，他們會用「邊角料」生產燃料，用燃燒垃圾解決冬季供暖。總之，只要可再生原料，他們都會加以利用，替代其他石化產品，這無疑節約了大量資源，是環保創新的具體而實用的做法。

環保創新是瑞典的立國之本，他們在南部城市馬爾默修建了一座旋轉高樓，達190公尺高，不僅造型獨特，從下至上旋轉90度，而且全部採用環保材料建造，已成為瑞典現代建築的代表。

否定他人的新創意，可能會遭致不良的影響。因為任何一個創意都不可以用理論來表示……

——[美]亞歷斯‧奧斯本

「中國製造」
再次強調知識產權保護

知識產權是個人或集體對其在科學、技術、文學藝術領域裡創造的精神
財富，依法享有的專有權，包括著作權、專利權、商標權等，它是一種
無形的財產權。

有位中國學者赴美訪問，期間遇到一件令他很感驚訝的事。

有一天，學者來到了蒙大拿州的波茲曼小城，他信步閒逛，不知不覺被一
家裝修別緻的文具店吸引，就走了進去。在裡面，他注意到各式各樣新奇的商
品，可謂琳琅滿目，別有異國情調。後來，學者從諸多商品中看到了一臺印表
機，從包裝到款式都很新穎，看起來也很耐用，決定買下來帶回國。

然而，就在學者準備付錢時，商店的售貨小姐卻建議他不要購買，因為這
臺印表機是中國生產的，在國內買肯定會更便宜。她說著，在學者吃驚的目光
中，將印表機翻過來，指著上面的標籤說：「你看，MADE IN CHINA。」

這件事給學者很大震驚，他多次暗暗感慨：「售貨小姐完全可以賣給我印
表機，因為這樣她會賺到錢；可是她為什麼沒有這樣做，反而為我著想呢？」
當然，在深深思索，以及對美國的了解中，他逐漸明白了那位售貨小姐的做
法。這就是美國完備的法律體系原因，美國人經商注重顧客至上，強調贏取顧
客的心，不會為了眼前利益損害自己長久的生意。

創意產業的核心是創新和創造力，保護知識產權實際上就是對創新成果的
保護。什麼是知識產權？為什麼要保護知識產權？從哪些方面加以保護？

　　知識產權是個人或集體對其在科學、技術、文學藝術領域裡創造的精神財富，依法享有的專有權，包括著作權、專利權、商標權等。知識產權是一種無形的財產權。知識產權保護指依照現行法律法規，對侵犯知識產權的行爲進行制止和打擊。具體體現爲：阻止和打擊假冒僞劣產品、阻止和打擊商標侵權、專利侵權、阻止和打擊著作權侵權、版權侵權等……

　　一般來講，創意產業具有創意研發設計投入高、複製成本低的特點，這就決定了如果對知識產權保護不足，就很容易被他人盜用、仿製，使得原創人員無法進行正常運作，很難收回成本，甚至導致成果白白浪費的危險。這樣一來，不但造成創意無法正常運行，長期下去，還會嚴重妨礙創意產業和產品的持續發展。所以，對知識產權進行保護，是創意產業生存和發展的關鍵。

　　保護知識產權，首先需要限制它的效力範疇。超出這個範圍，權利人的權利失去效力，即不得排斥第三人對知識產品的合法使用。以著作權爲例，美國學者Patterson教授認爲：政府公務性資料、社會資訊性資料、歷史上的創作作

品屬於公關領域的資源，不受著作權法保護。

　　目前，由於全球科技、經濟的飛速發展，知識產權保護客體範圍和內容的不斷擴大和深化，不斷給知識產權法律制度和理論研究提出嶄新的課題。

　　1、知識產權做為一種精神財富和智力成果具有流動性。可以透過多種途徑、多種方式在國內外流動，科學、技術、文化、藝術是沒有國界的，進而打破了傳統的地域性界限，使得知識產權的保護受到一定衝擊，國際化趨向越來越顯著，出現大量涉外因素。

　　對於創新體系來講，打破地域概念是好的，可以促進創意流動，激發創新產生。然而，這種突破勢必增加保護難度，同時也增加國際市場的競爭力度。因此，不少企業在取得一定知識產權後，既希望能夠快速進入國際市場，贏得利潤，又希望得到他國法律的保護，不被他人竊取成果。這就是知識產權的國際保護問題。

　　2、從今天經濟發展趨勢來看，國際性保護是必要的，但採取怎樣的態度卻很值得研究。比如如果過分強調特權，會不會滋生壟斷？如果過分保護產權，會不會打擊其他人的參與積極性？

　　不管怎麼說，必須加大保護知識產權的力度，在全社會形成保護和尊重創新及其成果的氛圍，這樣，才為創新和創意成果的傳播及推廣應用創造有利的環境。

創意是今後決勝企業成敗的不二法門。

——[臺灣]郭泰

100個故事 給你100個新啟發

書中沒有枯燥乏味的資料，也沒有晦澀難懂的理論，只有最精彩的故事，最智慧的領悟。

【關於後漢書的100個故事】

以故事說人物，以人物說歷史。把歷史當故事來讀，就是講歷史人物的工作、生活、愛情和八卦趣事。

情節曲折生動，語言流暢風趣，時不時調侃一下，真可謂輕輕鬆鬆讀歷史，舒舒服服品古人。

對於一個存在過兩百多年的王朝來說，無論怎樣評價都無法準確地記錄曾經所發生的事情，只有《後漢書》裏的一段段故事留給後世，或啟迪、或借鑒。

【關於漢書的100個故事】

西漢兩百多年的歷史，人物多、事件多，正史與野史交錯，神話與傳說並存，怎樣才能夠清晰明白地去瞭解和感受歷史的真實和溫度呢？本書會給你一個滿意的答案。

讀歷史就是讀故事，《漢書》裏的那些人和事，會讓你從此愛上歷史！

基於此，作者在選取《漢書》中的100個故事時，你能夠領略到君王的霸氣，兒女情長的無奈，文臣武將的閃耀，還有政治的殘酷與無情，這都是本書力求展現給大家的。

【關於三國志的100個故事】

孫權草船借箭，魯肅單刀赴會，劉備鞭打督郵，趙雲上演「空城計」，司馬懿是用兵大師，諸葛亮只擅長做後勤，「受傷」最傷的是周瑜，關羽被曹操搶了心上人……

《三國演義》是故事，不是史實；《三國志》是史實，不是故事；想讀三國的歷史和三國的故事，就來讀這本書！

對於三國歷史愛好者來說，這是一本比《三國演義》真實、比《三國志》通俗的史學故事書，而對於普通讀者來說，這也是一本輕鬆讀三國的普及讀物。

【關於文學的100個故事】

何謂文學？

是那些總是令人讀不懂，咬文嚼字的書嗎？
還是其實這些本來就是我們的生活現實？

很多時候，當代文學都不是那時最需要的，
但每當前觀，經典終究會流經我們的心靈。

文學其實並不枯燥，是讓生活更有質感。

我們坦然一切，那就是文學。

【關於財神的100個故事】

史上第一次全面揭秘各路財神的前世今生，獨家
傳授不同財神的修持法和供奉法。

敬財神，讀財神的故事。學會珍視與財富的緣分
，開啟獲得財富的通道，做最有錢、最有福的智者。

古往今來，人們渴求財富的願望是不變的，相信
財神能看到、也能聽到，幫助大家順利實現那些發財
致富的夢想。

讀財神的故事，求財祈福，好運來！

【關於佛教諸佛的100個故事】

人生是一場修行，佛法就是活法，讀佛就是拜佛。

讀美文、結佛緣，尋得身心安頓的可能，就在那些
度人救人的佛、菩薩、羅漢、侍者和諸天的故事裡。

佛的故事是教宣傳教理採用的一種形式，為了將佛
教的思想表達得淺顯易懂、生動準確，便借用了通俗明
快的寓言形式，用通俗的言言、生動的譬喻，深入淺出
地闡說佛理，這就是佛故事的起源。

【關於財富的100個故事】

　　財富，不僅僅是銀行帳戶上的阿拉伯數字，還意味著權力、安逸和自由。本書的發現之所以偉大，正在於這些發現為千萬人帶來了財富。

　　財富與每個人生活息息相關，甚至關係到你娶什麼樣的妻子，嫁什麼樣的丈夫，建立什麼樣的家庭關係，生活過得是否有尊嚴？

　　既然財富是每個人都需要的，那麼，就要學會創造財富、創造成功最基本有效的方法。

【關於邏輯學的100個故事】

　　談話、推理和論辯背後的精妙，全在100個故事裡。

　　最暢銷的邏輯學入門者，萬千讀者熱評的「五星讀物」，大學校園裡知識精英必備的「皇冠教材」。

　　名家說「邏輯」

　　讀史使人明智，讀詩使人靈秀，數學使人周密，科學使人深刻，倫理學使人莊重，邏輯修辭使人善辯，凡有所學，皆成性格。－－法蘭西斯‧培根〔英國文藝復興時期作家、哲學家〕

【關於法律的100個故事】

　　國王雖在萬人之上。卻在上帝和法律之下。
　　信仰自由，就是信仰法律。
　　法律是人類歷史的微縮。是追求自由的的故事不能被視為僅僅是數學課本中的定律及推算方式。

　　迄今為止，幾乎很少有人嘗試講述法律的故事以饗廣大讀者，這本書來得正是時候！

　　法律是故事，是我們昨天的故事；法律是知識，是我們關於今天如何行事的知識；法律是夢想，是我們對明天的夢想。-----美國最高法院大法官甘迺迪

國家圖書館出版品預行編目資料

關於創意的100個故事／夏潔編著.
－－第一版－－臺北市：宇炯文化 出版；
紅螞蟻圖書發行，2009.9
面 ； 公分－－(Elite；18)
ISBN 978-957-659-730-5（平裝）

1.創意 2.創造性思考 3.通俗作品

176.4　　　　　　　　　　98013079

Elite 18

關於創意的100個故事

作　　者／夏　潔
美術構成／Chris' office
校　　對／周英嬌、鍾佳穎、朱慧蒨
發 行 人／賴秀珍
總 編 輯／何南輝
出　　版／宇炯文化出版有限公司
發　　行／紅螞蟻圖書有限公司
地　　址／台北市內湖區舊宗路二段121巷19號(紅螞蟻資訊大樓)
網　　站／www.e-redant.com
郵撥帳號／1604621-1　紅螞蟻圖書有限公司
電　　話／(02)2795-3656（代表號）
傳　　真／(02)2795-4100
登 記 證／局版北市業字第1446號
法律顧問／許晏賓律師
印 刷 廠／卡樂彩色製版印刷有限公司
出版日期／2009年 9 月　第一版第一刷
　　　　　 2016年 8 月　　　　 第三刷

定價 300 元　　港幣 100 元

ISBN 978-957-659-730-5　　　　　Printed in Taiwan